교육과정의 이론과 실제

신재한 저

Curriculum

태영출판사

머리말

교육과정은 무엇을 가르칠 것인가?에 대한 물음에 대한 해답을 찾는 학문으로서 학교 현장에서 학습자들이 경험하게 되는 교육내용이라고 할 수 있다. 이러한 교육과정은 학교의 지도 아래 학습자가 겪는 실제 경험, 의도한 학습결과, 계획된 활동, 교과목 등의 개념을 포함하기 때문에, 학교 현장에서 교육을 실천하기 위해서 반드시 필요한 학문이다.

특히 본 저서는 1장 교육과정의 개념, 2장 교육과정의 기초, 3장 교육과정의 유형 4장 교육과정의 개발, 5장 교육과정의 교육목표 설정, 6장 교육과정의 교육내용 선정, 7장 교육과정의 교육내용 조직, 8장 교육과정의 운영 방법, 9장 교육과정과 교수-학습, 10장 우리나라 교육과정의 변화, 11장 학교 교육과정 편성 및 운영, 12장 교육과정의 평가, 13장 교육평가의 이해 등 총 13장으로 구성되었다.

한편, 부록에서는 2007 개정 초 · 중등학교 교육과정 편성 및 운영, 2009년 개정 초 · 중등학교 교육과정 편성 및 운영, 2009 개정 창의적 체험활동 교육과정, 2007 개정 유치원 교육과정 편성 및 운영 등을 포함하여 학교급별 교육과정을 총망라하고 있다.

본 저서는 교직 과목 중에서 '교육과정'을 수강하는 교육대학 및 사범대학 학생뿐만 아니라, 교육 현장에서 실천하는 교사들에게도 많은 도움을 줄 것으로 기대한다. 아무쪼록 본 저서가 교육과정을 계획하고 운영하는데 기초가 되는 기본 지침서가 되기를 바라는 마음이다. 끝으로 본서 출판에 도움을 주신 태영출판사 가족 여러분께 감사를 드린다.

2012년 2월

신재한

차　　례

제1장

교육과정의 개념

1. 교육과정의 개념
2. 교육과정의 구성요소
3. 교육과정의 성격
4. 교육과정과 유사한 용어

1. 교육과정의 개념

교육과정(curriculum)은 '달린다', '뛴다'라는 의미의 라틴어 'currere'에서 유래된 말로서 경마장의 주로(a race course)와 경주하는 그 자체(the race itself)라는 의미를 지닌다.

따라서, 교육과정은 교육에 있어 일정한 순서로 배열된 학습, 학습 내용 및 경험 내용을 가리키는 것으로 학습자의 학습과 경험하는 내용의 학습 경험 그 자체를 의미한다(강봉규 · 박성혜 · 최미리, 2006).

가장 일반적으로 말하면, 교육과정은 '무엇(what)을 가르치고 배울 것인가?'에 대한 답을 결정하는 교육학의 한 탐구 분야이다([그림 1-1] 참조).

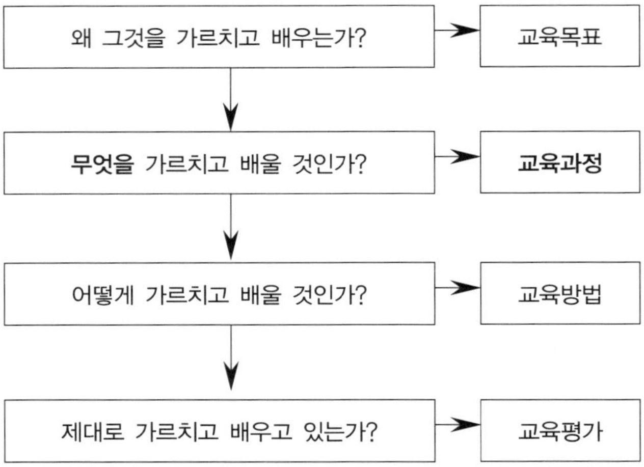

[그림 1-1] 교육과정의 기본 질문

[그림 1-1]에서 제시한 교육과정의 기본 질문에 비추어 본 주요 과업은 현행 교육과정에 대한 비판적 이해(critical understanding)와 교육과정에 대한 창의적 개발(creative development)을 중심으로 교육과정 현실에 대한 비판과 교육과정 미래 창출이라 할 수 있다([그림 1-2] 참조).

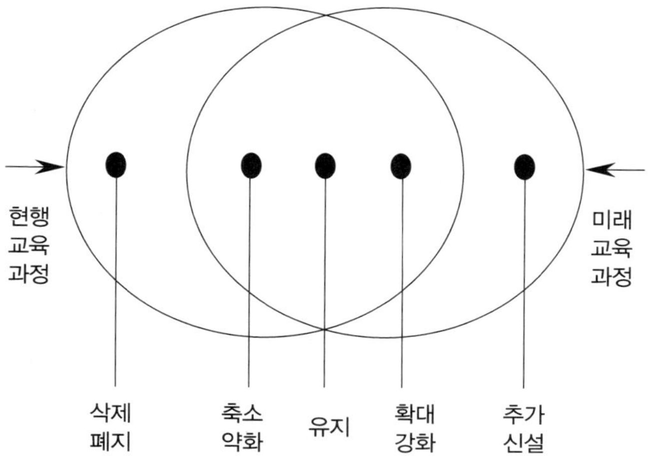

[그림 1-2] 교육과정의 기본 질문에 비추어 본 주요 과업

특히, 일반적으로 교육과정의 개념은 크게 교육내용, 학습경험, 의도된 학습성과, 문서 속에 담긴 교육계획, 실존적 체험과 그 반성 등 〈표 1-1〉과 같이 정리할 수 있다.

〈표 1-1〉 교육과정의 개념

구분	특징
교육내용	· 역사적으로 가장 오래되고 널리 알려진 개념 · 교과들의 목록, 해당 교과 교수 요목, 강의요목(syllabus) · 학생 입장: 학습해 나가는 과정 · 교사 입장: 학생에게 가르쳐야 할 교육내용의 체계 · 일정기간 동안 제공되는 교과목의 종류, 성격, 내용 등을 간단히 나열해서 기술해 놓은 교과과정
학습경험	· 계획된 학습 경험 · 학교의 지원 또는 감독 아래 학생들에게 제공되는 모든 경험
의도된 학습 성과	· 수업을 통해 도달해야 할 의도된 학습성과 · 의도된 일련의 구조화된 학습결과 · 학습경험을 통해 성취해야 하는 결과 · 내용선정, 학습활동 명세화에 대한 책임과 관심 약화 · 행동적 결과나 목표만 강조할 우려

문서에 담긴 교육계획	· 문서 속에 담긴 교육목적, 교육내용, 교육방법, 교육평가, 교육운영 등에 대한 종합계획 · 학습자가 학습경험을 가질 수 있도록 기회를 부여하는데 필요한 교육방법, 교육평가, 기관운영의 일반적인 지침 · 다른 개념보다 포괄적이고 실용적
실존적 체험과 반성	· 교사나 학습자 자신이 외부의 사물이나 사건을 접하고 읽고, 생각하고 느끼고 배우는 체험과 반성의 과정 · 학습자가 학교에서 또는 자신의 삶을 살아가면서 이수하거나 거쳐야 하는 고정된 실체로서의 대상이 아니라, 공부하고 삶을 살아가는 그 자체

한편, 교육과정의 개념은 '계획', '의도한 성과나 산출물' 등의 '처방적' 접근 방식과 '경험', '과정' 등 '기술적' 접근 방식으로 각각 〈표 1-2〉, 〈표 1-3〉과 같이 구분할 수 있다.

〈표 1-2〉 교육과정의 처방적 접근

구분	개념
Bobbit(1918)	· 개인의 능력을 계발하는 일에 관련된 경험의 범위로서, 개인의 계발을 완결하거나 완전하게 하기 위해 학교가 활용하는 일련의 의식적 지도 훈련의 경험
Rugg(1927)	· 학습자에게 최대한 인생과 유사한 삶을 느낄 수 있도록 도와 주는 일련의 경험과 기도(enterprises)
Hutchins(1936)	· 문법규칙, 읽기, 순수학, 논리학, 수학, 서구사회 고전 등과 같은 비교적 항구적 성격의 교과들로 구성
Tyler(1949)	· 학교가 교육목표를 달성하기 위해 계획하고 지도한 일체의 학습 경험
Taba(1962)	· 목적이나 구체적인 목표의 진술문을 담고 있고 내용 선정과 조직에 관한 것이 포함되어 있으며 특정한 형태의 학습 및 교수활동을 나타내고 그 성과에 따른 프로그램 평가활동도 포함
Johnson(1967)	· 특정 학교에서 다니고 있는 학습자 집단을 겨냥하여 설정한 포괄적인 목표나 그에 관련된 구체적인 목표를 달성하기 위해 적절한 학습 경험을 제공하는 학교계획
Popham & Baker (1970)	· 학교가 책임지는 모든 계획적 학습 성과들을 포함하는 것으로 수업에서 의도하였던 결과
Saylor, Alexander, & Lewis(1981)	· 교육을 받는 학습자에게 일련의 학습 기회를 마련해 줄 목적으로 작성한 계획

Oliva(2001)	· 전공 분야별로 졸업이나 자격증 취득의 요건으로서 부과하는 체계적인 과목군이나 교과의 계열
McBrien & Brant(1997)	· 학생이 배우게 될 학습과목 또는 교수요목을 개괄적으로 표현한 서면 계획
Wiles & Bondi (2006)	· 발달과정을 통해 학습자의 경험을 장점에 도달할 수 있도록 활성화하는 일련의 바람직한 목표 또는 가치 체계

〈표 1-3〉 교육과정의 기술적 접근

구분	개념
Dewey(1902)	· 아동이 현재의 경험으로부터 교과라는 진리의 덩어리로 이동하는 하나의 연속적인 재구성
Caswell & Campbell (1935)	· 교사의 지도 아래 아동들이 갖게 되는 모든 경험
Ragan(1960)	· 학교가 책임을 수용하는 아동의 경험 일체
Doll(1992)	· 학습자가 학교의 보호 아래 겪는 일체의 경험
Hass(1987)	· 학습자 자신이나 자신의 교육 프로그램에 대해 가지는 실제 경험의 집합 또는 경험에 대한 인식
Cornbleth(1990)	· 감각으로 만질 수 있는 산물이 아니라, 학습자, 교사, 지식 및 환경이 매일 역동적으로 상호작용하는 자체
Tanner & Tanner (1995)	· 학습자가 학습상황에서 무엇을 할 것인가에 관심을 갖는 것이 아니라, 무엇을 학습하게 될 것인가에 대한 학습자의 수행 결과에 관심

이 외에도 교육과정의 개념을 살펴보면 〈표 1-4〉와 같이 요약할 수 있다(홍후조, 2002).

〈표 1-4〉 교육과정에 대한 다양한 개념

구분	특징
교과목이나 포함된 내용	· 가장 흔한 교육과정 정의, 교과과정 · 인류의 지적 문화유산을 여러 개로 분류하여 체계적으로 조직한 교과목 · 4서 3경, 7교양과, 국어, 사회, 수학, 과학, 음악 등 · 교과내용, 개설된 강좌명, 강의요목
계획된 활동	· 학습자들에게 전달되는 계획된 모든 활동 · 학습자의 학습을 촉진하기 위해 의도적으로 계획하여 학습자가 학교에서 수행하는 모든 활동

	· 포괄적인 교육과정 · 학습자가 수행하게 될 활동에 대한 치밀한 계획
학교의 지도 아래 학습자가 겪는 실제 경험	· 교사와 학습자간의 대화에서 야기되는 의미와 방향성을 경험하는 과정 · 한 개인의 경험에 대한 반성적인 관심과 한 개인의 사고와 행동의 결과를 예측 및 탐지 · 생성하는 교육과정
수행할 일련의 과정	· 특정 목적, 즉 구체적인 행동목표에 도달하기 위해 숙달되어야 할 일련의 과정
의도한 학습결과	· 학습자가 실제로 배우는 것으로 교과목의 학습 내용, 태도, 지산감. 태도 등 부수적인 학습도 포함
문화적 재생산 도구	· 후세대에 대해 특정 지식이나 가치 재생산
사회 개선 프로그램	· 학습자에게 사회개선을 할 수 있는 지식과 가치, 사회제도와 신념, 활동 등을 제공하는 문화적 재건 프로그램
개인 인생 행로에 대한 해석	· 한 개인이 상호간의 재개념화를 통해 자신, 타인, 세계에 대한 이해를 넓혀 가는 사회적 과정

2. 교육과정의 구성요소

교육과정의 구성요소는 교육목적 또는 교육목적을 설정하여 그것을 달성하기 위해서 선정된 교육내용, 조직된 교육내용의 전개, 학습 지도를 위한 교수-학습 방법 및 자료의 구성, 교육성과의 평가 등 〈표 1-5〉와 같다.

〈표 1-5〉 교육과정의 구성요소

구분	특징
교육목표 설정	· 교육을 통해 달성하고자 하는 행동의 변화 · 지식의 이해, 응용, 사고, 창의성, 흥미, 태도, 가치관, 지능 등 일반적 특수적인 행동 변화 포함 · 교육과정의 전체 방향 제시, 교육내용, 학습활동, 지도활동의 기준 및 근거 제공

교육내용 선정 및 조직	· 교육목표를 달성할 수 있는 강력하고 효율적인 수단 · 교육목표와 교육내용의 관계는 목적과 수단의 관계
교수-학습 활동	· 학습자가 직접 교육내용을 습득하거나 익히고 의미 있는 학습경험을 수행하고 이를 확장시켜 나감으로써 교육목표 달성
교육평가	· 교육적 향상과 발전을 위해 체계적이고 계획적인 교육적 노력의 계속 과정으로서 학습자의 학습 성과, 교사 자신 평가, 교육과정 자체 평가도 포함

한편, 교육과정을 결정하는 요소는 교과, 학습자, 사회 등 [그림 1-3], [그림 1-4], [그림 1-5]와 같이 도식화할 수 있다(박도순 · 홍후조, 2006).

[그림 1-3] 교과를 중심으로 한 교육과정의 유형

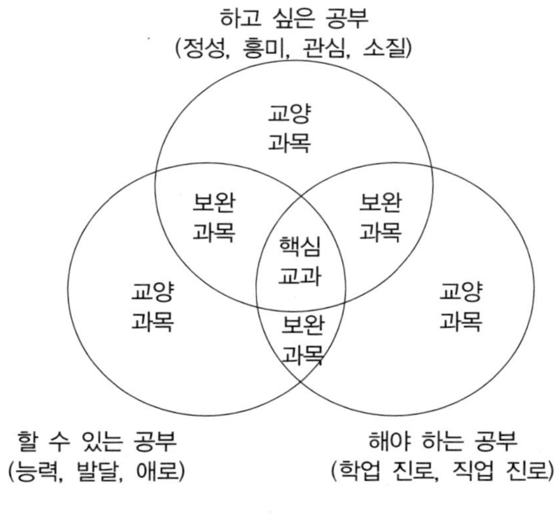

[그림 1-4] 학습자를 중심으로 한 교육과정의 유형

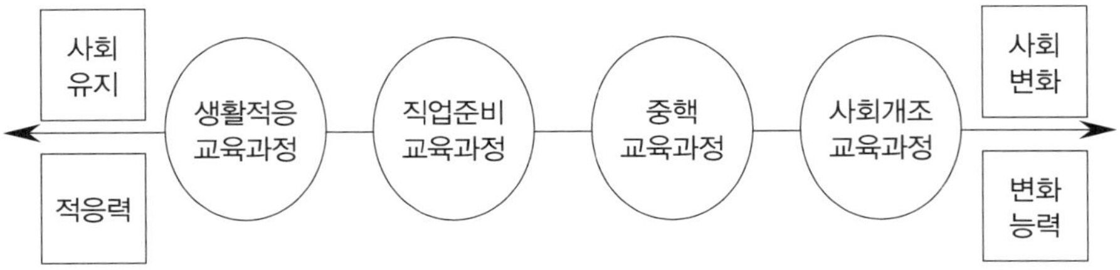

[그림 1-5] 사회를 중심으로 한 교육과정의 유형

3. 교육과정의 성격

교육과정의 일반적인 성격은 〈표 1-6〉과 같이 요약할 수 있다.

〈표 1-6〉 교육과정의 성격

구분	특징
포괄성	· 학생, 교사가 행하는 일의 전체, 생활 그 자체 · 넓고 포괄적인 교육과정
수단성	· 교육목적을 달성하기 위한 수단
충족성	· 사회적 요구와 필요를 충족시키는 교육과정 구성
개별성	· 학습자의 능력, 흥미에 따른 개인차 인정
창의성	· 학습자의 개성, 잠재력 등 창의성을 신장시키는 교육과정
과학성	· 학습자의 요구, 능력, 흥미, 지능, 학습양식 등 과학적 이해에 적합한 교육과정 구성
변화성	· 끊임없는 재검토와 개정 필요
지역성	· 지역사회의 독자적인 환경, 습관, 특성, 요구에 적합

특히, 교육과정의 특성은 교육목적에 따른 규범성, 교육목적 달성의 수단성, 학습자 존중성, 교육활동 중심의 실제성, 교원 주도성, 미래 지행성 등 〈표 1-7〉과 같다(홍후조, 2002).

〈표 1-7〉 교육과정의 특성

구분	특징
교육목적에 따른 규범성	· 무엇을 가르치면 학습자들이 더 나은 배움과 삶을 열어 가는데 도움이 될 것인가에 대해 올바로 숙고하고 판단하여 결정
교육목표 달성의 수단성	· 교육목적을 달성하기 위한 수단
학습자 존중성	· 학습자의 바람직한 변화, 발달, 성장을 위해 노력하는 교육과정
교육활동 중심의 실제성	· 교육활동 전개를 위한 내용 소재, 방법과 절차, 환경 조성의 기준 제공
교원 주도성	· 교과를 매개로 수업지도와 생활지도를 수행하는 교사가 교육과정의 구체적인 의사결정, 전문적 실천, 반성과 질 관리 담당
미래 지향성	· 학습자의 성장과 발달, 사회의 발전과 개선 등 변화 지향적이고 미래 지향적인 교육과정

4. 교육과정과 유사한 용어

교육과정과 유사한 용어로 스코프(scope), 시켄스(sequence), 강의요목, 내용개요, 교과서, 교수요목(course of study), 계획된 학습경험 등 〈표 1-8〉과 같다.

〈표 1-8〉 교육과정과 유사한 용어

구분	특징
스코프	· 의도된 학습 성과를 각 학년 수준으로 열거하는 활동 · 교과 영역
시켄스	· 특정 주제나 차원에 따라 의도된 학습성과를 묶는 활동 · 학년이나 이수 순서, 시기
내용개요	· 수업내용이 교육과정 계획과 동일하다고 인식
교과서	· 학교에서 교육을 위해 사용되는 학생용 교재로서, 각 교과가 지니는 지식과 경험의 체계를 쉽고 명확하며 간결하게 편집해서 교사와 학생이 학습에 활용할 수 있는 도서

교수요목	· 학생들이 거쳐 나가야 하는 일련의 코스 · 의도된 목적지를 가지는 하나의 여행에 비유
강의요목	· 전체 코스를 가르치기 위한 계획서 · 코스 목표, 근거, 가르칠 주제, 사용 자료, 과제, 평가 전략 등 포함
계획된 학습경험	· 학문적, 신체적, 정서적, 사회적인 것과 관계없이 학교가 계획한 것으로서 학생들이 가지게 되는 모든 경험

제2장

교육과정의 기초

1. 교육과정의 역사적 기초
2. 교육과정의 철학적 기초
3. 교육과정의 심리적 기초

1. 교육과정의 역사적 기초

가. Spencer

Spencer는 1960년「교육론 : 지 · 덕 · 체(Education : Intellectual, Moral, and Physical」라는 저서에서 암기식 대학준비의 고전교육을 비판하면서 개인과 사회의 행복을 위해서 완전한 삶을 사는 준비를 교육의 목적으로 설정하였다.

특히, Spencer는 어떤 지식이 가장 가치 있는 지식인가라는 질문을 하면서 무엇을 가르칠 것인가에 대한 교육내용의 선정 준거에 관한 문제를 제기하였다. Spencer는 인간의 온전한 삶의 활동을 요긴한 순서에 따라 직접적 자기 보존에 기여하는 활동(건강 관련 학문, 생리학), 의 · 식 · 주 생활에 필요한 물질획득에 도움이 되는 간접적 자기 보존에 기여하는 활동(자연과학, 윤리학, 사회과학), 자녀의 양육과 교육에 관한 활동(생리학, 심리학), 적절한 사회적 · 정치적 관계 유지에 관련한 활동(역사, 사회학), 생활의 여가를 즐기는 활동(문학, 미술, 음악, 체육) 등 5가지 활동을 교육내용의 선정 준거로 선정하였다.

한편, Spencer의 교육론에서 지 · 덕 · 체의 조화로운 발달을 강조하면서 과학적 기반을 지닌 지식을 가르칠 것을 제안하였다. 이와 같이 실생활 측면에서 교과를 정당화한 생각은 미국의 중등교육의 7대 교육목표, 즉 건강한 사람 기르기, 기초학습 능력 기르기, 가족 구성원으로서 역할 익히기, 직업 수행 능력 준비하기, 시민성 함양하기, 여가 선용하기, 윤리적 품성 기르기 등에 많은 영향을 주었다.

나. McMurry

McMurry 형제의 교육과정에 대한 이론은 교육의 목적은 무엇인가?, 교육적 가치가 가장 높은 교과는 무엇인가?, 교과는 교수 방법과 어떤 관계가 있는가?,

가장 좋은 학습결과를 낳는 학습순서는 어떻게 정할까?, 교육과정을 가장 잘 조직하는 방법은 무엇인가? 등 〈표 2-1〉과 같은 질문에 대한 대답으로 요약할 수 있다(박도순 · 홍후조, 2006).

〈표 2-1〉 McMurry의 교육과정 이론

구분	특징
교육의 목적은 무엇인가?	· 선량한 시민의 도리를 다하도록 아동을 유도하려는 의도와 사회에 현명한 신체적, 사회적, 도덕적 적응 등 포함
교육적 가치가 가장 높은 것은 어떤 교과인가?	· 문학은 미적, 지적 고양을 가져와 연합을 이루는데 가장 효과적인 공부가 되고, 지리는 가장 보편적이고 구체적인 연결을 가능하게 해 주는 공부 · 학습자 생각을 표현하는데 도움을 주는 교과와 다른 사람의 생각을 수용하고 생각할 거리를 제공해 주는 교과
교과는 교수 방법과 어떤 관계가 있는가?	· 지리, 수학, 문항 등 어떤 교과든지 형식적 요소와 개념에 상응하는 최적의 교육 방법 존재
가장 좋은 학습결과를 낳는 학습순서는 어떻게 정할까?	· 교과는 나이의 발달단계에 적합한 수준이 존재한다고 믿고 계통발생을 되풀이한다는 발생반복성에 기초하여 교육과정 설계
교육과정을 가장 잘 조직하는 방법은 무엇일까	· 학교공부를 생활에 근거하여 조직

다. Bobbitt

Bobbitt는 1918년 '교육과정(The Curriculum)'이라는 책을 저술하여 교육과정 분야가 학문적 체계를 갖추기 시작하여 하나의 독립된 학문으로 확립시켰다. 또한, 1924년 「교육과정 편성법(How to Make a Curriculum)」이라는 책에서 과학적 교육과정 구성법을 소개하고 사회적 효율성 달성을 위한 과학적 직무관리기법을 과학적 교육과정을 구성하는 문제에 적용하였다. 이러한 과학적 교육과정 구성을 활동분석법이라고도 하는데 구체적인 절차는 〈표 2-2〉와 같다.

〈표 2-2〉 활동분석법의 과정

구분	특징
1단계	· 인간 경험 분석 · 광범위한 인간경험을 중요한 몇 개 분야로 구분
2단계	· 직무 분석 · 인간 경험의 주요 분야를 다시 몇 개의 더 구체적인 활동으로 상세화
3단계	· 교육목표 추출 · 활동을 수행하는데 필요한 능력에 대한 진술로부터 교육목표 추출
4단계	· 목표 선정 · 도출된 목표들로부터 학생들의 활동으로 계획할 목표 목록 선정
5단계	· 구체적인 활동 계획 수립 · 목표를 달성하는데 포함되는 다양한 활동, 경험, 기회를 각 연령별 또는 학년별로 학생들의 일일 활동을 상세히 수립

라. Tyler

미국에서 1932년부터 1940년까지 진행한 Tyler의 8년 연구는 진보주의 교육협회의 주도하에 진보주의 교육의 효과를 알아보기 위해 전통적인 고등학교와 진보주의 고등학교 교육과정을 비교한 대규모 현장실험 연구이다. 이러한 8년 연구의 구체적인 목표는 초등교육에서 실시한 진보주의 교육이 중등교육과 연계함으로써 성공할 가능성이 있는지를 확인하고 진보주의식 중등교육을 받은 학생들이 대학에 가서도 성공적일 가능성이 있는지를 확인하는 것이다.

특히, Tyler의 8년 연구는 교육과정의 효과를 과학적으로 탐구하는 기념비적인 연구 프로젝트일 뿐만 아니라, 현대적 의미에서 활용중심 평가와 같은 프로그램 평가연구의 일종이며, 민주적 정책평가의 전형적인 모형으로 평가되고 있다 (Watras, 2006).

한편, Tyler는 1949년 「교육과정과 수업의 기본 원리(Basic Principles of Curriculum and Instruction)」라는 책에서 〈표 2-3〉과 같이 교육과정 이론은 4가지 광범위한 질문으로 구성되어야 한다고 주장하였다.

〈표 2-3〉 Tyler의 교육과정 이론

구분	특징
교육목적 설정	· 학교가 달성해야 할 교육목적은 무엇이어야 하는가?
학습경험 선정	· 교육목적을 달성하기 위해 어떤 학습경험이 제공되어야 하는가?
학습경험 조직	· 선정된 학습경험을 어떻게 하면 효과적으로 조직될 수 있는가?
교육목적 평가	· 교육목적이 달성되고 있는지 어떻게 판단하는가?

마. Dewey

Dewey는 교사중심의 암기 암송 교육을 개선하고자 1916년 「민주주의와 교육」이라는 책을 집필하고 1919년 진보주의교육협회(PEA)를 결성하였다. 이러한 진보주의교육협회에서 추가하는 교육이론은 자연스럽게 발달하는 자유, 모든 공부의 동기로서 흥미, 척척박사 및 해결사로서 교사가 아닌 안내자로서의 교사, 아동발달에 대한 과학적 연구, 아동의 신체발달에 영향을 미치는 모든 요인에 대한 관심, 아동의 생활 요구를 들어 주기 위한 학교와 가정의 협조, 교육운동의 선구자로서 진보적 학교 등이다(Kliebard, 1986).

특히, 20세기 초반에 등장한 진보주의 교육운동은 대학에 진학하지 못하는 많은 고등학생들을 구제하기 위해서 제기된 1945년 '생활적응교육(life adjustment education)으로 이어졌다. 이러한 생활적응교육은 생활사태에서 직접 적용할 수 있는 가정생활, 건강, 시민생활 등 기능성 경험을 모든 중등학교에서 제공해야 한다는 특징을 가지고 있다. 이러한 진보주의 교육은 학습과 생활 경험, 학교와 사회의 긴밀한 연결을 강조하였다.

바. Bruner

1957년 소련의 스푸트니크(Sputnik) 인공위성 발사로 미국 교육에 대한 위기가 고조되어 진보주의 교육에 비판을 심해져 교육과정 개혁운동이 일어났다.

특히, Bruner는 기존의 교과중심 교육과정에서 중시하는 교과지식에 대한 입장을 비판적으로 이해하고 학습자 중심의 활동 교육과정의 문제를 종합적으로 고려한 지식의 구조를 주장하면서 지적 수월성을 강조하였다.

사. Newlon

Newlon은 교육과정 개발과정에 교사들이 추축이 되어 가르칠 교육과정을 스스로 마련하는 것이 교사 전문성 향상의 지름길이라고 주장하면서 교육과정의 개정도 교사들의 수업과 교육을 바꾸는 유용한 수단으로 인식하였다(Stenhouse, 1975).

아. Caswell

Caswell은 아동의 학습 활동, 학습경험에 대한 연구를 중요시 여기고 학생의 발달 단계에 따라 교육과정 내용을 조직함으로써 수업 개선에 초점을 둔 교육과정 개발을 주장하였다.

2. 교육과정의 철학적 기초

가. 항존주의

항존주의는 가장 오래되었고 보수적인 교육철학이다. 또한, 항존주의 교육의 목적은 인간의 지적 능력을 갈고 닦는데 있기 때문에, 가치있고 진정한 진리로 인정받을 수 있는 학문적, 문화적 유산만을 항구적인 가치로 추구한다. 즉, 항존주의자들은 절대적이고 항존적이며 보편 타당한 진리가 존재한다고 믿었다.

특히, 항존주의의 교육과정은 언어, 문학, 수학, 예술, 과학을 강조하는 개별 학문이나 논리적으로 조직된 교과 중심적인 내용이 특징이다. 이러한 항존주의 교육의 원리를 살펴보면 첫째, 인간의 본성은 어디에서나 동일하기 때문에 교육은 모든 사람에게 동일해야 하고 둘째, 교육은 이성을 개발하는데 집중되어야 하며 셋째, 교육의 임무는 영원한 진리를 밝히는데 있으며 넷째, 교육은 생활의 모방이 아니라, 생활의 준비이며 다섯째, 학생은 우주의 영원성을 접하게 하는 기본적인 교과를 배워야 하며 끝으로 학생은 오랜 세월에 걸쳐 축적된 열망과 업적이 담긴 위대한 저서를 읽어야 한다는 것이다(Kneller, 1971).

한편, 항존주의의 대표적인 학자는 Hutchins, Adler 등이 있고, 교육방법으로는 대체로 구두설명, 강의, 소크라테스식 대화 등의 방법을 주로 활용한다.

나. 진보주의

교육에 대한 항존주의적 사고방식에 대한 비판으로 실용주의 철학에서 발전한 진보주의는 세상에서 변하지 않고 고정된 것은 없기 때문에 변화를 당연한 것으로 받아들여 사회를 개선하기 위해서는 새로운 방안을 계속적으로 시도해야 한다고 주장한 교육철학이다(구병두 · 김범준, 2007).

따라서, 교사는 변화하는 세계에 대처할 수 있는 준비, 문제를 해결할 수 있는 능력, 민주적인 생활을 위해 중요한 협동적인 행동과 자기 훈련 등 학습자에게 다양한 기회를 제공해 주어야 한다.

특히, 진보주의 교육의 원리를 살펴보면 첫째, 교육은 활동적이고 아동의 흥미와 관련성이 있어야 하고 둘째, 학습은 문제를 해결하는 계획으로 시작되어야 하며 셋째, 교육은 생활을 위한 준비가 아니라, 생활 그 자체이어야 하며 넷째, 교사는 권위자가 아니라, 안내자, 충고자로서 행동해야 하며 다섯째, 교육은 민주적으로 운영되고 학생들이 서로 협동적일 때 더 많은 성취를 가져온다는 것이다(Kneller, 1971).

따라서, 진보주의 교육방법으로 활동, 경험, 문제해결, 투사법 활용, 협동적인 집단학습 활동을 강조하였고, 교육을 생활, 성장, 끊임없는 경험의 재구성, 사회적 과정 등으로 설명하였다. 대표적인 진보주의 학자는 Dewey 등이 있다.

다. 본질주의

1930년대 진보주의를 비판하고 1950년대 스푸트니크(sputnik) 발사에 의해 등장한 교육철학으로서, 본질주의의 교육목표를 인류 문화유산 중에서 가장 본질적인 것을 골라 조직적인 학교교육을 통해 다음 세대에 계승시키자는 입장이다. 이러한 본질주의는 과거보다는 현실적인 상황이나 배경에 더 많은 것을 가진다(최호성, 2008).

특히, 본질주의는 학교의 가장 중요한 기능이 학생들에게 지적 능력을 키워주는 것이라고 주장하면서 기본적인 교과의 학습을 통해 인간의 지적 능력을 계발하는 것은 물론, 새로운 상황에서 문제를 해결하고 적응해 나갈 수 있다는 관점을 가지고 있다. 즉, 본질주의 교육은 교과나 학습자를 계속적으로 반복 · 연습함으로써 개발될 수 있다는 형식도야이론(formal discipline theory)을 바탕으로 하고 있다.

한편, 본질주의는 교육의 과정에서 학습자가 교과의 기초를 이루는 본질적인 기능이나 사실을 학습해야 한다. 따라서, 교사는 특정 교과나 학문의 대가이고 학생들의 모범이 되어야 하며 자신의 지식과 자신이 따르는 삶의 기준에 의해 권위자로 존경을 받을 수 있어야 한다(구병두 · 김범준, 2007). 대표적인 본질주의 학자는 Bagley, Bestor 등이 있다.

라. 재건주의

기존의 진보주의, 본질주의, 항존주의 교육철학을 비판하면서 1930년대 경제대공황은 사회 재건의 절박성을 자극하였다. 이러한 사회 재건을 위한 재건주의는 계획 실현이 가능하고 자기 자신의 환경 및 상황을 이해하고 통제할 수 있는 인간을 기르는데 교육의 목적이 있다.

특히, 재건주의의 대표적인 학자인 Brameld(1956)는 위기에 처한 사회에 적합한 교육철학으로 재건주의를 강조하면서, 모든 가치를 포함하는 최상의 가치로서 사회적 합의를 거쳐야만 사회적 자아실현이 가능하다고 주장하였다.

따라서, 재건주의 교육과정에서 학교는 학생들에게 사회를 비판하는 사회적 비판능력과 어떤 사회를 목적으로 설정해야 하는지 탐색하는 능력을 길러주어야 하고 새로운 사회적, 경제적, 정치적 교육과 일치하도록 변형시킬 수 있어야 한다. 대표적인 재건주의 학자들은 Fantini, Shane, Toffler 등이 있다.

3. 교육과정의 심리적 기초

가. 행동주의 이론

행동주의 이론은 과학적 실재론과 논리적 경험주의를 철학적 배경으로(Bigge & Shermis, 1999) 하고, "관찰될 수 있고 수량화될 수 있는 학습자의 반응행동을 산출해야 한다"라는 행동주의 원리를 바탕으로(이화여자대학교 교육공학과, 2007), 학습을 경험의 결과로 나타나는 관찰할 수 있는 행동의 변화라고 정의한다.

특히, 행동주의 이론에서 중요한 개념 중에서 자극은 시각, 청각, 촉각 등 환경으로부터 학습자에게 제시되는 모든 것을 의미하고, 반응은 자극으로 인한 행동을 의미한다(박성익 외, 2003). 즉, 행동주의 이론은 학습의 의미를 학습자의 행동 변화로 이해하고, 학습의 과정을 자극과 반응을 연합시킨 조건 형성의 과정으로 간주하기 때문에, 자극-반응(stimulus-response) 이론 또는 연합(association) 이론으로 정의되기도 한다(허희옥 외, 2003).

따라서, 행동주의 이론에서 학습은 자극과 반응 간의 연합 결과와 강화의 결과로 볼 수 있다. 왜냐하면, 자극과 반응의 연합은 반복적인 연습을 통해 이루어지고, 자극에 대한 학습자의 다양한 반응 중 특정 반응이 강화를 받으면 학습자는 강화받은 반응을 계속하려는 경향이 있고 그 결과로 바로 학습이 가능해진다.

먼저, Pavlov는 1920년대 개의 소화기관을 연구하던 중 처음에 개에게 먹이를 주면 타액(침)이 분비되는 반응이 보였다. 이러한 과정을 몇 차례 반복하여 먹이를 주는 실험을 하는 동안 개가 음식을 먹기 전에 음식만 보아도 타액(침)을 분비하고, 나중에는 음식을 가져오는 사람의 발소리만 들어도 타액을 분비한다는 사실을 알게 되었다. 또한, Pavlov의 실험에서 음식물은 무조건 자극이고, 종소리는 조건 자극이 되는데, 음식을 보고 타액(침)을 흘리는 것은 자연적인 반응으로 무조건 반응이고, 종소리에 타액(침)을 흘리는 것은 조건 반응이 된다. 이러한 고전적 조건 형성 과정을 도식화하면 [그림 2-1]과 같이 나타낼 수 있다.

(1) 조건형성 이전
중성 자극(종소리) → 무반응 또는 관계없는 반응
무조건 자극(음식) → 무조건 반응(침)

(2) 조건형성 중
중성 자극(종소리) → 무조건 반응
무조건 자극(음식) → 무조건 반응(침)

(3) 조건형성 후
조건 자극(종소리) → 조건 반응(침)

[그림 2-1] 조건형성 과정

또한, Skinner는 스키너 박스(Skinner box)라는 실험 장치를 고안하여 그 안에 먹이접시와 지렛대, 물통, 전구 등을 설치하고 동물(쥐, 비둘기)을 넣어 동물이 지렛대를 누르면 자동적으로 먹이가 접시에 떨어지도록 하였다. 이렇게 쥐나 비둘기가 지렛대를 눌러 먹이를 먹는 동작이 바로 조작적 조건형성이고, 지렛대를 누르는 동작은 반응, 지렛대를 눌렀을 때 나오는 먹이는 강화로 볼 수 있다. 이와 같이 조작적 조건화 이론은 어떤 반응의 결과를 강화해 줌으로써 특정한 반응이 다시 일어날 가능성을 높여 준다는데 의의가 있다. 이러한 조작적 조건화 이론은 보다 복합적인 인간의 행동 원인을 파악할 수 있다는 가능성을 제시하여 학습의 원리에 대한 심층적인 이해에 기여하게 되었다(변영계, 1999).

나. 인지주의 이론

행동주의 이론은 자극과 반응 간의 연합학습으로 보고 인간의 학습은 조건화된 연합이라고 보는 것과 달리, 인지주의 이론은 인간의 내적 과정의 측면에서 학습의 의미와 과정을 분석하고 규명해야 한다고 보는 관점이다. 즉, 학습자들을 수동적인 존재로 보는 행동주의 이론과는 달리, 인지주의 이론은 능동적인 존재로 보고 학습자가 스스로 학습을 완성해야 한다고 주장하였다.

특히, 인지주의 이론은 인간의 행동을 예견될 수 없는 것으로 인식하여, 자극과 예견될 수 없는 학습자의 반응 사이에 내재하는 요인들, 즉 정보처리 과정, 선행지식 구조, 지식 표상 등의 정신활동을 중시하는 것이다(양용칠, 2000).

한편, 인지주의 이론은 심리학적 탐구 대상을 인간의 내적, 정신적 과정으로 보고 인간의 학습과 동물의 학습은 다르며, 학습은 요소들 간의 관계를 파악하는 것이며 인간은 각기 다르게 사물을 지각한다는 이론적 가정을 가지고 있다.

먼저, Kohler에 의하면 문제해결은 시행착오를 통해 이루어지는 것이 아니라, 통찰을 통해 이루어지는 것으로 보고, 원숭이가 들어 있는 우리의 천정에 바나나를 매달아 놓고 몇 개의 상자, 작은 막대기, 긴 막대기 등으로 실험하였는데, 처음에는 바나나를 따먹기 위해 뛰어보기도 하고 상자 하나를 놓고 올라가 보기도 하더니, 상자를 더 많이 쌓고 올라가서 바나나를 취하였고, 또는 작은 막대기로 따다가 닿지 않으니까 긴 막대기로 먹이를 취하여 목적을 달성하는 과정에서 스스로 문제를 해결하였다. 즉, Kohler는 원숭이가 발견한 것을 '통찰(insight)'이라 보았고, '아하! 경험'이라고도 하면서, 문제사태를 전체적으로 파악함으로써 자신의 목표달성을 위한 행동과 결부시켜 문제사태를 재구성, 재체계화하는 인지적 장(field)의 과정을 거치게 되는 것이다.

한편, Lewin은 학습과정의 첫 단계에서의 인지는 분석적으로 이루어지는 것이 아니라, 전체적인 장(field)의 관계로 이루어진다고 주장하였다.

따라서, 인지주의는 여러 개념 간에 새로운 관계를 지각하는 것(통찰)을 학습의 핵심으로 보고, 학습을 이미 알고 있는 것, 이해하고 있는 것의 재배열로 본다(김진호 외, 2002).

다. 구성주의 이론

구성주의 이론에 따르면 인간은 외부 세계에 있는 실재의 본성을 경험에 의해 의미 있게 구성함으로써 학습을 이끌어 내는 동시에, 개인적인 학습목적을 달성할 수 있다.

특히, 구성주의 이론에서 시사하는 학습의 특성은 다음과 같다. 첫째, 지식은 학습자에 의해서 능동적으로 구성되는 것이고, 둘째, 학습은 경험에 대한 개인의 해석이며, 셋째, 지식은 지적 · 물리적 · 사회적 맥락에 의존하기 때문에, 학습은 실제 관련 상황에서 연습하고 습득되어지는 것이 바람직하다.

따라서, 구성주의 이론에서 보면 교사는 학생들이 학습을 구성하도록 경험을 제공하고 학습을 촉진시키는 역할을 수행하고 학습자는 지식을 능동적으로 구성해야 한다.

다시 말해, 구성주의 이론에서 학습의 주체는 학습자이며, 학습은 지식의 주입이 아니라, 학습자가 스스로 경험에 의해서 구축해 나가는 것이기 때문에, 학습자가 가장 효과적으로 학습을 수행하기 위해서는 학습자가 능동적으로 학습의 과정에 참여하고, 학습의 과정에 대해 책임감이 있어야 한다.

라. 인본주의 이론

인본주의 심리학은 인간의 행동을 단순화시킨 행동주의 이론과 학습을 정신적 과정이며 인지구조의 변화라고 본 인지주의 이론에 반대하는 제 3세력의 심리학이다. 이러한 인본주의 심리학은 동물실험 위주의 기계론적이고 객관주의적인 행동주의와 의식 심리학의 지나친 주관주의를 비판하고 비정상인을 대상으로 하는 고전적 정신분석학에서의 문제점을 개선하였다는데 의의가 있다.

특히, 인본주의는 건전한 인간 자체를 대상으로 하여 능동적인 성장잠재력을 가진 주체로 인간을 바라보고 있다. 또한, 인본주의 교육의 목적은 인간 발달의 무한한 가능성을 인정하고 최대한으로 개발되어야 한다는 것이다.

한편, 인본주의는 지적 · 정서적 측면을 포함하여 전인적인 측면에서 학습을 설명하고 있으며, 인간을 본래 선하며 존경받을 만하고, 환경 조건만 적당하면 잠재능력을 실현해 나가려 하는 능동적인 존재로서 보고 있다(조성일 · 신재흡 · 최혜영, 2006). 대표적인 인본주의 학자는 Maslow, Rogers 등이 있다.

제3장

교육과정의 유형

1. 교육과정의 구성방식에 따른 유형
2. Goodlad의 교육과정 유형
3. Glatthorn 등의 교육과정 유형
4. Cuban의 교육과정 유형
5. Eisner의 교육과정 유형
6. 기타 학자들의 교육과정 유형

1. 교육과정의 구성방식에 따른 유형

교육과정 구성방식에 따른 유형은 교과중심 교육과정, 경험중심 교육과정, 학문중심 교육과정, 인간중심 교육과정, 통합 교육과정 등의 순서로 변화하고 있다.

가. 교과중심 교육과정

교과중심 교육과정은 역사적으로 가장 오래된 전통을 지니고 있으며 가장 폭넓게 영향력을 미치는 가장 오래된 교육과정 형태이다.

특히, 교과중심 교육과정은 학교에서 학습자가 배우는 교과와 교재를 강조하고 지식의 체계를 존중한다. 여기에서 교과란 인류의 문화유산을 각 교과 전문가에 의해 논리적으로 조직한 것으로서 교사는 교과를 가르치고 학습자는 교과를 중심으로 학습하게 된다. 이러한 교과중심 교육과정은 희랍시대부터 시작하여 중세에 한참 동안 성행했던 7자유과, 즉 문법, 수사학, 변증법 등의 3학과 산수, 기하, 천문학, 음악 등의 4과를 교육과정으로 구성하여 체계적인 지식을 전수하는데 가장 적합한 교육과정을 만들었던 것이 역사적 기초가 되었다(손충기, 2006).

한편, 교과중심 교육과정의 이론적인 기초는 능력심리학에 토대를 두고 있는 형식도야설이다. 형식도야설에 의하면 인간의 정신은 서로 구분되는 몇 개의 작은 능력들(지각 · 기억 · 상상 · 추리 · 감정 · 의지 등)은 정신도야를 통해 단련 및 개발될 수 있고 작은 능력들을 단련하기 위해 적합한 교과가 있으며 그러한 교과를 가르침으로써만이 정신을 계발시킬 수 있다고 밝히고 있다(이홍우, 1992). 이러한 형식도야설에 의하면 7자유과(3학, 4과), 4서(논어, 맹자, 중용, 대학), 3경(시경, 서경, 주역)이 도야적 가치가 큰 교과로 인정받고 있다. 이러한 교과중심 교육과정의 교육방법은 신체적 근육을 발달시키는 것처럼 교과를 반복적으로 연습하는 것이다(이홍우, 1977).

교과중심 교육과정은 관념론의 입장, 지식의 불변성과 일관성, 정신우위의 심신이원론, 인식결과로서의 지식관, 교사 권위, 교사 중심, 지식 전달 및 전수, 문화유산 전달, 교과의 윤리적 체계, 교과지식 습득, 이성 개발 등의 특징을 가지고 있다.

따라서, 교과중심 교육과정은 교육과정을 학교의 지도 하에 학생이 배우는 모든 교과와 교재로 바라보고, 각 교과별로 학습자에게 가르칠 만한 주제를 열거한 교수요목으로 보고 있다.

교과중심 교육과정의 장 · 단점을 비교해 보면 〈표 3-1〉과 같이 정리할 수 있다.

〈표 3-1〉 교과중심 교육과정의 장 · 단점

구분	특징
장점	· 오랜 전통을 가지고 있으며 널리 받아들여짐 · 새로운 지식과 사실을 학습하고, 해석, 조직하는데 논리적이고 효과적인 교육과정 · 학생들의 지적 능력 발달에 적절한 교육과정 · 객관적인 평가기준에 의해 쉽게 학습결과 평가 · 인간 문화유산을 효율적으로 이용 · 교육과정 구성이나 평가가 대체로 간단하고 쉬움 · 기초적 기본적인 지식 습득 용이
단점	· 학생들의 흥미, 필요, 능력 등 심리적 조직으로서 부적합 · 단편적인 지식 전달, 주입, 기억으로 수동적, 소극적인 학습태도 형성 · 현대 사회문제, 사회적 필요 충족의 어려움 · 창의력, 문제해결력, 판단력 등 고등정신 능력 기르기의 어려움 · 분과적인 지식 습득으로 현상을 종합적으로 보는 안목의 부족

지금까지 살펴본 교과중심 교육과정을 정리해 보면 〈표 3-2〉와 같다.

〈표 3-2〉 교과중심 교육과정의 특징

구분	특징
교육철학	· 이상주의 또는 관념론 · 본질주의
교육목적	· 중요한 교과내용 학습을 통해 이성과 인격 도야 · 본질적인 문화유산 전달과 지식 습득
교육내용	· 7자유과, 유교 경전, 3R's, 고전과목, 문화유산으로부터 정선된 내용, 우리나라 주요 교과목

<table>
<tr><td colspan="2">교육방법</td><td>· 교사의 내용 해설과 전달
· 기억과 습득, 반복 연습</td></tr>
<tr><td colspan="2">평가방법</td><td>· 규격화된 평가 도구(시험지)에 의한 객관적 점수 산출</td></tr>
<tr><td rowspan="5">조직형태</td><td>분과형</td><td>· 모든 교과가 서로 분리되어 상호 연관성을 지니지 않도록 편성한 교육과정
· 물리, 화학, 생물, 지구과학 등 독립적 내용체계</td></tr>
<tr><td>상관형</td><td>· 분과형을 취하되, 교과 내용들이 관련성을 가지고 교수-학습을 할 수 있도록 편성한 교육과정
· 국어와 사회를 독립적으로 편성하되, 국어의 문학작품과 역사의 작품이 쓰여진 시대적 배경을 서로 관련지어 교수-학습 가능</td></tr>
<tr><td>융합형</td><td>· 상관형에서 광역형으로 이행하는 과정에서 시도되는 과도기적인 교육과정
· 교과내용상 서로 결합이나 통합할 수 있는 것들을 하나의 교과로 편성하는 교육과정
· 식물학과 동물학을 결합시켜 ‘생물학’으로 편성하거나 생물과 화학을 결합하여 ‘생화학’으로 편성</td></tr>
<tr><td>광역형</td><td>· 융합형에 비해 결합시키는 교과들의 범주가 더 넓음
· 과학이나 일반사회
· 초등학교 1, 2학년 바른생활, 슬기로운 생활 등</td></tr>
<tr><td>교과중핵형</td><td>· 교과목들을 그대로 유지하면서 중핵적인 교과, 가장 중심적인 내용을 다루고 있는 교과를 중심부에 두고 다른 교과들을 동심원적으로 편성하는 교과중심 교육과정의 한 형태
· 사회과가 중심에 놓이면 ‘사회과 중핵교육과정’</td></tr>
</table>

나. 경험중심 교육과정

경험중심 교육과정은 학습자의 흥미, 활동, 경험 등을 가능한 한 반영하여 구성한 교육과정으로서, 교과중심 교육과정의 문제점을 보완하기 위해 시도되었다. 이러한 경험중심 교육과정은 19세기 말부터 20세기 초에 걸쳐 태동된 것으로 개인주의, 자유주의와 Herbart, Rousseau, Pestalozzi, Frobel 등 자연주의 교육사상에 영향을 받고 Dewey에 의해 꽃을 피우게 되었다.

특히, 경험중심 교육과정은 아동들의 요구와 흥미를 중시하고 실제 생활에서의 적응능력을 강조함으로써 관념적인 교과지식보다 생활문제의 해결과 사회 적응에 강조점을 두어 생활중심 교육과정, 아동중심 교육과정, 학습자중심 교육과정이라고도 불린다.

따라서, 경험중심 교육과정의 교육목표는 급격한 사회변화에 적응할 수 있는 인간 육성이나 문제해결력 함양, 민주시민이 지녀야 할 자질 육성, 전인 교육이다.

한편, Hopkins(1934)는 경험중심 교육과정의 특징으로 다음과 같이 제시하고 있다. 첫째, 교육과정의 중점은 교과가 아니라, 학습자에 둔다. 둘째, 교재를 가르치는데 중점을 두지 않고 학습자의 바람직한 성장을 조성하는데 힘쓴다. 셋째, 교과내용을 사전에 조직되는 것이 아니라, 학습 현장에서 결정된다. 넷째, 교육과정을 교사가 일방적으로 부과하는 것이 아니라, 모든 학습자의 협동적인 참여로 구성된다. 다섯째, 분산된 사실을 가르치는 것보다 통합된 의미를 체험시키는 것을 더 중요시한다. 여섯째, 교육내용과 결부된 교수법을 맹목적으로 따르기보다 학습자의 학습법을 존중하여 지도한다. 일곱째, 학습자 개개인의 창조적인 특성을 육성한다. 여덟째, 교육을 교수라고 생각하기보다는 끊임없는 성장의 과정으로 본다.

경험중심 교육과정의 장 · 단점을 비교해 보면 〈표 3-3〉과 같이 정리할 수 있다.

〈표 3-3〉 경험중심 교육과정의 장 · 단점

구분	특징
장점	· 학습자의 흥미와 욕구에 기초하여 학생의 자발적 행동 촉진 · 현실적이고 실제적인 생활문제 해결 능력 향상 · 생활인 육성 · 민주시민으로서의 자질 함양 · 학교와 지역사회와의 유대 강화 · 학교생활의 여러 장면 통합 증진
단점	· 학생의 기초학력 저하 · 교육과정 분류 준거 불분명 · 교육시간의 경제성 무시 · 경험의 새로운 적용 곤란 · 교직적 소양과 지도방법이 미숙한 교사의 교육과정 운영의 실패 가능성 높음 · 행정적인 통제 곤란

지금까지 살펴본 경험중심 교육과정을 정리해 보면 〈표 3-4〉와 같다.

〈표 3-4〉 경험중심 교육과정의 특징

구분		특징
교육철학		· 자연주의 · 실용주의 · 진보주의
교육목적		· 단순한 지식의 습득에 머물지 않고 전인, 생활인 육성 강조 · 학습자 덕성, 선천적인 본성을 고양하도록 개인적 경험 재구성 및 확장, · 생활상에서 부딪히는 문제를 스스로 해결하는 문제해결력 배양
교육내용		· 생활 속에서 교육내용 선정 · 학습자의 생활영역, 생활문제, 흥미와 필요 등을 기초로 교육내용 선정
교육방법		· 학습자 중심의 실질적인 경험, 경험한 내용의 개인적 집단적 발표와 토론 · 교육내용과 학습경험의 성격에 따라 교수-학습 과정 개별화 강조 · 학습활동 집단 조직의 다양성 강조 · 학습자의 학습활동을 활성화시키는 방법 개발 및 적용
평가방법		· 교과별 시험점수 확인 및 집단 내 순위 정하기보다 학습자의 개인별 경험 확장 상태의 진전도, 문제해결 능력 개선 정도, 지적 · 정의적 · 신체 · 기능적 특성의 발달 상황 등 종합적 포괄적으로 평가
조직형태	활동형	· 학습자의 흥미와 욕구 등에 기초하여 학습경험을 선정하고 조직하는 형태 · Kilpatrick의 구안법(Project method) : 교사가 집단구성원으로 참여하여 학습자와 함께 학습목적과 계획을 세우고 실천, 평가하는 일련의 과정
	광역형	· 지식보다 생활, 흥미, 경험 등을 중심으로 동일 경험영역에 속하는 중요한 내용 조직 · 작업단원법 : 동일 영역의 학습내용을 학습자 발달 단계에 따른 생활경험을 중심으로 단원 조직
	생성형	· 사전에 계획하지 않고 교사와 학생들이 학습현장에서 함께 학습 주제를 선정하고 내용을 계획하여 교육이 이루어지는 형태 · 사전계획이 없어 교사와 학생에게 많은 융통성과 자유 부여 · 내용의 깊이가 없는 피상적 문제를 다룰 가능성

중핵형	· 중핵과정과 주변과정이 동심원적으로 조직 · 중핵과정 : 사회영역이나 자연영역의 생활경험 중심으로 조직 · 주변과정 : 관련되는 기본 교과로 조직 · 교과중심, 개인중심, 사회중심 중핵 등으로 구분

다. 학문중심 교육과정

과학문명의 발달로 인해 모든 분야에 걸쳐 지식과 기술이 폭발적으로 증가함으로써 모든 지식을 교육과정 속에서 조직한다는 것은 불가능하고 과거와 같이 암기위주의 주입식 교육으로는 평생 동안 학습해도 모든 지식을 배울 수 없게 된다.

따라서, 학교교육은 모든 지식을 가르치는 것이 아니라, 지식이나 학문의 가장 기본적인 개념이나 원리를 정선함으로써 최소한의 적은 지식으로 최대한으로 활용할 수 있는 생산적인 지식이 필요하게 되었다.

이와 더불어, 미국은 1957년 소련의 인공위성 스푸트니크 발사에 의한 충격(Sputnik's shock)에 의해 국가의 안보와 생존을 위협받으로써 뒤쳐진 과학 기술을 극복하기 위해 교육개혁을 실시하였다. 즉, 교사가 문화유산과 체계적인 지식을 일방적으로 전달함으로써 시대, 사회적 부적합성을 노출시킨 교과중심 교육과정과 학습자의 필요와 흥미를 중심으로 교육과정을 운영하여 탐구력과 창의력 배양에 문제점이 있는 경험중심 교육과정에 대해 비판하면서 학문중심 교육과정이 등장하였다.

학문중심 교육과정은 각 학문에 내재해 있는 지식탐구 과정의 조직 또는 학습자의 자발적인 탐구를 통한 지적 활동의 조직으로 교육과정을 바라보았다. 즉, 학문중심 교육과정에서는 단순한 교과내용이나 아동의 생활경험보다 학문에 내재해 있는 기본적인 아이디어, 개념, 원리, 학문의 사고방식, 사물을 바라보는 안목, 즉 지식의 구조를 가르쳐야 한다고 주장하였다. 이러한 지식의 구조를 가르침으로써 기본 내용의 이해가 쉽고, 쉽게 잊어버리는 것을 막으며 다른 학습에 전이가 쉽고, 초보적인 지식과 고등 지식 간의 격차를 줄일 수 있는 장점을 가지고 있다.

한편, Bruner(1960)는 '어떠한 교과든지 지적으로 올바른 형식으로 표현하면 어떤 발달단계에 있는 아동에게도 효과적으로 가르칠 수 있다'라는 가설을 제기하면서 아무리 어려운 내용일지라도 아동의 지적 수준에 적절하게 표현하면 누구나 이해하고 배울 수 있고 효과적으로 가르칠 수가 있다고 주장하였다.

학문중심 교육과정은 핵심적인 아이디어, 기본적인 원리, 개념, 즉 지식의 구조를 중요시하고, 표현양식만 달리하면 어떤 발달 단계에 있는 아동이라도 효과적으로 가르칠 수 있으며 분석적 사고만큼 직관적 사고를 중시하며 내적 보상에 의한 학습동기의 유발을 중시하며 학습에 있어서 창조성을 매우 중요시 여긴다.

또한, 학문중심 교육과정은 단일 교과 내에 있는 단일 학문으로 제한하여 조직해야 하고 소수의 근본적인 개념 또는 주제를 강조해야 하며 실험실과 같은 일차적인 자원을 널리 사용하도록 요구하고 문제해결을 강조하는 시험지를 사용하며 교사는 정보를 제공하는 자원으로 활동하기보다는 학문적 탐구활동을 시범 보여 주는 사람으로 바라보아야 한다(박도순 · 홍후조, 1999).

학문중심 교육과정의 장 · 단점을 비교해 보면 〈표 3-5〉와 같이 정리할 수 있다.

〈표 3-5〉 학문중심 교육과정의 장 · 단점

구분	특징
장점	· 교육내용의 선정 및 조직의 경제성 · 기본 개념 이해 촉진 · 학습자의 능동적인 탐구 과정 참여 · 학습자의 탐구능력 및 자연현상 발견력 향상 · 높은 학습 전이 및 내적 동기 유발 가능 · 학습내용이 양적으로 적지만, 질적으로 가장 기본적이고 핵심적인 것만 다루기 때문에 지속적인 학습에 대한 흥미 유발 가능
단점	· 학업능력이 우수한 학습자에게 적합 · 자연과학 분야 교과목을 중심으로 한 교과에 적합 · 지적 교육을 강조하여 통합적 교육과정 구성 소홀 · 학습자의 욕구와 광범위한 생활 문제 등한시 · 지적 능력만 강조하여 정의적 교육 소홀 · 평가 방법 개발되어 있지 않음 · 사회적 조건 및 현실, 민주적 이념 등의 미반영

지금까지 살펴본 학문중심 교육과정을 정리해 보면 〈표 3-6〉과 같다.

〈표 3-6〉 학문중심 교육과정의 특징

구분		특징
교육철학		· 실재주의 · 신실재론
교육목적		· 학습자의 탐구정신 습득 및 탐구능력 배양 · 학교에서 배운 학습 원리, 아이디어를 사회에서도 지속적으로 활용할 줄 아는 능력 육성
교육내용		· 지식의 구조, 학문에 내재되어 있는 핵심적인 개념, 아이디어, 원리, 학문하는 방법
교육방법		· 학습자는 학자가 연구를 수행하는 것처럼 교과의 기본 개념과 원리의 의미를 탐구과정을 통해 발견 및 결론 도출
평가방법		· 결과보다 과정중심의 평가 · 선택형 문항에의 정답 찾기보다 논술형 문항에 자신의 견해를 표현하는 방식, 일정한 절차를 따라서 문제를 해결하는 능력 등 평가
조직형태	분과형	· 교과선, 또는 과목선을 파괴함 없이 내용을 기본 개념이나 과정, 방법 중 하나를 중심으로 구조화한 것에 따라 조직하는 형태
	나선형	· 동일한 교과, 동일한 구조, 동일한 개념과 원리가 학년이 올라감에 따라 점차 심화, 확대되어 가도록 조직 · 초등 수준의 지식과 고등 수준의 지식에 차이가 없고 학년별, 학교별 수준에 따라 깊이와 폭이 달라짐 · 내용을 몇 개 분야로 구분하여 그 분야들을 반복 회전하면서 위로 올라갈수록 퍼지는 형태
	학문 통합형	· 개별 학문적 형태 : 독특한 구조를 가지는 학문의 구조에 의해 서로 구분되는 학문으로 내용 조직 · 다학문적 형태 : 유사하거나 인접한 학문들을 모아 하나의 교과 구성 (물리학, 화학, 생물학, 지구과학의 학문을 과학 교과로 구성) · 간학문적 형태 : 학문의 개별적 성질은 약화되면서 몇 개의 학문에 공통되는 주요 개념, 원리, 법칙, 탐구방법 등을 중심으로 교과 조직 · 교차 학문적 형태 : 학문의 횡적 연계방식으로 어떤 동일한 원천적 학문을 주축으로 하여 여러 개의 다른 분야의 학문이 연결 총합되는 경우

라. 인간중심 교육과정

1970년대 접어들면서 현대사회의 기계문명과 거대한 사회조직은 인간의 자유 및 자율적 행위의 가능성을 제약함으로써 인간성 상실, 비인간화 현상을 비판하는 교육의 인간화, 즉 인간중심 교육과정에 관심을 가지기 시작했다.

특히, 인간중심 교육과정의 교육 목적은 인간의 잠재적인 능력을 최대한으로 개발하여 자아를 실현하고 사회발전에 기여할 수 있는 삶을 살 수 있도록 도와 지식 · 기능 · 태도 등이 삼위일체된 전인교육에 중점을 두고 있다.

한편, 인간중심 교육과정의 기본적인 입장을 살펴보면 다음과 같다(윤팔중, 1981). 첫째, 학습자로 하여금 그들 자신의 관점에서, 즉 지적, 정서적, 사회적으로 자신들을 발달시킬 수 있는 환경을 제공한다. 둘째, 학습자에게 서로를 감동시키고 너그러운 공동체 의식을 지니고 생활하도록 돕는 환경을 제공한다. 셋째, 교육과정의 구성에서 개인 지향적인 설계, 구조의 신축성, 교사능력의 신장, 창조성의 조장 등을 고려한다.

인간중심 교육과정의 장 · 단점을 비교해 보면 〈표 3-7〉과 같이 정리할 수 있다.

〈표 3-7〉 인간중심 교육과정의 장 · 단점

구분	특징
장점	· 전인교육을 통해 인간이 타고난 지적, 신체적, 사회적, 정서적인 성장 가능성을 조화롭게 발전 · 학습자의 개별적인 자기 성장 조장 · 학습자의 긍정적인 자아개념 형성 · 개방적, 자율적 분위기 조성
단점	· 자유로운 환경조성과 역동적인 인간관계가 유지되지 않으면 교육성과 보장이 어려움 · 인간주의 교육을 위해 교사들의 투철한 교육관 확립 필요 · 주지교과 난이도 하향조정, 도덕적 및 심미적 교과 강조, 교과의 통합, 교과별 시간단위 융통성 있는 운영, 과대 학교 및 과밀학급 규모를 줄이는 개선책과 학교교육에서 지나친 경쟁과 비교를 지양하는 학교행정 조건 정비 등의 선행

지금까지 살펴본 인간중심 교육과정을 정리해 보면 〈표 3-8〉과 같다.

〈표 3-8〉 인간중심 교육과정의 특징

구분		특징
교육철학		· 재건주의 · 실존주의 · 인본주의
교육목적		· 자아실현인 육성, 개인 인격 및 개성 발달, 개인의 책임의식 고양, 주체적 인간, 의식화를 통한 자기 소외 극복 등 인간 자신을 포함한 세계에 대한 주체적인 인식 능력 육성
교육내용		· 부분보다 전체적 접근 방법을 취함으로써 지적, 정의적, 운동 기능적 영역의 통합, 교과간의 통합성, 간학문적 접근 강조, 교과간 구획화 타파 · 자기 이해의 경험, 사회문제 해결의 종합적 접근, 실질적인 활동과 경험 · 개인의 자아실현과 성장에 도움되는 직접적인 경험 중요시
교육방법		· 학습자 스스로 경험의 재구성과 학습과정을 직접 수행해 나가도록 환경을 구성 및 제공하는 방법 · 자기감각을 통한 경험 학습, 만남의 집단, 명상 및 소집단 토론 등 교사와 학생 간 상호신뢰에 바탕을 둔 개인 성장 방법
평가방법		· 임의로 설정한 기준에의 부합 정도로 평가하는 결과 지향적 평가보다 개인적 성장의 정도와 성장해 나가는 과정 자체가 평가의 대상이 되는 과정 지향적 평가, 즉 질적 평가 강조 · 관찰, 면담, 일기, 참여, 반성, 일화기록 등의 기법
조직형태	균형형	· 인간의 잠재가능성을 고루 계발할 수 있도록 신체적, 지적, 사회적, 정서적 내용을 통합적으로 균형있게 조직된 교육과정
	개인형	· 학습자 개인적 능력과 필요에 적합하도록 교육과정을 개별화한 교육과정
	연관형	· 교과 핵심내용을 학습자의 심리적 특성 및 생활과 밀접하게 관련지어 조직된 교육과정
	통합형	· 성격상 내용상 유사한 교과 간 구획을 없애고 학습자의 발달 수준과 흥미, 필요 등을 통합하여 조직된 교육과정

마. 통합 교육과정

통합 교육과정은 기존의 교과나 학습경험 프로그램들 간의 통합을 위해서 학습자의 전인적 발달과 성장을 목적으로 조직된 교육과정이다. 이러한 통합교육과정의 유형은 〈표 3-9〉와 같이 분류할 수 있다.

〈표 3-9〉 통합 교육과정의 유형

구분	특징
상관형	· 분과형을 유지한 채 내용상 관련성 있는 교과들의 교수-학습이 상호 관련을 지니고 이루어지도록 조직한 교육과정 · 일제강점기에 쓰여진 문학 작품을 국어과에서 학습한다면 역사과 내용은 일제강점기 시대상과 국민들의 삶 모습을 중심으로 구성하고 국어과 시간에 문학 작품을 학습하면서 동시에 역사과의 시대상을 함께 교수-학습하는 교육과정
융합형	· 인접하는 두 개 이상의 교과를 하나로 통합하여 제 3의 교과로 조직하는 교육과정 · 식물학과 동물학과 결합하여 생물학 · 고대, 중세, 근대, 현대사를 통합하여 역사
중핵형	· 중심과정을 핵심으로 하고 중심과정의 내용을 학습하는 데 관련되는 교과나 교육프로그램들을 동심원적으로 조직하는 교육과정 · 교육내용의 통합, 개인의 인격적 통합, 통합된 사회의 실현
활동형	· 학습자의 경험과 활동 중에서 중요하다고 판단되는 것으로 조직하는 교육과정 · Kilpatrick의 구안법 · 경험중심 교육과정과 비슷

2. Goodlad의 교육과정 유형

Goodlad는 교육과정 유형을 의사결정 주체와 학습자와의 상대적 거리감에 비추어 〈표 3-10〉과 같이 분류하였다(Goodlad, 1984).

〈표 3-10〉 Caswell의 교육과정 유형

구분	특징
이상적 교육과정	· 교육과정 변화의 시기마다 각종 위원회에서는 장차 교육과정이 어떠해야 한다고 주장하는 교육과정
공식 교육과정	· 국가나 지역이 학교에서 무엇을 가르쳐야 하는지에 관해 나름대로의 법적 권위를 지닌 공식 입장을 표명한 교육과정
지각된 (인식하는) 교육과정	· 공식적이고 형식을 갖춘 교육과정에 대해 다양한 방법으로 해석함으로써 교사가 지각하거나 인식하는 교육과정
적용된 교육과정	· 교실 현장에서 실제로 전달되고 있는 교육과정 · 교육과정에 대해 의미하는 바와 실제 교실에서 실천하는 것 사이에 상당한 차이 발견
경험된 교육과정	· 적용된 교육과정을 근거로 학습자들이 도출해 내고 생각한 경험으로써, 학습자마다 개별적이고 고유하며 독특한 성격을 지니는 교육과정

3. Glatthorn 등의 교육과정 유형

Glatthorn 등은 교육과정 유형을 교육과정의 생성 시기로부터 학습자의 체험에 이르는 과정으로 〈표 3-11〉과 같이 분류하였다(Glatthorn, Boschee, & Whitehead, 2006).

〈표 3-11〉 Glatthorn 등의 교육과정 유형

구분	특징
추천 교육과정	· 학자, 전문협회, 혁신위원회 등에서 추천하는 교육과정
문서 교육과정	· Goodlad의 공식 교육과정과 유사 · 추천 교육과정보다 훨씬 더 구체적인 성격을 지니고 있으며 교육과정의 논거, 목표, 교수-학습 내용, 평가 전략 등에 관한 내용 포함
지원	· 교실 현장에 반영된 교육과정

교육과정	· 특정 학년의 특정 교과에 배당된 시간, 실제 할당한 시간, 배정하게 될 교직원 수, 사용할 교과서 및 학습 자료
가르친 교육과정	· 전달한 교육과정 · 교사가 가르치는 것을 관찰자가 실제로 목격하게 되는 교육과정 · 문서 교육과정과 실제로 가르친 교육과정 사이의 일치도 차이
시험 교육과정	· 교사 자작 검사, 교육과정에 의거하여 교육청 수준에서 개발된 시험 또는 표준화 검사에서 평가하는 일련의 학습 성과
학습한 교육과정	· 학교 경험의 결과로서 학생들의 가치, 지각, 행위 등에 있어서 일어난 모든 변화 · 의도한 교육과정과 잠재적 교육과정 포함

4. Cuban의 교육과정 유형

Cuban은 교육과정 유형을 교육과정의 생성 시기로부터 학습자의 체험에 이르는 과정으로 〈표 3-12〉와 같이 분류하였다(Cuban, 1993).

〈표 3-12〉 Cuban의 교육과정 유형

구분	특징
공식 교육과정	· 국가 교육과정 지침서나 학교 교육과정 문서에 나타난 교육과정
가르친 교육과정	· 실제로 수업에서 교사가 초점을 맞추어 강조하려고 선택한 것 · 교사 자신의 지식, 교과 수업에 대한 신념, 학생 요구에 대한 가정, 특정 교과에 대한 흥미 등 반영
학습 교육과정	· 학생이 학습한 모든 것 포함 · 교사가 계획한 것과 의도하지 않은 것 포함 · 교사의 행동을 모방하거나 다른 학생의 행동을 보면서 배우는 것
검사 교육과정	· 시험에서 요구하는 바 · 교사 자작 검사, 교육청, 국가 수준의 정기 시험 등은 학교에서 가르치고 배운 내용의 일부를 드러냄

5. Eisner의 교육과정 유형

Eisner는 교육과정 유형을 애당초의 의도와 계획 여부에 초점을 맞추어 〈표 3-13〉과 같이 분류하였다(Eisner, 2002).

〈표 3-13〉 Eisner의 교육과정 유형

구분	특징
외현적 교육과정	· 공식적으로 교육의 목표와 성과를 표방한 계획된 교육과정 · 공식적인 국가 교육과정 문서, 교사용 지침서, 교과서, 수업지도안 등 구체적인 학습 성과 형태로 표현
잠재적 교육과정	· 학교에서의 다양한 경험을 통해 외현적이지 않고 암묵적 또는 묵시적으로 가르치고 있는 교육과정 · 학교교육 프로그램 속에 공식적으로 표방된 적이 없는 학습 성과나 상호작용 결과 포함 · 숨겨진 교육과정, 내면적 교육과정
영 교육과정	· 수업 시간에 체계적으로 배제되거나 간과되고 있는 무엇으로서, 교사-학습자간 상호작용의 공간에는 존재하지 않는 교육과정 · 현재는 제외되어 있지만 향후 수업에서 포함될 만한 가치가 있는 지식과 가치와 기능 · 가르칠 만한 가치가 충분함에도 불구하고 교육과정 의사결정 과정에서 선정되지 못하여 정규 교육과정에서 배제된 상태의 문화 · 계획적으로나 비계획적으로 학교에서 가르쳐지고 있지 않은 교육과정 · 가치교육, 죽음교육, 약물교육, 가족생활 교육 등 · 공식적, 잠재적 교육과정과 상호 밀접한 영향 교환

6. 기타 학자들의 교육과정 유형

교육과정의 유형을 분류한 학자들은 다양한데, 일반적으로 Casewell, Hopkins,

Ragan 등의 교육과정 분류 유형은 〈표 3-14〉, 〈표 3-15〉, 〈표 3-16〉과 같이 정리할 수 있다.

〈표 3-14〉 Caswell의 교육과정 유형

구분	특징
과학적 교과교육과정	· 교과 교육과정이 단순한 교과의 학문적 체계에 중점을 두고 구성한 것에 대해 교과의 사회적 유용성과 학습자의 효과적 학습활동을 도모하기 위해 과학적으로 구성한 교육과정
광역교육과정	· 12-14개 정도의 분과 교육과정이 아니라, 훨씬 적은 교과, 즉 언어, 수학, 사회, 과학, 예능, 체육, 레크리에이션 등 일곱 가지 영역으로 조직하는 교육과정
생활영역 교육과정	· 일상생활에서 사회적 활동이나 개인의 활동을 집중적으로 조사 · 분석하여 조직하는 교육과정
현성교육과정	· 교사와 학생이 생활의 장에서 학생의 요구를 중심으로 상호 협력하여 구성하여 조직하는 교육과정 · 현장에서 만드는 교육과정 · 현장학습을 하기 위한 것으로 학교내, 교실 안에서 할 수 없는 경우 학습자들을 교외로 이끌어 사회생활 현장에서 구체적으로 경험하고 학습하는 기회를 갖게 하는 교육과정

〈표 3-15〉 Ragan의 교육과정 유형

구분	특징
분과형	· 교육과정의 조직에 있어서 교과교재에 의존하여 교재의 논리적인 순서에 따라 여러 가지 사실, 정의, 원리를 구하는 교육과정 · 역사, 지리, 경제 등 교과 자체의 독립적인 성격
상관형	· 두 개 이상의 교과가 교과의 선을 유지하면서 서로 관련지어져 있는 교육과정 · 지리와 역사, 물리와 수학, 영어와 독어 등 상호연관성이 있는 교과끼리 밀접하게 관련짓는 교육과정
융합형	· 교과 자체에 기반을 두고 다른 교과 간에 관계되는 요소를 융합시켜 새로운 교과로 조직하는 교육과정 · 식물학과 동물학을 융합해서 생물학으로 조직 · 지리, 역사, 경제를 합쳐 사회과로 조직
통합형	· 같은 분야의 여러 교과를 하나로 관련시키는 교육과정 · 국어와 역사와의 관련, 과학과 국어의 관련

중핵형	· 중심학습이 있는 교육과정의 전체 계획 · 통합적인 중심 과정과 분화된 교과에 의해 형성되는 주변 과정이 동심원적으로 결합되어 조직된 교육과정
경험형	· 교과내용으로 구성된 지식 체계보다 생활, 흥미, 경험 등을 중시하고 동일한 경험의 영역에 속하는 여러 가지 경험을 광범위하게 조직해서 학습하는 교육과정 · 학습자의 생활 주변에서 제기되고 경험하는 여러 사실에 대해 경험내용을 흥미, 욕구, 관심 등을 중심으로 직접 조사하거나 토의를 통해 생활 경험의 범위를 넓혀 주기 위해 조직된 교육과정

〈표 3-16〉 Hopkins의 교육과정 유형

구분	특징
교과교육과정	· 교과 독자의 본질에 의해 독립된 교과의 집합체가 되는 분과 교육과정 또는 병렬 교육과정 · 교과나 과목간의 횡적 연관성은 전혀 고려하지 않은 채 조직된 교육과정
경험교육과정	· 학생이 생활의 장에서 문제를 해결하며 자기 생활경험을 쌓아가도록 조직하는 교육과정 · 문제해결을 위한 경험이나 교재는 사전에 계획하는 것이 아니라, 생활의 현장에서 선정하는 교육과정

제4장

교육과정의 개발

1. 교육과정 개발의 개념

교육과정 개발은 광의의 의미로 학생들에게 가르칠 일련의 교육 계획을 수립하는 것을 의미하지만, 협의의 의미로 교과의 성격을 규명하고 교육목적을 설정하고, 교육내용의 체계를 편성하며 이를 효과적으로 전달하기 위한 교육방법, 교육평가, 교육운영 등에 대한 종합적인 계획을 수립하는 활동을 의미한다(강현석 · 주동범, 2004).

또한, 교육과정 개발은 교육과정을 구성하는데 있어서 과정 및 절차가 어떻게 진행되어야 하는가를 결정하는 과정과 관련되어 있기 때문에 교육과정 구성의 참여 대상, 교육과정 구성의 절차 등을 고려해야 한다.

특히, 교육과정 개발은 교육목적과 교육내용의 체계, 이를 효과적으로 전달하기 위한 교육방법, 교육평가, 교육운영 등에 대한 종합적인 계획이 담긴 문서를 만드는 활동으로서, 교육과정 계획, 교육과정 실행, 교육과정 평가 등이 포함된 종합적인 개념이다.

한편, 교육과정 개발의 의미에 기초하여 교육과정 개발의 기본적인 고려 사항을 제시하면 다음과 같다(이성호, 1984). 첫째, 교육과정 개발은 교육을 기본 책무로 삼는 한 기관이 그 기관 나름대로의 특성 있는 자아실현을 이룩해 나가는 과정이다. 둘째, 교육과정 개발은 교육과정 계획, 시행, 평가에 관련되는 모든 요소들을 체계적으로 분석하고 통합, 수렴하는 종합적인 과정이다. 셋째, 교육과정 개발은 현재 우리가 당면하고 있는 교육에 대한 부단한 물음들에 대한 해답을 추구하며 미래의 보다 나은 교육을 위한 점진적인 개혁과정이다. 넷째, 교육과정 개발은 그 개발 작업과정에 참여하는 많은 사람들 간의 협동적인 합의에 바탕을 둔 의사결정 과정이다. 다섯째, 교육과정 개발은 그 일에 참여하는 모든 사람들의 부단한 자아 혁신적 개발 노력과 교육기관 조직의 개발을 위한 노력을 통해서 성취될 수 있는 참여적 발전 과정이다.

교육과정 설계와 교육과정 개발을 서로 비교해 보면 〈표 4-1〉과 같이 정리할 수 있다.

〈표 4-1〉 교육과정 설계와 교육과정 개발의 비교

구분	특징
교육과정 설계	· 교육과정 구성 요소의 성격 규명 및 이들에 적합한 원칙과 원리에 의해 조직하는 활동 · 교육과정에 무엇을 포함시켜야 하고 어떻게 제시해야 하는가에 관심 · 교육과정이 개발되는 과정이 아닌 교육과정 자체의 내용이나 실체에 초점 · 교육과정 개발의 방향과 지침을 제공하는 틀 제공
교육과정 개발	· 교육과정 설계를 포함하여 교육과정 산물을 생산하기 위한 인적, 물적 자원을 선발, 배치, 활용하고 절차를 마련하여 전개하는 과정 · 사회적, 정치적 맥락 속에서 다양한 이해관계를 가진 집단들의 복합적이고 역동적인 의사결정 과정을 거침

지금까지 살펴본 바와 같이, 교육과정 개발의 개념은 Marsh와 Willis(1999)가 제시한 교육과정 연속체에서 [그림 4-1]과 같은 위치를 차지하고 있다.

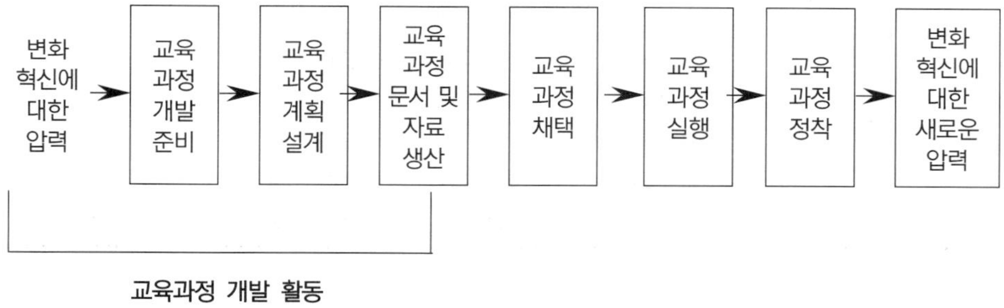

[그림 4-1] 교육과정 개발 활동의 위치

2. 교육과정 개발의 참여자

교육과정 개발의 참여자는 교사, 교장, 학습자, 교육과정 전문가, 일반 시민, 정부 등 〈표 4-2〉와 같이 구분할 수 있다.

〈표 4-2〉 교육과정 개발의 참여자

구분	특징
교사	· 교육과정 의사결정에서 핵심적인 역할 · 기존의 교육과정과 새 교육과정의 어떤 측면을 수행하고 강조해야 할지를 결정 · 미래 교육과정 결정 및 학생 장래를 예측하는데 중요한 역할 담당
학습자	· 학습내용 및 내용 경험 방식에 공식적인 영향력을 행사하지는 못하지만, 학습자 생각 존중 · 학습자 연령에 적합한 학습 관련 통제권 부여
교장	· 학교의 사명이 무엇인지 정확히 파악하고 전문적 가치와 확고한 신념을 보유 · 학교 관리자, 교육과정 및 수업 지도자
교육과정 전문가	· 교육과정 본질에 대한 방대한 지식 보유 및 교육과정 개발과 수행 전문가 · 프로그램 개념화, 설계, 수행
일반 시민	· 겉치레가 아닌 실질적인 역할 수행 · 공식적인 위원회나 단체 회원으로 참가
정부	· 교육과정과 관련된 중요 교육문제 파악 · 교육과정과 관련된 방대한 지식 종합 · 교육과정 자료와 관련된 연구 도모 · 교육과정 관련 지식 적용 및 전파에 도움 · 교육과정을 포함하여 교육 분야에 관심이 있는 사람 격려

3. 교육과정 개발의 원리

교육과정 개발의 기본 원리는 〈표 4-3〉과 같이 타당성, 계획성, 지도성, 역동성, 수용적 적응, 점진적 개혁, 창조적 개발, 협동적 과정의 원리 등으로 요약할 수 있다.

〈표 4-3〉 교육과정 개발의 원리

구분	특징
타당성	· 현대 교육철학에 비추어 타당하게 이루어져야 함
계획성	· 교육목표를 달성하기 위한 수단이므로 신중하고 통일적인 계획성 필요
지도성	· 학습 지도 형태나 교육평가 방법이 교육과정 구성에 고려되어야 함
역동성	· 역동적이고 계속적인 평가가 이루어지고 개선되는 방향으로 구성
수용적 적응	· 사회변화를 수용하고 사회변화에 적응할 수 있는 방향으로 개발
점진적 개혁	· 결코 끝이 있을 수 없는 부단히 계속되는 점진적 개혁 과정
창조적 개발	· 교육을 통해 새로운 사회 건설 및 문화를 형성하기 위한 개척적 개발
협동적 과정	· 교사, 학습자, 교장, 지역사회인 등 전체 집단의 관심을 가지고 협동적인 과정 필요

4. 교육과정 개발의 유형

교육과정 개발의 유형은 교육과정에 대한 의사결정 권한이 어디에 있느냐에 따라 중앙 집중적 교육과정과 지방 분권적 교육과정으로 구분할 수 있다. 즉, 중앙 집중적 교육과정은 국가 수준에서 무엇을 어떻게 가르치고 평가해야 하는가를 결정하는 반면에, 지방 분권적 교육과정은 학교가 주도적으로 학생의 학습프로그램에 대한 계획, 설계, 시행, 평가 등에 관한 모든 의사결정을 하게 된다.

특히, 중앙 집중적 교육과정의 장점과 단점을 살펴보면 〈표 4-4〉과 같이 요약할 수 있다(Marsh, 1992).

〈표 4-4〉 중앙 집중적 교육과정의 장점과 단점

장점	단점
· 전국적인 학교교육의 수준과 질 조절 가능 · 지역, 학교 단위에서 교육과정을 개발할 시간, 재정, 노력 단축 · 학습자가 전학을 간다하더라도 교육의 지속성 및 계속성 보장 · 전문성이 높은 교육과정 개발	· 교사는 주어진 교육과정 시행에 옮기는 기술자에 불과 · 학교 수준에서 시행 전략 부족 · 학교 교육의 획일화 · 중앙에서 개발만 하면 그대로 학교에서 시행된다는 합리주의적 가정에 근거하고 있으나 실제와 다름

한편, 최근에는 학교중심 교육과정 개발의 필요성이 증대되고 있으나, 중앙 집중적 교육과정 개발 방식을 학교중심 교육과정 개발방식으로 모두 대체할 수 없기 때문에, 중앙 집중적 교육과정 개발방식과 학교중심 교육과정 개발방식은 서로 상호 보완적인 관계가 되어야 한다.

5. 교육과정 개발의 모형

가. Tyler의 모형

Tyler(1949)는 '교육과정과 수업의 기본 원리'라는 책에서 교육과정과 수업을 계획할 때 수행해야 할 과제로 학교가 달성해야 할 교육목표는 무엇인가?, 목표를 달성하기 위해 어떤 학습경험을 제공해야 하는가?, 학습경험을 효과적으로 조직하는 방법은 무엇인가?, 목표가 달성되었는지를 어떻게 알 수 있는가? 등과 같이 표현하였다. 즉, Tyler에 의하면 교육과정 개발은 교육목표 설정, 학습경험 선정 및 조직, 프로그램 평가 등이 포함된 교육 프로그램에 대한 체계적인 계획을 세우는 활동이다. 이러한 교육과정의 네 가지 구성 요소(교육목표 설정, 학습경험 선정, 학습경험 조직, 학습 성과 평가)와 그들 간의 관계를 도식화하면 [그림 4-2]와 같은 나타낼 수 있다.

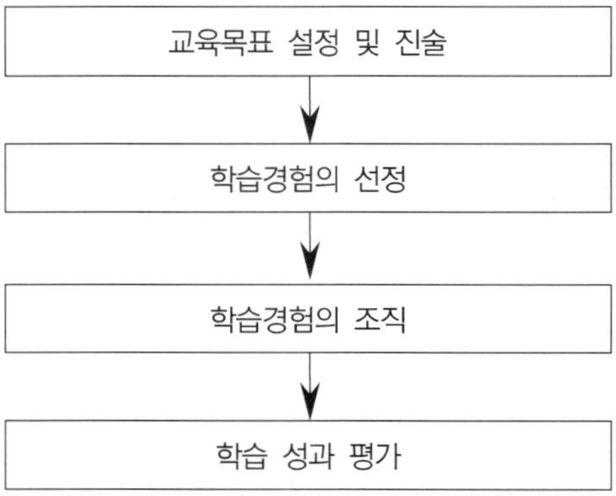

[그림 4-2] Tyler 모형의 구성 요소

이러한 Tyler의 교육과정 개발 모형을 좀 더 구체적으로 도식화해 보면 [그림 4-3]과 같이 나타낼 수 있다.

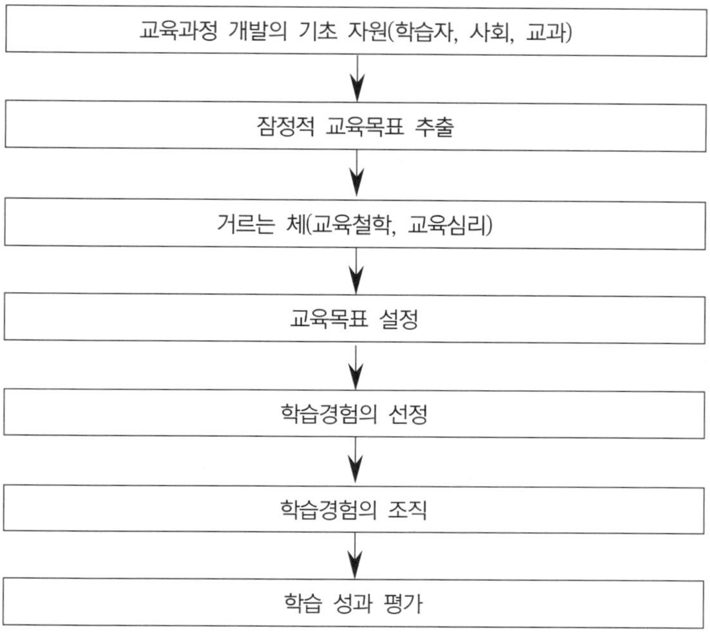

[그림 4-3] Tyler의 교육과정 개발 모형

특히, Tyler의 모형은 목표우위 모형, 평가중심 모형, 직선형 모형, 합리적 모형, 처방적 모형, 연역적 모형이라 할 수 있다. 이러한 Tyler의 교육과정 개발 모형의 장점을 살펴보면, 어떤 교과, 어떤 수업 수준에서도 활용, 적용할 수 있는 폭넓은 유용성이 있고, 논리적이고 합리적인 일련의 절차를 제시하고 있어 교육과정 개발자나 수업 계획자가 따라 하기 쉬우며 학생의 행동과 학습경험을 강조함으로써 평가에 매우 광범위한 지침을 제공해 주었으며 교육과정과 수업을 구분하지 않고 통합적으로 목표-경험 선정-경험 조직-평가를 포괄하는 광범위한 종합성을 띠고 있으며 경험적 · 실증적으로 교육성과를 연구하는 경향을 불러일으켰다(박도순 · 홍후조, 2006).

그러나, Tyler 모형의 문제점을 살펴보면 다음과 같다. 첫째, 교육과정 개발 과정이 네 가지 요소의 순차적인 또는 단계적인 과정으로 이루어진다고 가정하였지만,

실제 교육과정 개발 과정은 복잡하고 다양하며 구성 요소는 서로 영향을 주고받는 관계이다. 둘째, 교육과정 개발 기준, 절차, 방법에만 치중하였기 때문에, 교육목표나 교육내용에 대해서는 직접적인 답을 제공하지 못한다. 셋째, 교육목표의 효율적인 달성에만 초점을 두었기 때문에 개발 과정에 개입될 수 있는 눈에 보이지 않는 정치적 측면이나 그 결과로 나타나게 될 잠재적 측면에는 관심이 없다(김진규, 2007).

지금까지 살펴본 Tyler의 모형은 한정된 자원 중에서 가장 효과적인 실천 효과를 나타내기 위한 실용적 접근 방식에 근거를 두기 때문에 올바른 가치판단을 위한 기준을 제시하는 국가 수준의 교육과정에서 학교 수준의 교육과정 개발에 이르기까지 매우 폭넓게 적용되고 있다.

나. Taba의 모형

Taba는 「교육과정 개발 : 이론과 실제(Curriculum Development : theory and practice)」라는 책에서 학교 수준에서의 교육과정 개발에서 고전적 모형이라 할 수 있는 Tyler의 교육과정 개발 모형을 수정하여 교육과정 개발 과정에 대한 새로운 접근 방법을 제안하였다.

특히, Taba의 교육과정 개발 모형은 개발 과정의 각 단계에서 보다 많은 정보들이 투입되어야 하는 '세목적 단계'를 강조하였고, 수업 수준에서 교수-학습 활동을 어떻게 전개할 것인지를 초점에 두었다. 이러한 Taba의 교육과정 개발 모형을 도식화하면 [그림 4-4]와 같이 나타낼 수 있다.

Taba는 교육과정은 교육과학기술부 등의 상부 기관으로부터 하달되는 것이 아니라, 교사 스스로 개발하기 때문에, 교사는 학교 전반적인 교육과정 설계안을 마련하기보다 구체적인 교수-학습 단원을 만드는 작업부터 시작하는 귀납적 접근 방식, 즉 풀뿌리식 접근(grass roots approach)의 교육과정 개발을 강조하였다

따라서, Taba의 교육과정 개발 모형은 처방적 모형, 귀납적 모형, 역동적 모형으로 요약할 수 있다. 왜냐하면 처방적 모형은 개발자들이 따라야 할 절차를 제시하였고, 귀납적 모형은 단원 개발에서 출발하여 교과 형성으로 진행되며 역동적 모형은 계속적인 요구 진단을 통해 교육과정 요소들의 상호작용을 강조하기 때문이다.

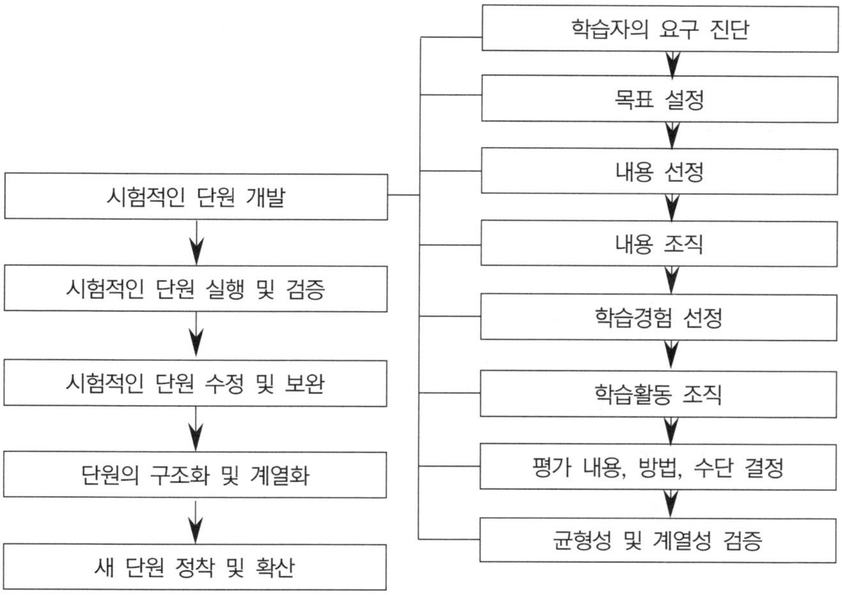

[그림 4-4] Taba의 교육과정 개발 모형

한편, Taba의 교육과정 개발 모형은 상위 수준의 교육과정 개발을 모두 교사들에게 맡겨 의존한다는 점, 부적절 개별 교과를 가르침으로써 개별 교과의 시야에 매몰되어 전체 교육과정을 못 본다는 점, 전반적 철학보다 구체적인 실천에 주목한다는 점, 교육실천에 많은 관심과 경험이 있기 때문에 지나치게 실제적이고 구체적인 측면에 주목한다는 점, 자신이 가르치는 교과의 이해관계에서 벗어나기 어려운 점 등을 문제점으로 지적할 수 있다(박도순 · 홍후조, 2006).

다. Walker의 모형

Walker는 교육과정을 개발할 때 따라야 할 합리적인 절차를 제시하는 것보다 교육과정 개발 과정을 관찰하여 그 과정을 묘사하는데 관심을 가졌다(Walker, 1972). 이러한 관찰을 통해 교육과정 개발 과정에 실제로 참여하면서 Tyler의 처방대로 교육과정 구성요소들의 합리적 계열을 대부분의 교육과정 개발자들이 따르지 않는다는 것을 알았다. 또한, Walker는 실제로 교육과정이 어떻게 개발되는가를 기술해 가면서 발견한 것을 토대로 교육과정 개발에서 무엇을 하는지를 구체적으로 밝혀 내었다. 이러한 측면에서 Tyler의 교육과정 개발 모형은 처방적(prescriptive) 모형인 반면에, Walker의 교육과정 개발 모형은 교육과정 개발자들이 실제로 따르고 있는 절차를 기술하고 있다는 점에서 기술적(descriptive) 모형이라 할 수 있다.

특히, Walker의 교육과정 개발 모형의 단계는 공통기반을 모색하는 강령 마련 단계, 각 대안으로부터 야기되는 결과들을 추적하여 대안들의 대가나 결과를 비교함으로써 궁극적으로 최선의 대안을 선택해 가는 숙의의 단계, 선택한 대안을 실제로 실행할 수 있도록 구체화하는 설계의 단계 등 현실적으로 이루어지고 있는 교육과정 개발의 일반적인 모습과 실제 학교 현장에서 이루어지는 자연스러운 모습이라는 점에서 자연주의적 모형(naturalistic model)이라 할 수 있다(강현석 · 주동범, 2004). 이러한 교육과정 개발 모형을 도식화하여 나타내면 [그림 4-5]와 같이 나타낼 수 있다(최호성, 2008).

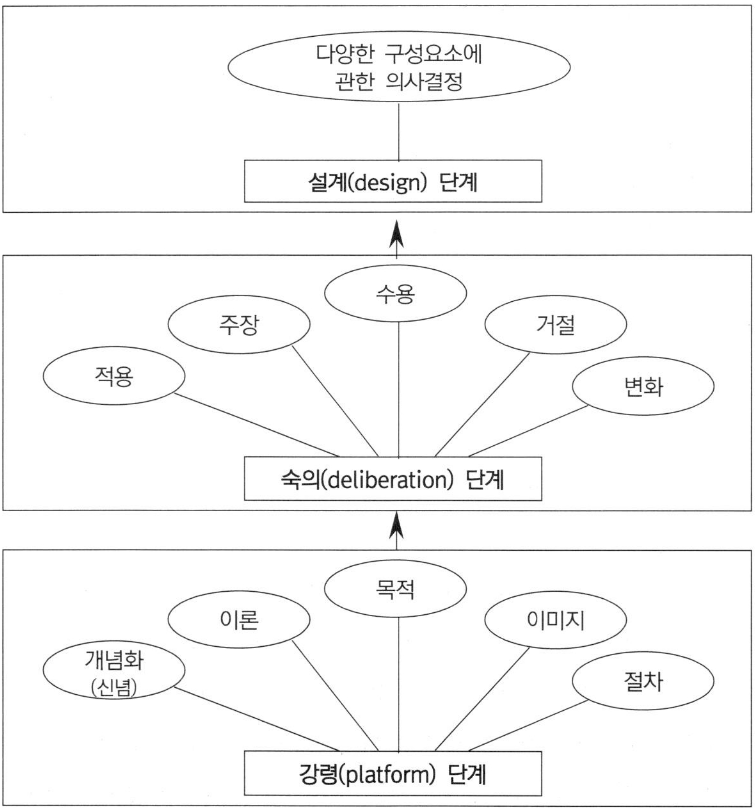

[그림 4-5] Walker의 교육과정 개발 모형

Walker의 교육과정 개발 모형의 각 단계를 좀 더 구체적으로 설명하면 〈표 4-5〉와 같이 정리할 수 있다.

〈표 4-5〉 Walker의 교육과정 개발 모형

구분	특징
강령	· 교육과정에 관한 아이디어, 선호성, 관점, 신념, 가치 등 · 교육과정 개발의 기초 다지기 또는 강령 만들기 · 교육과정 개발 참여자들의 다양한 견해 표방
숙의	· 다양한 의견들이 제시되고 서로 갈등, 상치되는 의견들을 조정하며 주장, 수용, 거절, 변화, 적응, 대안 모색 등을 통해 명료성을 이루어내는 결과 획득 · 다양한 대안들에 대한 논쟁을 거쳐 합의의 과정
설계	· 선택한 대안을 실천 가능한 것으로 구체화 · 교육과정 개발 과정의 여러 구성요소에 대한 결정 · 합의가 이루어지면 결정 사항을 기록하여 교육과정 문서 또는 구체적인 교육과정 자료로 활용 · 교육과정을 구성하는 교과, 수업 방법, 자료 등 교육과정 생성

한편, Walker의 교육과정 개발 모형은 교육과정 계획 측면을 상세히 제시하고 교육과정 참여 인사들이 처음부터 서로 다른 토대와 입장에서 출발함으로써 다른 입장에 반응하고 숙의하기 위해 서로의 의견 조정이 오랜 시간을 거친다는 것을 간접적으로 알 수 있다. 이러한 Walker의 교육과정 개발 모형은 교육과정 개발 과정에서 목표를 강조하는 직선적 모형의 성격과 '행동목표'를 경시하여 창의적인 활동을 강조한다. 또한, 숙의 단계에서 다양한 의견과 주장을 타협과 협의를 통해 결론을 도출할 수 있도록 많은 시간을 투자해야 한다.

그러나, Tyler의 교육과정 개발 모형과 마찬가지로 교육과정 계획에만 초점이 맞추어져 교육과정 설계가 완성된 뒤에 무슨 일이 어떻게 일어났는지에 대한 언급이 없어 교육내용에 대한 직접적인 답을 제공하지 못함으로써 숙의 및 설계 단계에서 왜 이 내용을 가르쳐야 하는지에 대한 의문을 제기하지 않고 있다(이귀윤, 1996).

라. Skilbeck의 모형

Skilbeck은 추상적 상황이나 환경에서 목표를 설정하는 것이 아니라, 학교에서 일어나는 다양한 학습 상황을 비판적으로 분석하고 평가함으로써 교육과정을 개발하고자 하였다. 이러한 Skilbeck의 교육과정 개발 모형은 교육과정 개발자가 어떤 교육과정 요소로부터 개발활동을 시작할 수도 있고 어떤 수준의 계열성을 따라 진행할 수도 있기 때문에, 역동적 또는 상호작용 모형이라 불린다(손충기, 2006). 이는 학교중심 교육과정 개발(SBCD) 모형이 시초라 할 수 있다.

특히, Skilbeck의 교육과정 개발 모형은 상황 분석, 목표 설정, 프로그램 구성, 판단과 실행, 모니터링 · 피드백 · 평가 · 재구성 등 [그림 4-6]과 같이 5단계의 과정을 거친다.

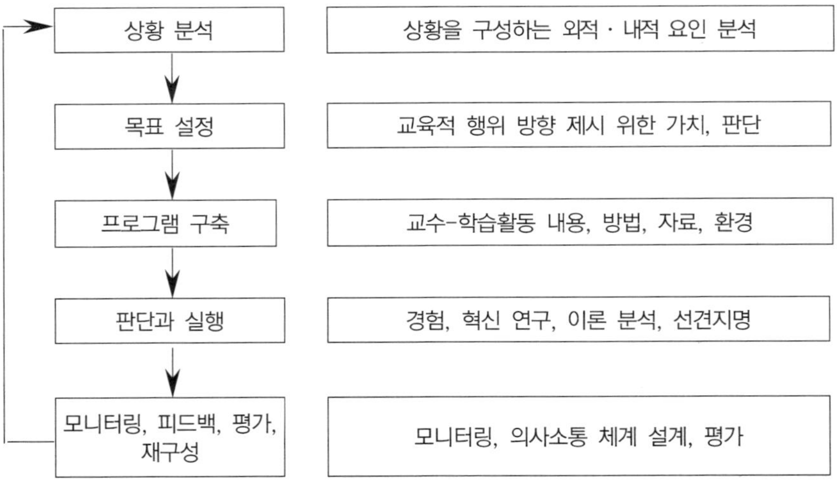

[그림 4-6] Skilbeck의 교육과정 개발 모형

한편, Skilbeck의 교육과정 개발 모형의 장점과 단점을 비교해 보면 〈표 4-6〉과 같이 정리할 수 있다.

〈표 4-6〉 Skilbeck 교육과정 개발 모형의 장점과 단점

장점	단점
· 행동목표 진술에 어려움과 회의를 갖는 교사들이 현실적으로 적용 가능한 모형 · 개발자의 자율성과 창의성을 인정하는 융통성 있는 모형 · 학교 교육적 상황 및 학교 교육과정 개발의 실제를 잘 반영하는 모형	· 교육과정 개발 방향이 혼돈되어 방향감 부족 · 개발자의 역할이 혼란을 일으킬 가능성이 크고 전체를 충분히 반영하지 못함 · 목표 설정을 소홀히 하여 방향 제시가 불분명하고 이해하기 어려움 · 숙의 단계에서 시간 낭비

마. Eisner의 모형

1960년대 행동적 교육목표와 전통적 학문교과를 지나치게 강조했던 학교 교육과정의 풍토를 비판했던 Eisner는 질적인 연구 양식을 개발할 필요성을 지적하여 예술교육과 교육과정에 대한 관심을 질적인 형태로 조합시키고자 노력하였다.

특히, Eisner는 교육적 상상력(educational imagination)을 통해 교육과정에 대한 새로운 관점을 제시하였고, 교육과정 개발 과정이 교육적 상상력을 발휘하는 과정이며 예술적인 성격을 지닌 것이라고 강조하였다(김경자, 2000). 이러한 Eisner의 교육과정 개발 모형의 단계를 살펴보면 〈표 4-7〉과 같이 정리할 수 있다.

〈표 4-7〉 Eisner의 교육과정 개발 모형

구분	특징
목표와 우선순위 결정(1단계)	· 행동목표 대신에 표현목표 제안 · 우선순위를 이야기하는 숙의 필요
교육과정 내용 선정 및 조직(2단계)	· 개인, 사회, 교재 등 자원 고려 · 영 교육과정 포함
학습 기회 유형 개발(3단계)	· 목표와 내용을 학습자에게 의미 있는 학습활동으로 변형
학습 기회 조직(4단계)	· 학습자가 이수해야 할 코스가 선형적으로 정해져 있고, 학습속도가 개인차를 결정하는 계단식 모형보다 학습자의 흥미, 특성, 개성 등을 고려하여 자발적인 참여를 유도하는 거미줄 모형 강조

내용 영역 조직(5단계)	· 다양한 학문 영역에 걸친 내용의 조직 강조 · 다양한 방법으로 내용의 조직 및 통합
제시양식과 반응양식(6단계)	· 학생의 교육기회를 넓혀 주는 다양한 의사소통 양식 사용
평가 절차 유형 적용(7단계)	· 교육과정 개발 과정의 다양한 단계에서 종합적인 평가 절차 사용 · 교육과정 개발의 전체 과정 지각 및 가치 판단 · 교육적 감식안, 교육적 비평

한편, Eisner의 교육과정 개발 모형의 장점과 단점을 비교해 보면 〈표 4-8〉과 같이 정리할 수 있다.

〈표 4-8〉 Eisner 교육과정 개발 모형의 장점과 단점

장점	단점
· 교육과정 개발에서 융통성과 신축성 강조 · 교육과정 개발 과정에서 영 교육과정의 실체에 주목 · 교육과정 개발에서 교사의 전문성 발휘 강조 · 교육과정 개발 과정의 역동성	· Tyler 모형의 문제점을 파악하나 대안을 구체적으로 제시 못하고 학교 현실에 적용하기 어려움 · 교수활동이 전개된 후에 종합적이고 일반적인 용어로 교육목표를 표현목표로 설정하는 것은 불가능

지금까지 살펴본 Eisner의 교육과정 개발 모형은 교육과정 계획 및 개발 과정을 끊임없이 계속되는 과정으로 묘사하였고, 숙의 단계에서 예술성이 계획된 교육과정, 실행된 교육과정, 학생이 경험한 교육과정의 내재적 가치를 어떻게 강화시켜 주는가를 설명해 주고 있다(박도순 · 홍후조, 2006).

바. Wiggins & Mctighe의 모형

Wiggins와 Mctighe는 교육과정 설계의 문제점으로 활동중심 설계로 인한 수업 내용 과다와 진도 나가기식 수업에 따른 수업 내용 비대화를 제시하여 학습자들이 수업내용의 진정한 이해에 도달하는 데 완전히 실패하고 있다고 주장하였다(Wiggins & Mctighe, 2005). 이러한 수업 내용 구조화 방법의 문제점을 개선할 수 있는

백워드 설계(Backward Design)의 단계를 살펴보면 [그림 4-7]과 같이 도식화할 수 있다.

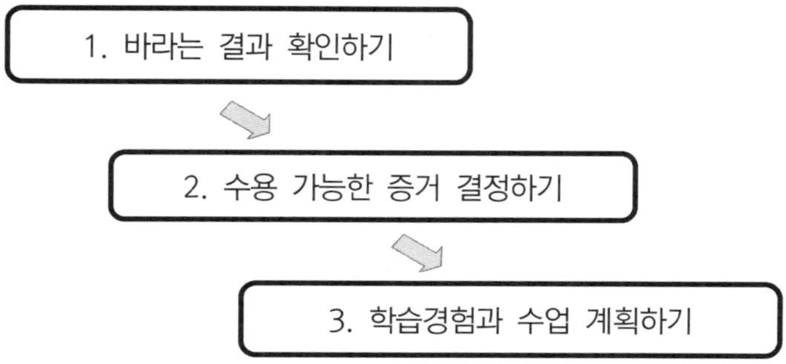

[그림 4-7] Wiggins와 Mctighe의 교육과정 개발 모형

특히, Wiggins와 Mctighe의 교육과정 개발 모형의 각 단계를 좀 더 구체적으로 살펴보면 〈표 4-9〉와 같이 정리할 수 있다.

〈표 4-9〉 Eisner의 교육과정 개발 모형

구분	특징
바라는 결과 확인 결정(1단계)	· 목표를 확인하기 위해 학생들은 무엇을 알고, 이해하고, 할 줄 알아야 하는가? 무엇을 알아야 할 가치가 있는가? 등의 질문을 고려 · 목표 선정 및 우선순위 결정
수용 가능한 증거 결정(2단계)	· 학생들이 의도된 이해를 성취했는지에 대해 어떻게 결정할 것인가를 미리 고려
학습경험 및 수업계획(3단계)	· 교사가 수업 설계에 있어서 구체적인 사항—교수 방법, 교수 과정, 교수 자료—에 대한 선택

사. Wheeler의 모형

Wheeler는 Tyler와 Taba의 모형을 더욱 확장시켜 교육과정 각 요소들의 상호 관련성, 상호 의존성, 순환성을 강조하였는데, 교육과정 개발 모형의 각 단계를 소개하면 [그림 4-8]과 같다.

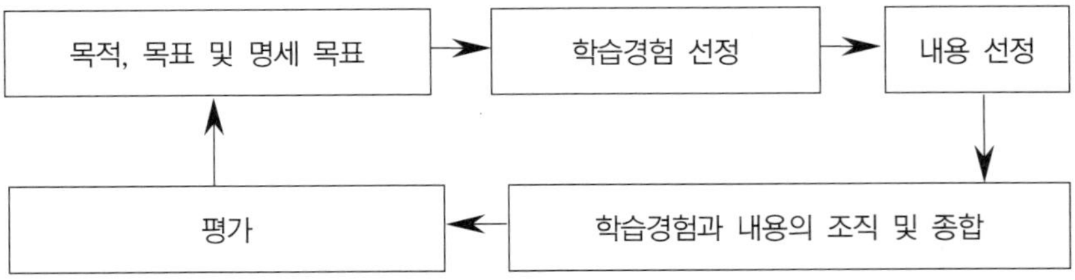

[그림 4-8] Wheeler의 교육과정 개발 모형

아. Nicholls & Nicholls의 모형

Nicholls와 Nicholls는 목표 선정에 앞서 개발되는 교육과정과 관련하여 학습자의 요구, 사회 · 문화적 환경, 현실 여건, 관련 인사 요구, 기타 영향인 검토 등의 상황 분석을 실시하였는데, 교육과정 개발 모형의 각 단계를 소개하면 [그림 4-9]와 같다.

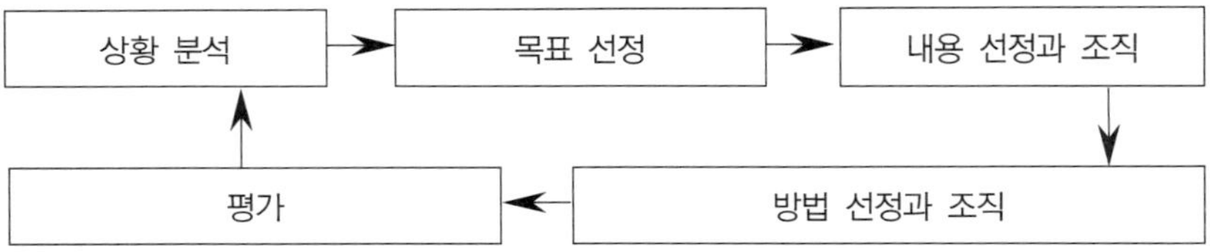

[그림 4-9] Nicholls와 Nicholls의 교육과정 개발 모형

자. Norton의 모형

Norton에 의하면 직업교육은 실제적인 학습자 요구를 추출하고 그 자료를 활용하기 위해 체계적인 접근이 이루어지는 SCID(Systematic Curriculum and Instructional Development) 모형으로 교육과정을 개발할 필요가 있다고 주장하였다. 교육과정 개발 모형의 각 단계를 소개하면 [그림 4-10]과 같다.

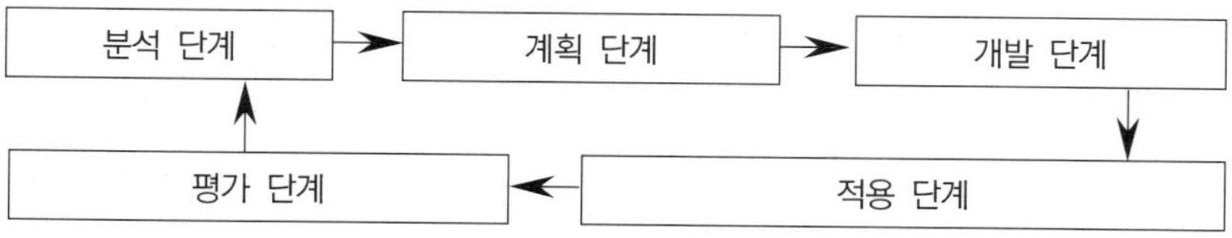

[그림 4-10] Norton의 교육과정 개발 모형

차. Oliva의 모형

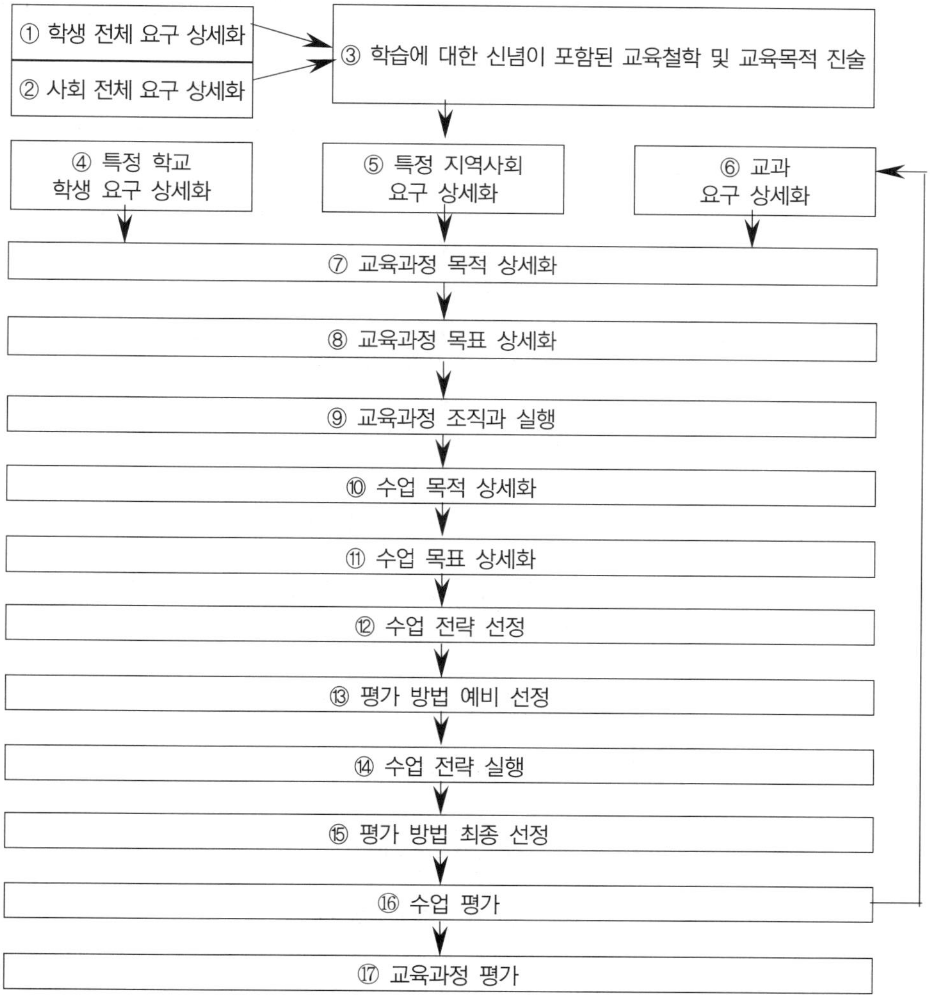

[그림 4-11] Oliva의 교육과정 개발 모형

Oliva는 교육과정 개발자들이 따라야 할 순서와 단계를 교육과정 원천에서 평가에 이르기까지 12개의 구성요소를 제시하였는데 ①-⑨번, ⑰번은 일반 교육과정과 관련이 있고, ⑩-⑯번은 교수-학습 활동과 관련이 있다. 구체적인 교육과정 개발 모형의 단계를 소개하면 [그림 4-11]과 같다

카. 국가수준 교육과정 개발 모형

국가수준 교육과정 개발 모형을 소개하면 [그림 4-12]와 같은 단계를 거친다.

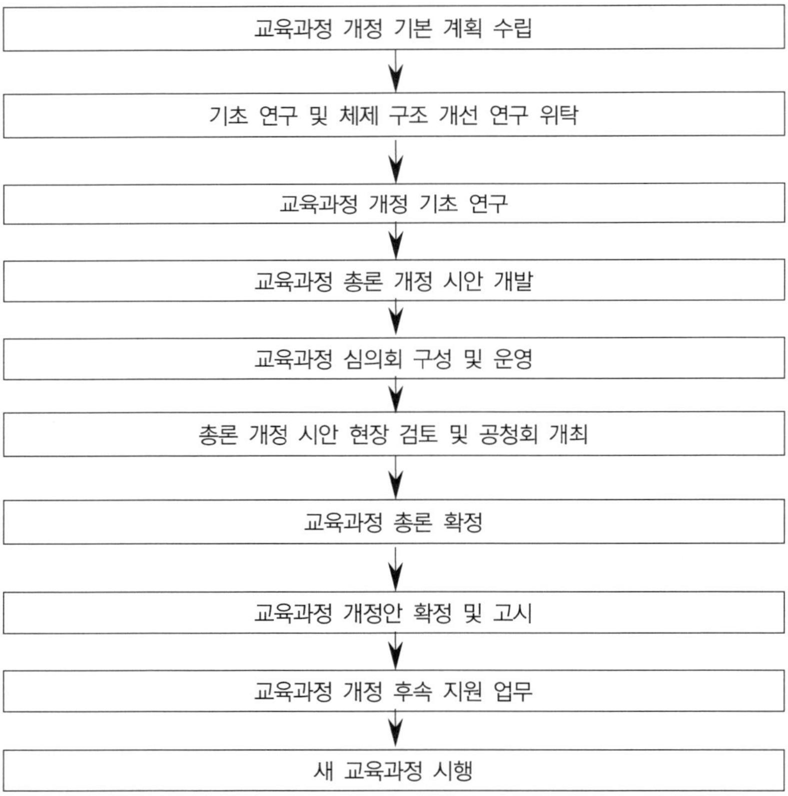

[그림 4-12] 국가수준 교육과정 개발 모형

제5장

교육과정의 교육목표 설정

1. 교육목표와 수업목표의 개념
2. 교육목적과 수업목표의 설정
3. 수업목표의 분류와 기능
4. 수업목표의 진술
5. 신교육목표 분류
6. Eisner의 수업목표 분류

1. 교육목표와 수업목표의 개념

가. 교육목적 및 교육목표의 개념

교육이념은 교육목적이나 교육목표의 원천이 되는 이상적 관념이다. 교육목적을 설정하기 위한 가치적, 철학적, 이론적인 기반이 되는 사회의 모든 면과 관련이 되는 상위 차원의 목적의식이다. 이러한 교육이념을 나타내는 표현으로는 홍익인간, 근대화, 민주주의 신장, 남북통일 등과 같은 예를 들 수 있다. 교육학 용어사전에는 목적이 목표보다 넓고 포괄적으로 사용되기 때문에, 교육목적은 다분히 추상적인 성격을 띠는 것임에 반하여, 교육목표는 목적을 이루기 위한 구체적 내용을 이루게 되는 것으로 정의하고 있다.

특히, 교육목적은 가르치려는 행동 특성이 타당한 것인지 상관없이 교육의 목적이 있는 교육적 활동을 의미한다. 또한, 교육목적은 학습경험 또는 학습과정을 통해서 학생들에게 이루고자 하는 행동에 변화를 의미한다.

따라서, 교육목적은 교육활동의 방향을 제시해 주고 교육이념과 교육목표를 포함하고 있다. 즉, 교육목적은 추상적이며 융통성을 가지며 먼 장래를 전망하는 것으로 인간의 행동적 변화를 가져오게 하는 데에 목적이 있으며, 교육활동의 방향을 제시해 주고 나아가 교육적인 이념과 교육목표가 포함되어 있다.

그리고, 교육목적은 교육목표의 상위 개념으로 교육에서 그 적용 대상이 광범위하고 전체적인 경우의 방향 제시를 의미하여, 보다 포괄적이며, 추상적 · 이념적 · 장기적인 것으로 국가나 사회적인 측면에서 타당하고 바람직한 가치 · 규범적인 개념이다. 이러한 교육목적을 나타내는 표현으로는 민주인 · 예능인 · 과학인 · 생활인 등과 같은 예를 들 수 있다.

그러나, 교육목표는 교육목적보다 하위 차원의 개념으로 현실적 · 기술적 입장으로 목적 달성에 도달하기 위한 수단을 강조하는 것으로 학습경험을 통한 학생들의 행동 변화를 지칭한다. 즉, 교육목표는 보다 세부적이고 특수적이고 단기적인 것으로 교육현장에서의 학습자가 성취해야 할 미래의 도달점이라는 점에서는 교육목적과 공통된 개념이다. 교육목표를 나타내는 표현으로는 책임감, 계산 능력의 배양, 과학적 태도의 함양 등과 같은 예를 들 수 있다. 이러한 교육목표의 의미는 교육 자료를 선정하고 내용을 결정하고 평가문제를 준비하는 기준이 되고 학습경험의 선정과 조직 및 학습지도에 기본적인 수단이 된다.

좀 더 구체적으로 교육목적과 교육목표를 비교하면 첫째, 교육목표는 국가적 수준의 의사 결정으로 설정된 교육목적을 달성하는 데 필요한 구체적인 교육방법에 상응할 수 있고 둘째, 그 진술 형식은 교육목적보다는 좀 더 구체적인 용어로 되며 셋째, 교육목적과 수업목표의 중간 위치에서 양쪽의 관계를 상호 관련 내지 연결시켜 주는 역할을 하며 넷째, 교육목표를 정의하는 견해에 따르면 추상적 수준에서 구체적 수준까지를 모두 포함하고 있어서 경우에 따라서는 교육목적과 혼용되고 또 다른 경우는 수업목표와 동일시되는 경우도 있다(박인식, 1978).

교육목표는 어떤 프로그램의 목표를 의미하는 프로그램 목표, 단원목표를 의미하는 중간목표, 교사와 학생이 단위 시간에 교실에서 무엇을 할 것인가에 대하여 구체적으로 명시한 교수목표로 나누기도 하고, 세분 정도에 따라 일반목표(general education objectives), 정보목표(informational objectives), 계획목표(planning objectives)로 분류하기도 하며 교육의 일반목표, 교과목표, 수업목표로 분류하기도 한다.

교육이념, 교육목적, 교육목표 등의 위계 수준을 살펴보면 [그림 5-1]과 같이 도식화할 수 있다(최호성, 2008).

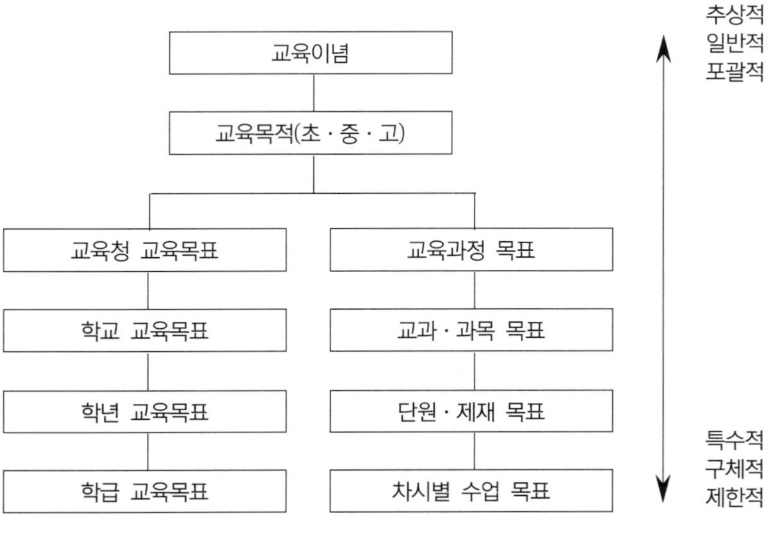

[그림 5-1] 교육이념, 교육목적, 교육목표의 위계

나. 수업목표의 개념

교과목표는 실제 교육활동이 이루어지는 내용을 교과별로 나눈 교육활동의 핵심적인 목표이다.

따라서, 교과교육의 목적은 교과교육을 해야 하는 이유와 당위성과 관련이 있고, 교과교육의 목표는 교과교육을 통해 달성해야 하는 구체적인 내용과 범위에 관련이 있다.

특히, 교과목표는 교과의 일반목표, 학교급별 교과목표이고, 학년 수준별 교과목표 등 세 가지 수준으로 구분할 수 있는데 위계성을 지니고 있으며 하위의 목표일수록 세분화되어 있다. 이러한 교과목표를 달성하기 위해서는 수업 수준의 목표가 필요하다.

일반적으로 수업 수준의 목표는 10시간 내외가 소요되는 1개 단원 전개를 위한 단원목표와 1~2교시의 수업목표로 구분할 수 있다. 단원목표는 비교적 포괄적인 개념으로 진술되지만, 수업목표는 세분화된 행동적인 용어로 진술되어야 한다. 이러한 수업목표는 수업의 방향을 이끌어 줌은 물론, 수업내용의 선정과 조직에 구체적인 방향을 제공하며 수업결과를 평가하는 기준이 되기도 한다.

특히, 수업목표는 교사와 학생이 교육현장에서 가르치고 배우는 과정을 이끌어 주기 위한 가장 구체적인 목표로서, 교사 개개인의 결정권이 크게 작용될 수 있다. 또한, 학교 교육활동의 핵심을 이루는 것이 수업활동이므로, 일반적인 교육목표나 학교수준의 목표도 궁극적으로는 수업목표로 번역될 때 비로소 그 진가를 나타내게 되는 것이다.

한편, 수업목표의 설정을 위한 기본적 자료는 교육과정과 교과서이다. 그러나 교과서는 일종의 자료에 지나지 않으며 그것은 한 학습단원의 주요 수업목표를 직접적으로 제시해 주지는 않는다. 따라서, 교과서에 실린 학습단원의 내용 분석을 통하여 다루어야 할 학습내용 요소를 추출하는 한편, 교육과정 분석을 통하여 강조해야 할 수업목표의 지침이 어디에 있는지를 충분히 참고하면서 중요 수업목표를 설정해야 할 것이다. 수업목표는 수업활동과 관련된 특정한 방향으로 집중시키기 때문에 학습에 효과적이고 개인이 노력을 하도록 학습기회를 마련하여 주며, 인식된 수업목표는 수업의 방향을 결정해 주는 결정적인 요소가 된다.

이와 같이 교사는 교수-학습 활동 시에 수업목표를 분명히 제시해야 하며 학습자는 제시된 수업목표를 분명히 알고 수업활동에 임해야 한다. 학습자가 수업 전 수업목표를 분명히 알면 학습방향이 분명해지고 그 시간에 이해해야 할 학습내용을 효과적으로 학습하게 된다. 교사의 입장에서는 교사가 분명하게 수업목표를 제시하고 수업을 했을 때는 그 수업이 어떠한 순서로 학습활동을 시켜서 수업을 전개할 것인가를 짐작하게 된다.

학습자가 수업목표를 명확하게 알게 되면 학습자 자신이 자기의 수업계획을 세워서 학습하게 되므로 학습이 효과를 더 높일 수 있을 것이다. 교사가 수업을 시작하는 단계에서 학습자에게 명확한 수업목표를 제시했을 경우에는 학습자들이 해야 할 일이 무엇인지 잘 알게 되고 명확한 수업목표가 제시되었을 때에는 학습자는 무엇을 어떻게 해야 하는지, 무엇부터 먼저 해야 하는지 방황할 가능성이 많기 때문에, 각 교과의 특성에 알맞은 수업목표를 설정하고 진술하는 일이 교사의 역할 중 무엇보다 중요하다.

지금까지 살펴본 바와 같이, 수업목표는 교수-학습 활동을 계획하고 전개하기 때문에, 학습결과를 평가하기 위해 먼저 수업목표를 확인 · 진술 · 분류하는 작업으로서 교육목적을 달성하기 위해 구체적인 수업목표가 요구된다(권순황, 2006).

2. 교육목적과 수업목표의 설정

교육목표는 학습자, 사회, 교과의 세 가지 자원으로부터 잠정적인 교육목표를 설정하고 교육철학과 교육심리학을 통해 걸러 냄으로써 최종 수업목표를 설정하게 된다. 이러한 교육목표 설정 과정을 그림으로 도식화화면 [그림 5-2]와 같다.

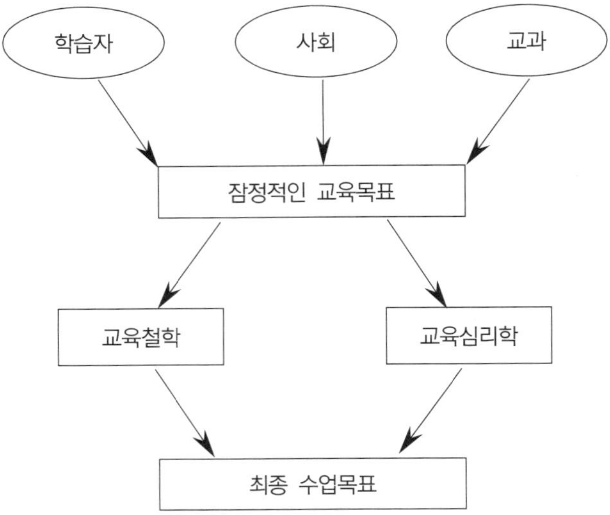

[그림 5-2] **교육목적 및 교육목표 설정 과정**

특히, 교육목적 및 교육목표를 설정하기 위해서는 객관적이고 합리적인 방식의 조사 및 탐색, 올바르게 균형 있는 정치적 방식의 선택, 포괄성 · 적절성 · 균형성 · 체계성 · 달성 가능성을 갖춘 교육목적 및 교육목표 설정을 고려해야 한다. 또한, 강봉구와 이종성(1994)은 교육목적 및 교육목표 설정의 원리를 다음과 같이 구체적으로 제시하고 있다. 첫째, 교육목적 및 교육목표는 교육을 받을 개인의 내재적 능력과 요구를 토대로 하여 세워져야 한다. 둘째, 교육목적 및 교육목표는 바람직한 교육철학을 바탕으로 설정되어야 한다. 셋째, 교육목적 및 교육목표는 문화유산 · 지역성 · 시대성 · 현실성 · 사회적 요구에 적합해야 한다. 넷째, 교육목적 및 교육목표는 학습경험을 선택할 근거를 마련해 주고 학습자의 발달 수준에 적합해야 한다. 다섯째, 하나의 교육목적 및 교육목표가 달성되면 그 결과에 따라 새로운 교육목적 및 교육목표가 설정되어야 한다. 여섯째, 교육목적 및 교육목표는 교육평가의 근원이고 척도기준이어야 한다. 일곱째, 교육목적 및 교육목표는 융통성 및 신축성이 있고, 경우에 따라 수정될 수 있어야 한다.

한편, 교육목적 및 교육목표 설정의 준거로 일관성, 달성 가능성, 적합성, 타당성, 명세성, 포괄성 등 〈표 5-1〉과 같이 요약할 수 있다.

〈표 5-1〉 교육목적 및 교육목표 설정의 준거

구분	특징
일관성	· 교육목표들 간 상충되지 않고 철학적 · 교육적 일관성을 지니도록 설정
달성 가능성	· 학습자들이 달성 가능한 교육목표 설정
적합성	· 학습자의 요구, 필요, 사회적 적합성을 가지는 교육목표 설정
타당성	· 중요한 교육목표가 누락되지 않도록 교육목표 설정
명세성	· 교육내용 또는 학습경험 선정에 명확한 시사를 줄 수 있는 구체성과 명료성을 지닌 교육목표 설정
포괄성	· 학습자의 넓은 행동 특성을 포괄하는 교육목표

3. 수업목표의 분류와 기능

가. 수업목표의 분류

수업목표는 학습 성과를 명시적으로 진술하는 정도에 따라 일반목표와 명세목표로 구분된다. 일반목표는 추상적이고 포괄적으로 진술한 목표로 직접 관찰하기 어려운 내재적 행동으로 진술되기 때문에 내재적 목표라고도 한다. 반면 명세목표는 진술 내용과 표현이 구체적이고 명시적, 관찰 가능한 행동으로 진술되기 때문에 행동목표라고 부르기도 한다.

특히, 행동목표의 장점을 살펴보면 다음과 같다. 첫째, 수업을 통하여 달성하려고 하는 도착점행동을 명료하게 제시해 줌으로 해서 교사, 학생 모두에게 수업의 방향을 정확히 제시해 준다. 둘째, 학생의 학습 성과에 대한 평가 기준을 분명히 제시해 줄 수 있다.

그러나, 행동목표의 문제점으로 측정 가능하고 관찰 가능한 행동을 강조하다 보면 자칫 사고기능과 같은 고차적인 사고 및 기능을 소홀하기 쉽고 정의적 영역 등 일부 목표는 행동 용어로 진술하기 곤란하며 수업 과정 중에 기대하지 않았던 창의력, 독창성, 신기성 등이 학습될 가능성을 무시하고 있다는 점이다.

나. 수업목표의 기능

수업목표의 기능을 살펴보면 다음과 같다. 첫째, 수업의 방향을 부여하고 수업을 규제하는 역할을 한다. 즉, 교사는 수업목표를 명심함으로 해서 수업이 초점에서 벗어나는 것을 피할 수 있고, 학생 역시 전체 수업 중에서 중요한 부분에 선택적으로 주의를 집중할 수 있다. 둘째, 수업목표에 따라 적합한 수업 전략과 교수-학습 자료가 달라질 수 있기 때문에, 수업 전략 선정과 교수-학습 자료의 개발 및 선정에 지침을 제공해 준다. 셋째, 수업목표는 수업을 하기 전에 학습자의 출발점행동을 점검하고, 수업이 진행되고 있을 때는 교수-학습이 제대로 진행되고 있는가에 대한 정보를 수집하여 수업방법을 개선하며, 수업 활동을 통해 수업목표가 어느 정도 달성되었는가를 확인하는 평가 준거로 사용된다.

4. 수업목표의 진술

가. Tyler의 수업목표

타일러의 수업목표 진술 방법은 학습내용과 도착점행동이 나타나도록 이원 분류하여 진술한다. 예를 들면, '사각형의 조건을 찾아(학습내용) 열거할 수 있다(도착점행동)'으로 진술할 수 있는데, 총괄평가에 주로 활용할 수 있다.

특히, 타일러의 수업목표는 학습자에게 기대되는 행동을 세분화하여 진술하고 교수자의 행동으로 진술하는 것이 아니라 학습자의 행동 수준으로 진술되어야 하며 무엇을 어떻게 가르칠 것인지를 분명하게 나타낼 수 있는 상세하게 진술되어야 한다.

그러나, 타일러의 수업목표 진술은 획일화된 상태에서 설정되기 때문에 학습자의 개인차를 반영하지 못하고, 지도내용과 불일치할 수 있으며 지도 내용의 위계적인 관계가 확실하게 나타나지 못하는 한계가 있다(권순황, 2006).

나. Bloom의 수업목표

Bloom의 수업목표 분류 방법은 상당히 많은 수의 목표를 다루는 교사들이 목표를 조직화함으로써 모호하게 진술된 목표를 더욱 정확하게 표현하도록 하기 위한 기본 틀로서 역할을 할 수 있다(강현석 외, 2005). 일반적으로 Bloom의 수업목표는 인지적 영역, 정의적 영역, 운동 기능적 영역으로 각각 〈표 5-2〉, 〈표 5-3〉, 〈표 5-4〉와 같이 분류할 수 있다.

〈표 5-2〉 Bloom의 수업목표 인지적 영역

구분	특징
지식	- 학습자들의 기억이나 재생과 같은 심리적 과정과 관련된 목표 - 주어진 문제 속에 포함된 단서, 신호나 지식을 저장함으로부터 끄집어 내는 과정
이해	- 자료나 기호 또는 언어의 의미를 파악하는 능력 - 번역, 해석, 추론
적용	- 추상화된 개념이나 법칙을 구체적인 새로운 문제 사태에서 그 해결을 위하여 사용 - 학습된 개념 · 방법 · 법칙 · 원리 · 이론에 관한 지식을 새로운 사태에 응용하는 문제해결 능력 - 학교교육에서 가장 중요시되는 목표
분석	- 문제 요소 분석과 자료의 구조 원리 분석 - 요소와 요소 사이, 부분과 부분 사이의 관계를 찾아내는 능력
종합	- 여러 가지 요소나 부분을 이전까지는 분명치 않았던 어떤 하나의 구조나 형태로 결합 - 창의적 행동을 가장 분명하게 제공하는 유형
평가	- 특정한 목적을 위해서 사용된 자료나 방범의 가치판단

〈표 5-3〉 Bloom의 수업목표 정의적 영역

구분	특징
감수	- 현상이나 자극에 대하여 즐거이 주의를 기울이는 행동 - 감지, 자진 감수, 주의 집중
반응	- 자극이나 특수한 현상에 대해서는 단순히 감지하거나 수용하는 것으로 끝나지 않고 적극적으로 반응 - 묵종 반응, 자진 반응, 만족
가치화	- 현상이나 사태에 대해 감수의 수준을 넘어서 그 의의와 가치를 부여하여 내면화하는 행동수준 - 가치 수용, 가치 채택, 가치 확신
조직화	- 여러 가지 다른 종류의 가치를 통합하고 자기 나름대로 일관성 있는 가치체계 확립 - 개념화, 가치체계 확립
인격화	- 특정한 가치관이 한 개인의 생활을 지배하고 생활화하게 함으로써 그 개인의 독특한 생활양식 형성 - 일반화된 행동 태세, 인격화

〈표 5-4〉 Bloom의 수업목표 운동 기능적 영역

구분	특징
지각	- 동작을 유발시키는 단서를 얻기 위한 감각기관 사용 - 과업과 관련된 단어 선택, 단서 지각
태세	- 특정 동작을 하기 위한 준비 - 정신적 자세, 육체적 자세, 감정적 자세
유도된 반응	- 복잡한 기능을 학습하는 초기 단계 - 교사가 보여주는 행동 모방하기 - 다양한 방법으로 반응하는 시행착오
기계화된 반응	- 학습반응이 습관화되어 동작이 안정되면서 민접하게 수행될 수 있는 행동 수행
복합 외현 반응	- 불확실한 것을 주저 없이 수행 - 과단성과 수행 동작을 능숙하게 조절
적응	- 특별한 요구에 맞추거나 문제 상황에 직면할 때 동작을 수정할 수 있도록 개발된 기능
창안	- 특정 상황 및 문제에 적합한 새로운 동작 창조

다. Mager의 수업목표

Mager의 수업목표 분류 진술은 교수자가 일련의 교수-학습 과정을 통해서 나타나는 학습자의 도착점행동, 이러한 행동이 발생될 것이라고 기대되는 수락 기준, 교수자가 학습자에게 기대하는 평가의 조건이 제시된다. 예를 들면, '운동장에서 100m 거리를(조건) 20초 이내에(수락기준) 달릴 수 있다(도착점행동)'로 진술할 수 있다.

특히, Mager의 수업목표 진술 방법은 모든 목표를 관찰 가능한 외연적 행동을 나타내는 용어로 진술하기 때문에(신재한, 2005), 수업목표를 구체적으로 제시한다는 점에서는 장점을 가지고 있는 반면에 오히려 수업목표를 너무 세분화하여 진술하면 가시적으로 보이는 행동에만 중요하게 인식하고 가시적으로 보이지 않는 태도, 가치 등에 관한 수업목표를 경시할 우려가 많다.

라. Gagné의 수업목표

Gagné의 수업목표 분류 진술은 교육과정의 내용을 과제분석에 의해 확인된 내용 사이의 상호 관련을 기초로 교수목표를 학습위계에 따라 계층화시키는 것이다.

특히, Gagné(1977)는 수업목표 진술에서 다음과 같은 다섯 가지 요인을 제시하고 있다. 첫째, 학습능력으로, 학생에게 요구되는 학습능력이 무엇인가 하는 것이 제시되어야 하고 둘째, 행위동사의 사용으로서, 위에서 제시된 학습능력이 변했는지 변하지 않았는지를 알기 위해서는 학습자가 어떤 일반적인 행위를 하느냐 하는 것이다. 즉, '계산한다, 그린다, 조직한다, 선택한다, 나타낸다, 설명한다.' 등의 동사가 각각 어떤 학습능력을 나타내느냐 하는 것이다. 셋째, 수업목표 진술에서 어떤 조건, 어떤 상황에서 그러한 행동이 나타나길 바라느냐는 것이다. 즉, 행동이 나타날 수 있는 상황도 제시해야 한다. 넷째, 대상으로서, 무엇을 해내어야 되느냐는 것이다. 끝으로 도구로서, 어떤 대상을 가지고 어떤 조건에서 어떤 도구 · 기구를 활용하며 어떤 행동을 나타내어야 하는가를 수업목표에 진술해야 한다. 예를 들면, Gagné의 수업목표는 '문장을 제시했을 때(상황) 타자기를 이용하여(도구), 글을 써서(행위) 그 유목에 속하는 세 가지의 이름을(대상) 열거할 수 있다(능력)'와 같이 진술할 수 있다.

지금까지 살펴본 타일러, Mager, Gagné가 제시한 수업목표 진술 방식의 공통점은 첫째, 수업목표는 교사의 행동이 아닌 학생의 행동으로 진술되어야 하고 둘째, 수업목표의 진술은 그 수업 시간 중이나 그 단원의 학습 도중에 나타나는 학생 행동을 강조하기보다는 그 수업 시간이나 학습 단원이 끝났을 때 나타날 수 있는 학생의 변화된 행동과 관련지어 진술되어야 하며 셋째, 수업목표는 학습 내용과 기대되는 학생의 행동이 어울려 진술되어야 하며 넷째, 수업목표 진술에는 기르고자 하는 또는 변화시키고자 하는 학습능력에 따라 진출되는 동사의 형태가 달라져야 하며 다섯째, 수업목표 진술에는 학생들의 학습 행위를 나타내는 장면과 조건에 따라 명시적인 행위 동사의 형태로 진술해야 하고 여섯째, 수업목표 진술에는 학습되어야 할 준거가 제시되어야 하며, 끝으로 수업목표는 개조식으로 진술해야 한다는 것 등으로 정리할 수 있다.

마. Gronlund의 수업목표

Gronlund는 수업목표를 일반목표와 명세목표로 구분하여 진술할 것을 주장한다. 먼저 일반목표를 진술하고 그것을 기초로 하여 명세목표를 진술해야 한다. 일반목표는 총괄평가 문항 작성에 활용할 수 있고, 명세목표는 형성평가에 이용할 수 있다. 예를 들면, '삼각형에 대해 안다'라는 일반목표 아래, '삼각형의 정의 말하기', '여러 개의 다각형이 주어졌을 때, 삼각형을 지적하기', '밑변과 높이가 주어졌을 때 삼각형의 면적 구하기' 등과 같은 명세목표를 설정할 수 있다.

5. 신교육목표 분류

Bloom의 분류학의 6개 범주 중 3개의 범주는 그대로 유지하고 2개는 순서가 교차되었으며 지식은 동사 형태로 바꾸었다. 즉, knowledge(지식)은 remember(기억하다)로, comprehension(이해)은 understand(이해하다)로, synthsis(종합)은 create(창안하다)로, evaluation(평가)은 evaluate(평가하다)로 수정하였다(Anderson et al., 2001).

특히, 일차원적이고 나선적인 구조를 지닌 Bloom 분류학에 비해 개정된 신교육목표분류학은 〈표 5-5〉와 같이 수업목표가 명사로 이루어진 지식 차원(〈표 5-6〉)과 동사로 이루어진 인지과정 차원(〈표 5-7〉)으로 구성된 이차원적 구조를 이룬다(강현석 외, 2005).

〈표 5-5〉 신교육목표분류학 표

인지과정 차원 / 지식차원	기억하다	이해하다	적용하다	분석하다	평가하다	창안하다
A. 사실적 지식						
B. 개념적 지식						
C. 절차적 지식						
D. 메타인지 지식						

〈표 5-6〉 Bloom의 신교육목표분류학의 지식 차원의 위계

주요 유형	하위 유형
A. 사실적 지식	Aa. 전문용어에 대한 지식 Ab. 구체적 사실과 요소에 대한 지식
B. 개념적 지식	Ba. 분류와 유목에 대한 지식 Bb. 원리와 일반화에 대한 지식 Bc. 이론, 모형, 구조에 대한 지식

C. 절차적 지식	Ca. 교과에 특수한 기능과 알고리즘에 대한 지식 Cb. 교과에 특수한 기법과 방법에 대한 지식 Cc. 적절한 절차의 사용 시점을 결정하기 위한 준거에 대한 지식
D. 메타인지 지식	Da. 전략적 지식 Db. 인지과제에 대한 지식(적절한 맥락적 지식 및 조건적 지식 포함) Dc. 자기-지식

〈표 5-7〉 Bloom의 신교육목표분류학의 인지과정 차원의 위계

인지과정 유목	관련된 용어
1. 기억하다-장기기억으로부터 관련된 지식을 인출한다.	
1.1 재인하기	확인하기
1.2 회상하기	인출하기
2. 이해하다-구두, 문자, 그래픽을 포함한 수업 메시지로부터 의미를 구성한다.	
2.1 해석하기	명료화하기 표현하기 바꿔쓰기 번역하기
2.2 예증하기	예를 들기 실증하기
2.3 분류하기	유목화하기 포섭하기
2.4 요약하기	추상하기 일반화하기
2.5 추론하기	결론짓기 내삽하기 외삽하기 예언하기
2.6 비교하기	대조하기 결합하기 도식화하기
2.7 설명하기	모델구성하기
3. 적용하다-특정한 상황에 어떤 절차들을 사용하거나 시행한다.	
3.1 집행하기	시행하기
3.2 실행하기	사용하기
4. 분석하다-자료를 구성부분으로 나누고, 그 부분들 간의 관계와 부분과 전체구조나 목적과의 관계가 어떻게 되어 있는가를 결정한다.	
4.1 구별하기	변별하기 초점화하기 식별하기 선정하기
4.2 조직하기	발견하기 통합하기 정합성 찾기 해부하기 구조화하기 윤곽그리기
4.3 귀속하기	해체하기

5. 평가하다-준거나 기준에 따라 판단한다.	
5.1 점검하기	조정하기 모니터하기 탐지하기 검사하기
5.2 비판하기	판단하기
6. 창안하다-요소들을 일관되거나 기능적인 전체로 형성하기 위해 함께 둔다; 요소들을 새로운 패턴이나 구조로 재조직한다.	
6.1 생성하기	가설세우기
6.2 계획하기	설계하기
6.3 산출하기	구성하기

한편, Hauenstein(1998)의 목표 분류는 행동 영역, 인지적 영역, 정의적 영역, 심동적 영역으로 구분하여 각 영역마다 5가지 상위 유목과 하위 유목들을 〈표 5-8〉과 같이 제시하고 있다.

〈표 5-8〉 Hauenstein의 목표 분류

구분	행동 영역	인지적 영역	정의적 영역	심동적 영역	비고
1.0	1.0 습득 1.1 수용 1.2 지각 1.3 개념화	1.0 개념화 1.1 확인 1.2 정의 1.3 일반화	1.0 감수 1.1 감지 1.2 자진감수 1.3 주의집중	1.0 지각 1.1 감각 1.2 인식 1.3 관찰 1.4 선행경향성	단기 목표
2.0	2.0 동화 2.1 반응 2.2 이해 2.3 시뮬레이션	2.0 이해 2.1 번역 2.2 해석 2.3 추론	2.0 반응 2.1 묵종반응 2.2 자진반응 2.3 평가	2.0 시뮬레이션 2.1 활성화 2.2 모방 2.3 조정	
3.0	3.0 적응 3.1 가치화 3.2 적용 3.3 적합화	3.0 적용 3.1 명료화 3.2 해결	3.0 가치화 3.1 가치수용 3.2 가치채택 3.3 확정	3.0 적합화 3.1 통합 3.2 표준화	
4.0	4.0 수행 4.1 신념화 4.2 평가 4.3 산출	4.0 평가 4.1 분석 4.2 적격판정	4.0 신념화 4.1 신뢰하기 4.2 헌신하기	4.0 산출 4.1 유지 4.2 조절	장기 목표

5.0	5.0 포부 5.1 행동화 5.2 종합 5.3 숙달	5.0 종합 5.1 가설 5.2 결정	5.0 행동화 5.1 시연하기 5.2 행동수정하기	5.0 숙달 5.1 창안 5.2 완성	

또한, Marzano(2001)는 지식 인출, 이해, 분석, 지식 활용(인지 체제), 메타 인지, 자기체제 사고 등 여섯 가지 처리 수준의 차원과 정보, 정신적 절차, 심동적 절차 등의 지식 차원으로 구분하여 [그림 5-3]과 같이 목표를 분류하였다.

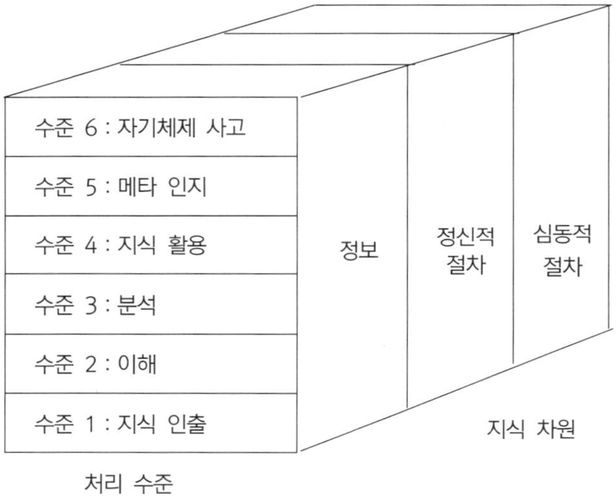

[그림 5-3] Marzano의 목표 분류

6. Eisner의 수업목표 분류

수업목표를 구체적으로 세분화해서 행동적으로 진술해야 하는 이유는 수업목표 도달을 위해 수업 설계자나 교사가 할 일을 구체적으로 제시해 줄 수 있고, 수업목표를 도달하려는 학생들의 학습을 촉진시키며 학습효과를 더 높일 수 있으며 수업목표는 수업과정이 끝난 후 실시되는 평가의 자료가 있고, 수업목표가 세분화되어야 최적의 수업매체를 선정하는데 도움을 주는 등으로 정리할 수 있다(변영계, 1979).

그러나, Eisner는 수업목표의 세분화가 오히려 해를 줄 수 있다고 지적하고 있는데 첫째, 수업의 역동적이고 복잡한 과정은 수많은 성과를 낳을 수 있기 때문에 사전에 목표를 행동적 용어나 내용적 용어로 세분화시킬 수는 없고 둘째, 수업목표의 세분화 이론은 가르치는 특정 교과목과 그 교과목에 관련된 수업목표를 어느 정도로 예언하고 구체화시킬 수 있는가 하는 특수 관계를 고려하지 않으며 셋째, 교육성과를 측정하는 표준으로서의 수업목표 이론은 측정할 수 없는 성과를 간과할 위험이 있고, 끝으로 수업목표를 교육 내용의 선택 및 조직 이전에 반드시 정해야할 필요가 없다고 주장하고 있다(황정규, 1984).

따라서, Eisner(1979)는 사전의 세분화에 의해 구체적화된 목표를 수업목표라 하고 이에 대비되는 다른 영역의 목표를 표현목표로 구분하였는데 표현목표는 학생과 교사에게 관심 있고 중요하다고 생각하는 문제를 탐구하는 대로 평가되므로 이 같은 탐구의 결과로 나타나는 학생의 반응이 동질적이기를 기대하기보다 다양하기를 기대하는 것이 특징이기 때문에, 평가도 어떤 공통된 표준을 다양한 학생의 교육성과에 적용하는 것이 아니라 각자의 독특한 고유성, 유의성을 확인하는 예술적 비평의 형식을 선택하게 된다. 즉, 수업목표는 알고 있는 것을 획득에 중점을 두고 표현목표는 그것의 정교화, 수정 및 새로운 것의 생산을 강조하였다.

특히, Eisner는 전통적인 '행동목표' 외에, '문제해결 목표', '표현적 결과 목표' 등 〈표 5-9〉와 같이 분류할 것을 주장하였다.

〈표 5-9〉 Eisner의 수업목표 분류

유형	장점	단점	평가방식	지식영역
행동목표	-수업목표를 학생의 입장에서 진술하여 단위시간 수업의 효율성을 높임 -정확한 기준을 가지고 평가하기 때문에, 객관적인 평가가 가능	-양적 평가를 하기 때문에, 결과적인 평가를 치중하여 과정적인 평가 무시	-양적 평가 -결과 평가 -준거지향 검사	인문과학 - 국어 - 도덕 - 사회
문제해결	-일정한 조건 내에서 문제의	-교사의 주관에 따른 질	-질적 평가	자연과학

목표	해결책을 발견하기 때문에, 창의적인 사고력 향상에 기여 -결과적인 평가뿐만 아니라, 과정적인 평가도 동시에 수행 가능	적인 평가를 하기 때문에 객관적인 평가의 어려움	-결과 및 과정 평가 -교육적 감식안 사용	- 수학 - 과학
표현적 결과 목표	-활동의 목표가 사전에 정해지지 않고 활동하는 중간에 형성할 수 있는 융통성 있는 수업목표 진술 가능	-학생들이 정확한 수업목표를 인식하지 못하고 수업을 진행하는 경우가 많아 방향성이 없는 수업이 될 가능성	-질적 평가 -결과 및 과정 평가 -교육적 감식안 사용	예체능 - 음악 - 미술 - 체육

제6장

교육과정의 교육내용 선정

1. 교육내용의 개념
2. 교육내용의 선정 기준
3. 교육내용의 선정 원리
4. 교육내용의 선정 방법

1. 교육내용의 개념

일반적으로 교육내용은 교과 및 교재, 학습경험, 학습활동 등 세 가지 관점으로 구분할 수 있다. 먼저 교과 및 교재로 보는 관점은 내용교과, 형식교과, 표현교과, 기능교과 등 〈표 6-1〉과 같이 정리할 수 있다.

〈표 6-1〉 교과 및 교재로 보는 관점

구분	특징	예시
내용교과	· 환경의 내용에 관한 교과	사회, 과학
형식교과 (도구교과)	· 환경의 형식에 관한 교과	국어, 수학
표현교과	· 심정의 표현에 관한 교과	음악, 미술
기능교과	· 생명보존의 기능에 관한 교과	체육, 실과

그러나, 교육내용을 교과 및 교재로 보는 관점은 가장 보수적이고 전통적인 입장으로서 교육내용을 좁게 해석하여 진보주의 교육에 의해 많은 비판을 받았다.

교육내용을 학습경험으로 보는 관점은 지식 · 이해의 함양을 위한 학습경험, 사고력 함양을 위한 학습경험, 사회적 태도 함양을 위한 학습경험, 흥미 함양을 위한 학습경험, 감상력 함양을 위한 학습경험, 기능 함양을 위한 학습경험 등 〈표 6-2〉와 같이 구분할 수 있다(정범모, 1961).

〈표 6-2〉 학습경험으로 보는 관점

구분	특징
지식 · 이해 함양	· 지식 내용 자체의 가치보다 기능적 가치에서 선택된 사실, 원리, 법칙, 정의, 이론 등이 중핵이 되는 학습경험
사고력 함양	· 문제해결 과정에서 요구되는 사고를 적절히 기능적으로 할 수 있는 학습경험

사회적 태도 함양	· 인성적, 사회적 측면에서 바람직한 인간관계나 사회적 관계를 유지, 발전시켜 나갈 수 있는 학습경험
흥미 함양	· 다양한 활동에 동기 체제의 역할을 할 수 있는 학습경험
감상력 함양	· 작품이나 현상을 깊이 있고 폭넓게 음미, 평가할 수 있는 학습경험
기능 함양	· 운동적, 정서적, 사회적, 지적 기능을 기르기 위한 학습경험

그러나, 교육내용을 학습경험으로 보는 관점은 학습자의 생활 장면에서 일어나는 문제나 장면을 중심으로 교육과정을 구성함으로써, 경험을 통해 특정 지식을 획득하고 지식을 활용하여 문제를 해결할 수 있다는 장점을 가지고 있는 반면에, 충분하지 못한 체계적인 접근 방법의 학습, 주요 개념이나 원리에 대한 이해 부족으로 인해, 탐구 능력 및 사고력을 향상시키는데 어려움이 많다.

이 외에도 교육내용을 학습활동으로 보는 관점은 학교가 학습자에게 일방적으로 지식을 제공하는 것이 아니라, 학습자 스스로 능동적이고 적극적인 학습활동을 할 수 있는 환경을 조성해 주어야 한다는 관점이다.

2. 교육내용의 선정 기준

교육내용을 선정하는 기준은 사회적 적합성, 사회적 유용성, 개인적 유의미성, 개인적 효용성, 지적 중요성, 학문적 타당성, 실행 가능성 등 〈표 6-3〉과 같이 정리할 수 있다.

〈표 6-3〉 교육내용의 선정 기준

구분	특징
사회적 적합성	· 사회의 전통과 규범을 유지하고 결함을 극복할 수 있는 개선책을 담아 사회적으로 적절한 교육내용
사회적 유용성	· 정치적으로 보수적 적응과 경제적으로 발전적 변화를 강조하여 사회적으로 유용한 교육내용

개인적 유의미성	· 학습자의 개인차, 적성, 흥미, 관심, 요구 등을 존중하여 유의미한 교육내용
개인적 효용성	· 지정의, 지덕체, 민주시민 등과 같이 개인의 사회적 쓸모를 충족시키는 교육내용
지적 중요성	· 교육내용에 대한 기본적 아이디어, 개념, 원리, 일반화와 동시에 학습능력, 기능, 과정, 태도 형성에 기여
학문적 타당성	· 타당하고 사실적인 내용만을 선정하여 교육내용의 신빙성 확보
실행 가능성	· 교수-학습 가능성, 인적 자원, 가용한 자원, 할당 시간, 내 · 외적 지원 및 압력, 재정, 정치 사회적 분위기 등 고려

3. 교육내용의 선정 원리

교육내용을 선정하는 원리는 타당성의 원리, 만족의 원리, 가능성의 원리, 동목표 다경험의 원리, 동경험 다성과의 원리, 중요성의 원리, 유용성의 원리 등 〈표 6-4〉와 같이 요약할 수 있다.

〈표 6-4〉 교육내용의 선정 원리

구분	특징
타당성의 원리	· 교육목표가 제시해 주는 대로 학습자가 행동할 수 있는 학습경험의 기회를 제공하는 원리 · 기회의 원리
만족의 원리	· 수업목표가 가르치는 학습경험을 하는 과정에서 성공감이나 만족감을 느낄 수 있는 원리
가능성의 원리	· 학습경험에서 바라보는 학습자의 반응이 학습자 자신의 능력 범위 안에 있어야 하는 원리
동목표 다경험의 원리	· 하나의 교육목표를 달성하기 위해 여러 가지 경험을 하도록 가능한 한 광범위하고 다양한 경험을 가지도록 해야 하는 원리
동경험 다성과의 원리	· 한 가지 학습경험으로써 가능한 많은 바람직한 교육목적들을 동시에 달성할 수 있는 경험을 선정해야 하는 원리

중요성의 원리	· 교육내용이 그 지식 분야에서 오랜 세월 동안 올바른 검증을 받아 이어 내려온 것인지, 중요한 것인지 아닌지를 분별하여 가장 중요하다고 생각하는 것을 선정하는 원리
유용성의 원리	· 생활영역에서 활동을 수행하는데 얼마나 쓸모가 있는지 고려하여 교육내용을 선정하는 원리

특히, 김대현과 김석우(2005)는 국가수준의 교육내용 선정 원리로 타당성의 원리, 확실성의 원리, 중요성의 원리, 사회적 유용성의 원리, 인간다운 발달의 원리, 흥미의 원리, 학습 가능성의 원리 등 〈표 6-5〉와 같이 정리할 수 있다.

〈표 6-5〉 국가수준의 교육내용 선정 원리

구분	특징
타당성의 원리	· 교육의 일반 목표 달성에 도움을 주는 교육내용 선정
확실성의 원리	· 지식으로 구성되는 교육내용은 가능한 한 참으로 밝혀진 교육내용 선정
중요성의 원리	· 학문을 토대로 교과를 구성할 때 학문을 구성하는 가장 본질적인 교육내용 선정
사회적 유용성의 원리	· 사회의 유지와 변혁에 도움을 주는 교육내용 선정
인간다운 발달의 원리	· 학습자의 성장과 자아실현에 도움을 주는 교육내용 선정
흥미의 원리	· 학습자의 흥미, 호기심을 유발할 수 있는 교육내용 선정
학습 가능성의 원리	· 학습자의 능력, 학습여건, 수준 등을 고려한 교육내용 선정

한편, 교육내용을 선정하는 원리를 제시한 외국의 여러 학자들을 서로 비교해 보면 〈표 6-6〉과 같이 정리할 수 있다.

〈표 6-6〉 교육내용 선정의 원리를 제시한 학자들의 주장 비교

Brady (1992)	Miller & Seller (1985)	Pring (1984)	Tyler (1949)
타당성	철학적 준거	사회적 유용성	연습기회의 원리
중요성	심리학적 준거	책임감 함양	만족감

흥미 또는 관심	사회적 · 정치적 준거	공통 사회문화 전수	성취 가능성
학습 가능성	학생 흥미 촉진	개인적 만족감	다원적 경험 원리
사회적 실재와의 일치성	학생 준비도 수준에 적합	순수 지적 관심	복합성과 원리
유용성	사회적으로 유용한 내용	부모와 사회의 압력 반영	
		정신 능력 도야	

4. 교육내용의 선정 방법

교육내용을 선정하는 방법은 교과서법 및 교재법, 목표법, 주제법, 흥미중심법, 사회기능법, 문제영역법 등 〈표 6-7〉과 같이 정리할 수 있다.

〈표 6-7〉 교육내용의 선정 방법

구분	특징
교과서법 및 교재법	· 일반적이고 보편적으로 보급되고 있는 방법 · 교과(교재)의 논리적 체계와 학문적 계통에 따라 학습 · 교과중심 교육과정 · 교과서법 : 현존하는 교과서 내용을 그대로 교육내용으로 선정 · 교재법 : 실제 수업에서 필요한 교재가 있으면 하나의 교과서 또는 여러 교과서 선정
목표법	· 일반적인 교육목표와 특수한 교육목표를 구분하여 분석하고 학년에 따라 교육내용의 범위를 결정하는 방법 · 교육과정의 내용을 교육목표에 따라 논리적이고 체계적으로 선택
주제법	· 학습범위를 교과서에 제시한 교재만 국한시키지 않고 교수해야 할 특정한 주제의 모든 내용을 교육내용으로 선정하는 방법 · 인간의 현대 생활에 필요한 일반적이고 공통된 주제를 교육내용으로 선정

제7장

교육과정의 교육내용 조직

1. Scope와 Sequence의 개념
2. 교육내용의 조직 원리
3. 교육내용의 조직 방법

1. Scope와 Sequence의 개념

Scope는 학습자가 배워야 할 교육내용을 선정하고 그 범위를 결정하는 것으로, 교육과정에서 다루어야 할 내용의 폭과 깊이로 볼 수 있다. 이러한 Scope의 개념을 가장 쉽게 이해할 수 있는 방법은 현행 우리나라 교육과정 문서에 나타난 총론 부분의 교육과정 편제표에서 초등학교는 바른생활, 국어, 수학 등의 교과 명칭을 사용하였고, 중 · 고등학교에서는 국어, 외국어(영어) 등 10개 필수 교과와 한문, 컴퓨터, 환경 등 선택 교과로 구분하여 사용하고 있다. 즉, Scope는 교과영역이라 할 수 있다.

특히, Sequence는 교재배열의 순서, 계열, 종축 등의 의미로 사용되는데, 효율적으로 교육목적을 달성하기 위해서 학습 계열, 학습자 발달 단계, 학습자 특성 등을 고려하여 학습내용을 조직하는 순서를 결정하고 교육과정 범위 안에서 교재나 활동 경험의 자료를 제시하는 절차나 방법을 결정하는 것이다. 즉, Sequence는 학년, 이수 순서, 시기 등으로 구체화될 수 있다.

2. 교육내용의 조직 원리

교육내용을 조직하는 원리는 계속성, 계열성, 통합성 등 〈표 7-1〉과 같이 정리할 수 있다.

〈표 7-1〉 교육내용의 조직 원리

구분	특징
계속성	· 한 교과 및 하나의 교육 프로그램이 학년이 올라감에 따라 동일한 내용이 비교적 일정한 기간에 반복 학습할 수 있도록 하기 위한 원리 · 교육내용들의 수직적인 배열에서 동일한 교육내용이 계속적으로 반복되는 상태 · 중요한 개념, 원리, 사실 등의 학습이 어느 정도 계속해 반복하여 이루어지도록 하기 위한 원리
계열성	· 동일한 내용이 단순히 반복되는 수준을 넘어서 계속적인 줄기는 있되, 동시에 그 줄기에 좀 더 넓고 깊은 의미가 심화될 수 있도록 조직하는 원리 · Bruner의 나선형 교육과정, Taba의 누적학습 · 동일한 요소의 단순 반복이 아니라, 점진적인 심화, 확대를 강조하고 있는 특정 개념의 학습에 있어 깊은 이해를 이끌어 주는 원리 · 단순한 것 → 복잡한 것 · 구체적인 것 → 추상적인 것 · 선수학습 → 점진적으로 확대 · 가까운 주변 것 → 먼 것 · 부분 → 전체, 전체 → 부분 · 사건의 연대 순의 배열
통합성	· 여러 가지 교육내용들을 횡적인 관계에서 서로 연결되어 통합함으로써 보다 효율적인 학습과 학습자의 성장 및 발달을 촉진시킬 수 있는 원리 · 여러 곳에서의 경험을 통해 모순이나 단절 없이 통합된 의미를 발견할 수 있고 행동에도 통일성을 이루는 원리

특히, 교육내용을 조직하는 원리 중에서 계속성과 계열성은 수직적인 종적 조직 관계이고, 통합성은 수평적인 횡적 조직 관계로 교육내용을 조직한다는 점이 특징이다.

3. 교육내용의 조직 방법

교육내용을 조직하는 방법은 기본적 조직의 방법, 시간적 발전에 의한 주제 배열 방법, 생활 환경 확대에 의한 주제 배열, 사회문화의 복잡성에 의한 주제 배열, 사회 이상 실현으로 발전하는 주제 배열, 계통적 순서에 의한 배열 등 〈표 7-2〉와 같이 정리할 수 있다(강봉규 · 박성혜 · 최미리, 2006).

〈표 7-2〉 교육내용의 조직 방법

구분	특징
기본적 조직 방법	· 가까운 것에서 먼 것으로, 쉬운 것에서 어려운 것으로, 구체적인 것에서 추상적인 것으로, 단순한 것에서 복잡한 것으로, 익숙한 것에서 낯선 것으로, 부분에서 전체적인 것으로 등
시간적 발전에 의한 주제 배열	· 학습자의 시간 의식 발달에 따라 조직 · 초등학교 고학년, 중학교, 고등학교 등으로 주제 배열
생활환경 확대에 의한 주제 배열	· 학습자의 공간 의식 발달에 따라 조직 · 가정, 학교, 사회, 국가, 세계
사회문화의 복잡성에 의한 주제 배열	· 학습자의 정신적 발달 순서에 따라 단순한 것에서 복잡한 것으로 조직 · 단순한 사회제도에서 복잡한 경제 조직이나 정치제도로 발전되어 가는 주제 배열
사회 이상 실현으로 발전하는 주제 배열	· 학습자의 사회적 이해 발달에 따라 조직 · 학습자가 사회의 제반 모습이나 기구를 이해함에 따라 사회 질서의 개선에 참가하려는 욕구를 갖는다는 관점에서 주제 배열
계통적 순서에 의한 배열	· 논리적인 전후 관계에 따라 계통적이고 체계적으로 조직

제8장

교육과정의 운영방법

1. 교육과정 운영의 개념
2. 교육과정 운영의 원리
3. 교육과정 운영의 실제

1. 교육과정 운영의 개념

교육과정의 운영은 개발된 교육과정을 학교와 교실에서 실천하는 과정으로서, 계획된 교육과정의 목적을 달성하기 위해 학교에서 교사가 실제로 수업을 전개하는 활동을 의미한다.

특히, 교육과정 운영은 학교 외부에서 개발된 교육과정을 그대로 실천하는 이행과 학교 내부에서 교육과정을 교사들이 스스로 개발하여 실천하는 실행으로 이원화할 수 있다. 즉, 이러한 교육과정 운영은 교육과정 개발자와 실천자의 일치 여부에 따라 이행과 실행으로 〈표 8-1〉과 같이 구분할 수 있다.

〈표 8-1〉 교육과정 이행과 실행의 비교

구분	이행	실행
개념	· 교육법으로 고시되는 것을 행동으로 옮기는 수준 · 적용	· 자발적인 행위를 통해 무엇을 만들어 가는 과정 · 적용, 응용, 창출
교사 역할	· 수동적, 소극적 역할	· 능동적, 주체적 역할
교육과정 개발자와 실천자 일치도	· 교육과정 개발자와 실천자의 불일치	· 교육과정 개발자와 실천자의 일치

한편, 교육과정 운영의 개념은 충실도적 접근, 상호 적응적 접근, 생산적 접근 등 〈표 8-2〉와 같이 분류할 수 있다(최호선, 2008).

〈표 8-2〉 교육과정 운영의 개념

구분	교육과정 운영 개념	교육과정 구성 방식	평가 영역
충실도적 접근	계획된 교육과정	학교 외부 전문가	계획과 결과간의 일치 정도

상호 적응적 접근	조정된 교육과정	외부 전문가와 학교내부의 교육과정 운영 담당자 간의 상호작용	상호작용의 변화과정
생산적 접근	창조된 교육과정	학교 내의 교사와 학생	교사의 이해와 해석 수준

2. 교육과정 운영의 원리

교육과정을 운영하는 원리는 타당성의 원리, 적법성의 원리, 전체성의 원리, 민주성의 원리, 전문성의 원리, 현실성의 원리 등 〈표 8-3〉과 같이 요약할 수 있다.

〈표 8-3〉 교육과정 운영의 원리

구분	특징
타당성	· 학교가 설정한 교육목표가 타당한지를 파악하고 만약 타당하다면 학교에서 운영하는 교육과정의 교육목표를 달성하기 위한 효과적인 수단을 파악하는 원리 · 합목적성의 원리
적법성	· 국가가 정한 법령의 테두리 안에서 교육과정을 운영하는 원리 · 합법성의 원리
전체성	· 일부 교과의 각론을 개발하거나 교과들과 교과서의 내용을 재구성하는 것이 아니라, 학교 전체 교육과정을 대상으로 하는 원리 · 균형성의 원리
민주성	· 학교 교육에 관여하는 집단의 폭넓은 참여를 보장하고 그들이 제시하는 의견을 공정하게 처리하는 원리
전문성	· 교육과정을 효과적으로 운영하기 위해 전담하는 연구 조직과 실행 조직이 구성되어야 하는 원리

현실성	· 학생에 대한 이해, 지역사회 요구 등을 잘 파악함으로써 실현 가능한 교육과정을 운영하는 원리
학습자 존중	· 학습자 발달, 능력, 적성, 진로 등을 고려하여 교육과정을 운영하는 원리
자율성	· 학교와 교원이 외부 간섭으로부터 벗어나 독립적인 자기 결정과 실천으로 교육과정을 운영하는 원리
효과성	· 교육과정에서 설정된 교육목표가 얼마나 잘 달성되었는지 평가하는 교육과정 운영의 원리
효율성	· 주어진 자원을 바탕으로 최소의 인적, 물적 자원, 시간을 투입하여 최대의 효과를 올려 교육과정을 운영하는 원리
계열성	· 학교급간, 학년간, 교과 단원간 선수학습과 후속학습 등 종적인 연계를 고려하여 교육과정을 운영하는 원리
통합성	· 학생 관심, 사회 요구, 인접 교과 간의 횡적 통합이 이루어지도록 교육과정을 운영하는 원리

3. 교육과정 운영의 실제

교육과정 운영에 영향을 미치는 요인은 국가 정책과 교육개혁, 교육과정 개정 관행, 교육과정 편성, 학교급별 교육과정의 특성, 교육과정 운영 관행과 풍토, 교원, 학생, 교재, 시설과 설비, 교육평가, 시간, 재정과 여건 등이 있다(박도순 · 홍후조, 2006).

특히, Hall, Wallance, and Dossert(1973)는 교사가 새로운 교육과정을 실행할 때 관심을 가지는 관심 단계(〈표 8-4〉)와 교사가 실행 과정에서 실제로 수행하는 활용 수준(〈표 8-5〉)으로 구분하는 관심 기반 채택 모형(Concern-Based Adoption Model : CBAM)을 개발하였다.

〈표 8-4〉 교육과정에 대한 관심 단계

관심 단계	특징
0단계 (각성)	· 새로운 교육과정에 대해 전혀 관심이 없고 관여하지 않는 단계
1단계 (정보수준)	· 새로운 교육과정에 대해 대체로 알고 있고 좀 더 알고 싶어하는 단계
2단계 (개인)	· 새로운 교육과정이 자신과 자기 주변에 어떤 영향을 끼치는지 알고 싶어하는 단계
3단계 (운영 및 관리)	· 새로운 교육과정의 운영과 관리에 관심이 있고 정보와 자원의 활용에 관심이 높은 단계
4단계 (결과)	· 새로운 교육과정이 학생들에게 어떠한 영향을 끼치는지에 관심이 있는 단계
5단계 (협동)	· 새로운 교육과정을 운영함에 있어서 다른 교사들과 협동하고 조정하는 데 관심이 있는 단계
6단계 (개선)	· 새로운 교육과정을 수정 및 보완하여 더 좋은 결과를 가져올 방법에 대해 관심이 있는 단계

〈표 8-5〉 교육과정에 대한 활용 수준

활용 수준	특징
0수준 (무활용)	· 새로운 교육과정에 대해 거의 알지 못하거나 전혀 지식이 없어 제대로 참여하지 못하고 필요한 일도 전혀 하고 있지 않은 수준
1수준 (입문)	· 새로운 교육과정에 대해 정보를 얻었거나 얻고 있는 수준
2수준 (준비)	· 새로운 교육과정을 처음으로 활용할 준비를 하는 수준
3수준 (기계적 활용)	· 새로운 교육과정을 별도로 성찰할 시간을 가지지 못하고 단기적인 쓰임새에 초점을 맞추어 단절적이고 피상적으로 이용하는 수준
4수준 A (일상화)	· 새로운 교육과정을 비교적 안정적으로 이용하지만, 새로운 교육과정의 이용 결과에 대해 개선하려는 준비만 고민을 하지 않는 수준

4수준 B (정교화)	· 새로운 교육과정의 효과를 높이기 위해 교육과정의 이용을 변화시키는 수준
5수준 (통합)	· 새로운 교육과정을 이용하려는 자신의 노력을 다른 교사들의 관련 활동과 결합하려고 노력하는 수준
6수준 (갱신)	· 새로운 교육과정을 이용한 다음, 대폭 수정하거나 대체안을 모색함으로써 새로운 개발안 및 목표를 탐색하는 수준

한편, 교사가 교육과정을 효과적으로 운영할 수 있도록 도와 주기 위해 훈련, 모방, 논리적 방법, 관료적 방법, 연구회 및 학회, 교사 연수 등 〈표 8-6〉과 같은 방안을 모색할 수 있다.

〈표 8-6〉 교사의 효과적인 교육과정 운영 방안

구분	특징
훈련	· 새로운 교육과정에 대한 연수, 워크숍, 일대일 상담 등을 통해 설명하는 방법
모방	· 알고 있는 교사나 존경받는 교사가 새로운 교육과정의 운영을 시범 보이고 모방하는 방법
논리적 방법	· 새로운 교육과정이 개정된 합리적 근거를 제시하는 방법
관료적 방법	· 교육과학기술부, 교육청 등 교육당국이 교장의 도움을 받아 새로운 교육과정을 운영하도록 영향력 및 압력을 행사하는 방법
연구회 및 학회	· 연구회나 학회에서 새로운 교육과정에 대해 지지하고 수용하는 방법
교사 연수	· 새로운 교육과정의 특성을 조사하여 목록을 만들어 수업에 어떻게 반영할 것인지 조사하여 연수 계획을 세우는 방법

끝으로 학교 교육과정의 운영을 체계적으로 수행하기 위해서는 다음과 같은 학교장의 역할이 매우 중요하다. 첫째, 행정중심 관리, 사무체제에서 교육과정 중심 학교운영체제를 확립해야 한다. 둘째, 교육과정 연구실을 확보해야 한다.

셋째, 학교 교육과정을 통합적으로 운영해야 한다. 넷째, 학교 교육과정 운영에 직결되는 예산을 지원해야 한다. 다섯째, 교육과정의 운영 결과는 매학년도 말에 전 교직원의 참여하에 평가되어야 한다. 여섯째, 학교장의 교내 교육과정 장학과 수업 장학에 중점을 두어야 한다(함수곤, 2000).

제9장

교육과정과 교수-학습

1. 교수, 수업, 학습, 교육과정
2. 교수-학습 과정
3. 교수-학습 이론

1. 교수, 수업, 학습, 교육과정

instruction과 teaching은 보통 혼용되어 사용된 것이 사실이지만, 보통 teaching은 교사에 의해 전달되는 학습 경험이라 정의하는 반면, instruction은 사람을 포함한 모든 형태의 매체에 의해 전달되는 학습경험(Gagne, Briggs & Wager, 1992)으로 정의하기도 한다. 또한 instruction은 학습자가 계획된 학습목표를 달성할 수 있도록 체계적이고 계획적으로 정보와 환경을 제공하는 일을 의미하지만(Gagné, 1985), teaching은 교사가 의도한 것뿐만 아니라, 잠재적 · 우연적인 학습경험까지 포함한다고 주장하기도 한다(Smith & Ragan, 1993).

특히, Reigeluth(1983)는 교수(instruction)는 수업(teaching)에 비해 포괄적인 개념으로 설계 · 개발 · 적용 · 관리 · 평가 등을 포함하지만, 수업(teaching)은 주로 교수자의 적용과 실행에 중점을 둔 개념이라고 주장하였다. 즉, 교수(instruction)는 교사 행동, 교수내용, 학습행동 등을 포함하고, 수업(teaching)은 교사의 적용과 실행에 중점을 둔 개념이다.

한편, 교수는 교수자와 학습자 간의 활동이 반드시 상관관계에 있음을 전제로 하고, 교수-학습활동을 극대화시키는 데 요구되는 교육적인 의도를 가지는 제반 활동, 즉 설계 · 개발 · 적용 · 관리 · 평가 등을 포함시키는 체계적인 구조를 의미하는 반면에, 수업은 교사와 학생이 함께 하는 체제 속에서 학습자의 학습활동을 도와 주는 것을 주요 목적으로 학습을 촉진시키기 위한 내 · 외적인 조건을 체계적으로 조정하는 활동이다.

지금까지 살펴본 것처럼, 교수(instruction)는 수업시간의 가르치는 것을 물론, 수업을 위한 준비, 계획, 수업활동, 수업 후의 처치, 평가활동 등을 포함하는 제반활동이라 할 수 있으며, 수업(teaching)은 수업시간에 학습을 촉진시키는 데 주요 목적을 두고 가르치는 활동이라 할 수 있다.

또한, 학습(learning)은 경험의 결과로 인하여 어떤 개인의 지식, 행동, 태도가 비교적 지속적으로 변화되는 것으로서(Mayer, 1982), 일시적인 변화가 아니라 장기

간의 변화라는 점, 변화의 장소가 학습자의 지식구조 또는 행동이라는 점, 그 변화가 학습자의 환경에서의 경험으로 유래한다는 점이 중요하다(이화여자대학교 교육공학과, 2007). 즉, 학습의 정의에 포함된 공통적인 개념들을 이끌어 내, 학습에 의한 행동이 무엇인가를 [그림 9-1]과 같이 제시할 수 있다.

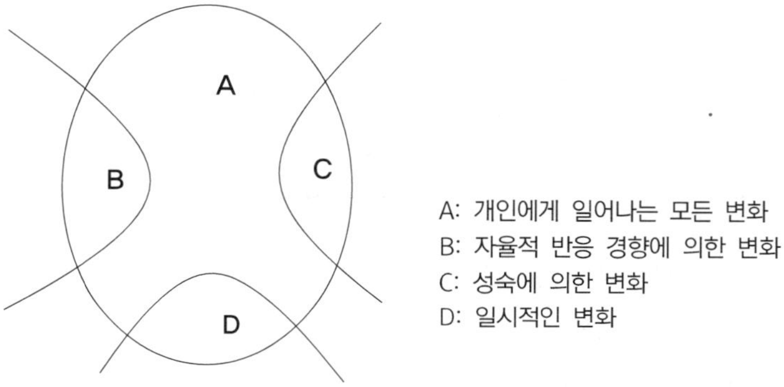

[그림 9-1] 학습에 의한 행동 변화

이러한 학습지도의 원리는 크게 자발성의 원리, 개별화의 원리, 사회화의 원리, 통합의 원리, 직관의 원리, 과학성의 원리, 목적의 원리 등 〈표 9-1〉과 같이 정리할 수 있다

〈표 9-1〉 학습지도의 원리

원리	특징
자발성	- 학습자가 자발적으로 학습에 참여하는 데 중점을 두는 원리 - 구안법(project method), 문제해결학습, 발견학습, 프로그램 학습
개별화	- 학습자의 개인적 요구와 능력에 알맞은 학습활동의 기회를 제공해 주어야 한다는 원리
사회화	- 학교와 사회 속에서 협동적 경험이 중시되어야 한다는 원리 - 토의법, 협동학습, 문제해결학습, 구안법
통합	- 학습이 지적 · 정의적 · 심동적 영역이 종합적인 전체로서 이루어져야 한다는 전인교육의 원리

	- 교육과정 통합, 교과와 생활의 통합, 학교와 사회의 통합 등을 강조
직관	- 특정 사물에 대한 개념을 학습할 때 언어로써 설명하기보다는 구체적인 사물을 직접 제시하거나 경험함으로써 학습효과를 높일 수 있다는 원리 - 시청각 매체의 활용을 중시
과학성	- 교수-학습의 과정이 과학적 원리(분석→설계→개발→실행→평가)를 반영하여 이루어져야 한다는 원리 - 교수-학습의 과정뿐만 아니라, 교재 내용의 과학화 도모
목적	- 학습자가 학습목표를 분명히 인지할 때 학습이 자발적이고 적극적으로 일어난다는 원리

한편, 교육과정이라는 용어는 학자에 따라 상이하게 정의되는데, 일반적으로 교육과정(curriculum)은 학습자가 교육목표를 달성할 수 있도록 계획한 교수-학습 경험이나 교수-학습 내용으로 정의할 수 있다.

넓은 의미에서 교육과정(curriculum)은 일정한 교육기관에서 세운 교육의 모든 과정을 마칠 때까지 요구되는 교육목표, 교육내용, 시간을 포함한 교육의 전체 계획을 의미하는 반면에, 좁은 의미에서 교육과정은 학습자가 교육목적을 달성할 수 있도록 계획된 경험, 즉 학습과 수업의 내용을 의미한다.

그러면, 학습, 수업 또는 교수, 교육과정의 관계는 어떠한가? 좋은 수업이 되려면 [그림 9-2]와 같이 교육과정과 수업(교수) 및 학습이 모두 일치해야 하며 가장 이상적인 관계가 될 수 있다.

그러나, 아무리 좋은 교육과정이 개발되어 있어도 교사는 교육과정을 수업으로 모두 가르치기가 어렵고 학습자는 교사가 가르치는 모든 내용을 학습자가 학습하기도 매우 어렵다.

따라서, 교육과정, 수업(교수), 학습의 실제적인 관계는 [그림 9-3]과 같이 도식화할 수 있는데, A영역은 교육과정을 모두 수업하고 학습이 이루어진 경우이며, B영역은 교육과정대로 수업은 했으나, 학습이 발생되지 않은 경우이고, C영역은 교육과정에 없는 내용을 수업하고 학습도 일어난 경우, D영역은 교육과정 내용을 수업하지 않았으나 학습한 경우다. 또한, E영역은 교육과정 내용을 수업도 학습도 하지 않은 경우며, F영역은 교육과정에 없는 내용을 수업은 했으나 학습되지 않은 경우고, G영역은 교육과정에도 없고 교사가 수업하지도 않았는데 학습한 경우를 의미한다.

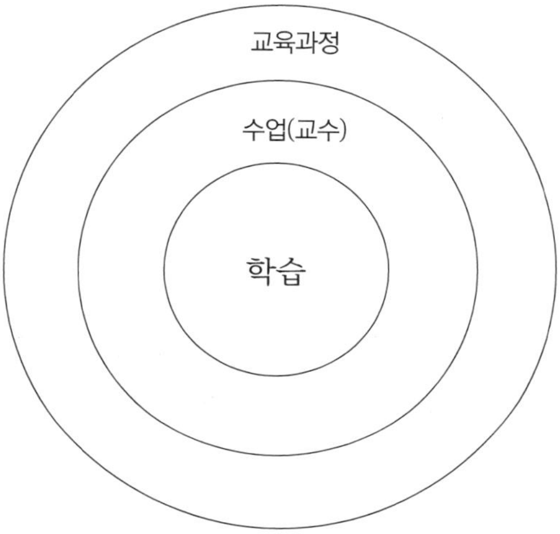

[그림 9-2] 교육과정, 수업(교수), 학습의 이상적인 관계

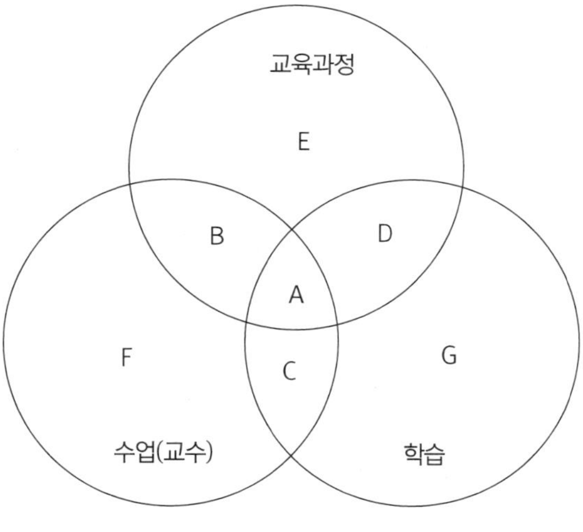

[그림 9-3] 교육과정, 수업(교수), 학습의 실제적인 관계

2. 교수-학습 과정

가. 수업 계획

수업 계획은 수업의 준비 단계로서, 건물을 짓기 위해 설계하는 설계도에 해당한다. 이러한 수업 계획은 효율적인 교수-학습 활동을 수행하기 위해서는 반드시 치밀한 계획과 철저한 준비가 필요하다. 이러한 수업을 계획하기 위해서 교사는 〈표 9-2〉와 같은 기본 지식을 갖추고 있어야 한다.

〈표 9-2〉 수업을 계획하기 위한 교사의 기본 지식

기본 지식	내용
교수설계에 대한 지식	- 학습자의 요구를 분석하고 그에 따른 교수 목적과 목표를 설정하고 학습 과제를 분석할 수 있는 지식을 갖추어야 함
학습자에 대한 지식	- 학습자의 능력과 선수학습 정도, 인성적인 특성을 미리 알고 있어야 함
학습내용에 대한 지식	- 교육과정, 학습내용의 조직, 구성 등에 관한 지식이 필요함
교수방법에 대한 지식	- 다양한 교수방법을 알고 있어서 학습내용에 가장 적절한 교수방법을 선택할 수 있어야 하며, 교수매체에 대한 지식도 갖추고 있어야 함
학습자를 오래 가르쳐 온 경험에서 나오는 묵시적 지식	- 묵시적 지식은 학습자를 관찰하고 수업을 지도하는 과정을 통해 터득된 지식으로서, 수업을 좀 더 융통성 있고 다양하게 함으로써 교사의 의사결정과 수업계획에 영향을 미침

한편, 수업 계획의 일반적인 원리를 살펴보면, 〈표 9-3〉과 같이 요약할 수 있다.

〈표 9-3〉 수업 계획의 일반적인 원리

원리	내용
타당성	- 학습지도 계획은 수업목표의 달성에 타당한 것이어야 하며, 효율성을 지니고 있어야 함
융통성	- 같은 목표, 같은 내용, 같은 대상을 지도하는 데도 개개 교사에 따라 계획이 달라지고, 또 수업방법에 있어서도 달라짐
과학성	- 계획, 실천, 평가 등의 과정을 통해 검증하고 검증된 결과에 비추어 다시 다음 단계에서 다시 선택할지 여부를 판단해야 함
유동성과 변경 가능성	- 계획은 고정불변의 것이 아니기 때문에, 상황의 변화에 따라 조정될 수 있는 유동적인 계획이 마련되어야 함

또한, 효과적인 수업 계획을 위해 고려해야 할 점을 살펴보면, 첫째, 여러 가지 다양한 수업방법 중에서 학습자의 특성, 수업목표 및 수업내용에 적합한 수업방법을 선정하여 이에 따른 계획을 세워야 하고, 둘째, 한 시간 내지 한 단위 수업을 위해 학습활동에 관한 세밀한 계획이 수립되어야 하며, 셋째, 학습자 개개인은 각기 다양한 개성 및 배경을 갖고 있기 때문에, 다양한 학습자 변인을 수용하는 계획을 세워야 하고, 넷째, 수업을 진행할 교사의 능력, 자질, 수업방법을 고려해야 하며, 다섯째, 교사가 속한 학교, 지역사회 등이 갖고 있는 제 여건과 현실적으로 가능한 여건을 고려해야 한다(김민경 외, 2005).

특히, 수업 계획은 장기 계획과 단기 계획으로 구분할 수 있는데, 장기 계획은 학습의 연간계획, 월간계획, 단원계획이 포함되는 것이고, 단기 계획은 장기 계획을 바탕으로 1주일 단위로 구체적인 지도 계획을 세우는 주안과 매일의 학습지도 계획인 일안, 매시간 학습내용에 따라 효과적인 학습지도를 계획하는 월안 등이 있다.

나. 수업 실행

수업 실행은 학습자가 수업목표에 도달할 수 있는 가장 적절한 교수-학습 방법과 단계를 선정하고 실제로 수업을 진행하는 단계이다.

보통 한 시간의 수업활동은 학습과제의 구체적인 목표를 제시하고 학습자의 동기유발을 위해 다양한 방법을 동원하는 도입 단계, 학습과제의 내용을 학생들에게 제시하고 학생들은 이에 반응하는 전개 단계, 학습된 내용을 정리하고, 연습을 통해 강화시키며, 새로운 사태에 적용하고 일반화할 수 있도록 지도하는 정리 단계 등 〈표 9-4〉와 같이 정리할 수 있다.

〈표 9-4〉 수업 실행의 단계

단계	시간	주요 활동
도입	5분	- 동기유발 - 목표 제시 - 선행학습과 관련짓기
전개	35-40분	- 학습내용의 제시 - 학습자료의 제시 - 학습자의 참여 - 다양한 수업기법의 활용
정리	5분	- 요약 정리 - 강화 - 일반화의 유도 - 보충 및 예고

특히, 한 차시 수업을 효과적으로 실행하기 위해서는 수업의 가설과 수업의 시안에 해당하는 교수-학습 과정안을 잘 수립해야 한다.

보통, 교수-학습 과정안의 구성은 단원의 개관(교재관, 지도관), 단원의 목표, 학생의 실태 및 지도 대책, 단원의 지도 계획, 본시 학습의 실제, 평가 계획 등으로 나눌 수 있다.

한편, 교수-학습 과정안을 작성할 때 중요한 조건은 다음과 같다(조성일 · 신재흡 · 최혜영, 2006).

첫째, 학습목표는 그 시간에 달성할 수 있고, 또한 학습의 가치가 있어야 한다.

둘째, 목표는 목표답게 진술되어야 한다.

셋째, 학습의 핵심이 분명히 파악되어야 한다.
넷째, 전시학습과 관계를 맺어야 하며, 생활에서 도입되어야 한다.
다섯째, 목표와 실제 수업내용은 완전히 일치해야 한다.
여섯째, 수업내용은 학생의 생활경험이 존중되어야 한다.
일곱째, 학습내용별로 시간적인 배려가 적절히 되어야 한다.
여덟째, 알맞은 학습과정이 선택되고 바르게 적용되어야 한다.
아홉째, 학생의 활동을 보장할 수 있는 알맞은 형태가 적용되어야 한다.
열째, 학생의 개인차, 즉 흥미와 능력을 고려해야 한다.
열한째, 학생의 흥미가 한 시간 내에 지속되게 해야 한다.
열둘째, 교수-학습 활동은 문제나 방법이 아닌 행동 용어로 기재해야 한다.
열셋째, 학생의 학습 정확도를 즉시 확인해야 한다.
열넷째, 학생의 학년별 수준이 고려되고 균형이 잡혀야 한다.
열다섯째, 자료의 수집과 활용이 적절해야 한다.

다. 수업 평가

수업 평가는 학습 활동의 결과로 교육목표를 달성한 정도를 측정함으로써 다음 학습의 계획을 세우는데 기초 자료로 활용할 수 있다. 즉, 수업 평가는 교사가 학습자에게 어느 정도 교육목표를 도달시켰는지 교육과정과 교수-학습에 관련되는 활동을 진단하고 평가하는 단계이다. 이러한 수업 평가의 기능은 〈표 9-5〉와 같이 요약할 수 있다.

〈표 9-5〉 수업 평가의 기능

기능	내용
학습 촉진	- 수업 평가를 통해 학습 결과를 학습자에게 알려 주는 일은 학습 의욕을 높이는 결과를 가져오게 함
학습지도 개선	- 수업 평가를 통해 어떤 특별한 결함이 있는지, 부족한 면이 있는지 확인하고 수업 방법을 개선할 수 있음

생활지도	- 교과지도 뿐만 아니라, 태도와 가치관 습득, 정서적 안정, 성격적인 통정 등 정의적인 발달을 기해야 하며 적절한 생활지도에 의해 가능
교육정치	- 학생들의 능력에 부합되는 교육적인 배치를 하고, 개별화 학습을 요구하는 현재의 상황에서 학생을 개인적인 특성에 적합하도록 배치하는 일이 중요함

특히, 수업 과정의 단계에 따른 수업 평가는 수업 전에 학습자가 얼마나 알고 있는지 파악하는 진단평가, 수업이 진행되는 과정에 학습자가 학습의 내용을 얼마나 잘 이해하고 있는지 평가하는 형성평가와 교수-학습이 끝난 후 성취 결과를 총괄적으로 평가하는 총괄평가 등 〈표 9-6〉과 같이 정리할 수 있다.

〈표 9-6〉 수업 과정의 단계에 따른 수업 평가 분류

구분	평가의 형태		
	진단평가	형성평가	종합평가
개념	· 교수-학습 활동이 시작 전 학생의 수준과 특성 확인	· 교수-학습 활동 진행 중 학습목표 도달도 확인	· 학생의 학습 성취 수준을 종합적 평가
기능	· 교수전략을 위한 기초 자료를 얻어 교수방법 등을 세움	· 교수하고 있는 교육목표의 성취도를 알아서 학습내용, 교수방법 개선	· 전 교과학습이 끝난 후 학생의 성취수준을 평가하여 평점을 내어 서열 결정하는 상대평가
평가의 강조점	· 지적, 정의적, 심리운동적 행동 요인	· 지적 활동	· 지적 행동 · 교과에 따라 심리운동적 행동
검사 형태	· 예비 검사용의 형성적 종합적 검사, 표준 학력 검사, 표준 진단 검사, 관찰법과 체크리스트	· 특별히 고안된 형성평가 검사	· 학기말 검사 또는 종합평가 검사

그러나, 이와 같은 학습 성과의 결과 평가에 대한 기존의 평가방법의 문제점과 부작용을 지적하면서 제시된 평가방법이 바로 수행평가(performance assessment)이다. 수행평가는 교사가 학습자들의 과제를 수행하는 과정이나 결과를 다양한 방법으로 직접 관찰하고 그 결과를 통해 학습자의 능력을 전문적으로 판단하는 평가방법이라 할 수 있다.

따라서, 수행평가는 학습자 스스로가 자신의 지식이나 기능을 나타낼 수 있도록 산출물 제작, 행동 표현, 정답 구성 등 다양한 방법으로 평가하는 방법이기 때문에, 고등 정신 사고력을 발달시키고, 학습자를 전인적으로 발달을 시킬 수 있다는 장점을 가지고 있다.

한편, 기존의 전통적인 평가 방식과 수행평가 방식을 비교해 보면 〈표 9-7〉과 같이 요약할 수 있다.

〈표 9-7〉 전통적 평가와 수행평가의 비교

구분	평가의 형태	
	전통적 평가	수행 평가
평가 대상	· 학습을 통해 배운 내용의 이해력과 암기력	· 학습 내용을 더욱 발전시켜 비판적인 능력과 창의적인 사고력의 고등 정신 능력
지식의 종류	· 결과로서의 지식	· 과정으로서의 지식과 결과로서의 지식
평가 방법	· 지필검사에 의존하며 학습에 대한 정서적 반응을 평가하는 항목은 거의 평가하지 못함	· 다양한 방법의 평가가 가능하므로 학습에 대한 감정을 반성할 수 있는 기회를 제공함
평가 상황	· 인위적인 시험 상황	· 실제 상황이나 모의 상황
평가 성격	· 교수, 학습, 평가의 분리	· 교수, 학습, 평가의 통합

또한, 평가 기준에 따라 임의평가, 상대평가, 절대평가 등 〈표 9-8〉과 같이 비교할 수 있다.

〈표 9-8〉 평가기준에 따른 평가 방법의 비교

구분	평가의 형태		
	특징	장점	문제점
임의평가	· 평가기준이 교사 개개인의 주관적인 판단에 의해 좌우되며 교사에 의한 100점 만점식 평가		· 평가의 기준이 교사에 의해 임의로 결정 · 평가결과에 대한 판단이 서로 상이함
상대평가	· 평가기준이 어떤 표준척도에 의해 조작이 되는 평가 형태 · 기준점수척도에 의거한 기준지향적 평가 방법	· 개인차의 변별력 가능 · 집단 내의 각 점수의 객관적 평가 가능 · 외발적 동기유발에 좋은 방법 · 검사 신뢰감 강조	· 개개 학생이 교육목표에 도달되었는가의 여부를 밝히는 기준적 판단을 할 수 없음 · 비교적인 경쟁심 유발
절대평가	· 평가기준을 교육과정을 통해 달성하려고 하는 수업목표, 도착점행동에 두는 목표지향적 평가	· 교육의 효과에 대한 적극적인 신념을 기초로 하고 있음 · 학생의 도전 상대는 동료 학생이 아니라, 지적 탁월성인 절대기준임 · 교수-학습의 개선을 위한 자료 제공	· 절대기준 설정의 단점 · 개인차 변별의 곤란 · 통계적 활용의 단점

3. 교수-학습 이론

가. Bruner의 발견학습

Bruner는 인지적 수업이론과 발달 심리학 분야에서 인간의 인식, 동기, 학습, 사고에 대한 많은 연구를 수행했으며(Bruner, 1966), 학문중심 교육과정의 기초가 되는 「교육의 과정」이라는 책에서 지식의 구조화에 대한 중요성과 필요성을 주장하였다.

Bruner는 하나의 완성된 교수이론을 제시하기보다는 교수이론의 형성을 위한 일련의 명제 또는 일반적 원리로서 수업이론에 대한 자신의 관심 또는 접근 방법을 설명하였다. 또한, 교수이론을 교수-학습 활동을 효과적으로 수행하기 위한 규범적이고 처방적인 지침으로 바라보았다.

발견학습은 학습자 스스로 지식을 습득하는 것을 의미하는데, 교사는 학생이 탐색하고, 조작하고, 발견할 수 있는 여러 가지 활동들을 제공하고 학습자는 그런 활동들을 통해 여러 가지 정보를 찾고, 모으고, 검증하는 과정을 경험하며, 그런 과정을 통해 학습자는 스스로 문제를 해결할 수 있는 기술들과 지식에 내재해 있는 원리와 법칙을 스스로 발견하게 된다(전성연, 2001).

따라서, 발견학습은 학습자가 교사의 설명에 의해 지식을 습득하는 강의법과는 달리 학습자 스스로 문제해결의 과정을 통해 지식을 발견하기 때문에 교수-학습의 과정에서 지식습득의 결과보다는 과정을 더 강조한다.

학습자의 발견학습을 극대화시키기 위해서는 교사는 학습의 선행경향성(Predisposition to learning), 지식의 구조(Structure of knowledge), 학습의 계열성(Sequence), 학습의 강화(Reinforcement) 등 네 가지 요소를 조화롭게 할 필요성이 있다(Bruner, 1966).

한편, 발견학습은 교재의 기본구조에 대한 철저한 학습, 학습의 과정과 방법 중시, 학습자의 능동적인 학습, 학습효과의 전이 및 응용 등을 매우 중요하게 여긴다.

나. Carroll의 학교학습모형

Carroll(1963)의 학교학습모형은 학교에서 이루어지고 있는 여러 유형의 학습 가운데 지적 학습에 작용하는 주요 변인들 간의 상호관계를 기초로 한 모형이다.

특히, Carroll의 학교학습모형에서 교수-학습의 궁극적인 목적은 가능한 한 학습자들이 완전학습에 도달할 수 있도록 하는데 있기 때문에, 교수-학습과 관련된 다양한 변인들을 최대한 고려하여 학습 성과를 극대화시키는데 초점을 두고 있다.

한편, Carroll에 의하면 학습의 정도(성과)는 어떤 학습과제의 학습에 필요로 하는 시간의 양에 비해 실제로 얼마만큼의 시간을 그 과제를 해결하는데 사용하였는가에 대한 비율에 의해 결정된다. 여기에서 학습의 정도(성과)는 도달되어야 할 목표 기준에 비추어 실제로 성취한 정도를 의미하고, 학습에 필요한 시간량은 학습자가 특정 학습과제를 학습하기 위해 소비할 필요가 있는 시간을, 학습에 사용한 시간량은 학습 행위에 실제로 소비한 시간을 의미한다(전성연, 2001). 이러한 Carroll의 학습의 정도(성과)를 함수로 나타내면 [그림 9-4]와 같이 도식화할 수 있다.

[그림 9-4]에서도 알 수 있듯이, 학습의 정도(성과)를 극대화시키기 위해서는 학습에 필요한 시간은 최대한으로 축소하고 학습에 실제로 사용한 시간을 최대한으로 증가시켜야 한다는 학교학습모형의 기본적인 가정을 설정할 수 있다.

$$\text{학습의 정도(성과)} = f\ \frac{\text{학습에 사용한 시간}}{\text{학습에 필요한 시간}}$$

[그림 9-4] 학습의 정도(성과)

〈표 9-6〉에서도 알 수 있듯이, 학습에 필요한 시간에 관련된 변인은 적성, 수업이해력, 수업의 질 등이며, 학습에 사용한 시간에 관련된 변인은 학습지속력(지구력),

학습기회로 구분할 수 있다(김진호 외, 2002). 이러한 다섯 가지 변인과 학습의 정도(성과) 간의 관계를 나타내면 [그림 9-5]와 같이 도식화할 수 있다.

$$\text{학습의 정도(성과)} = f \frac{\text{학습지속력} \times \text{학습기회}}{\text{적성} \times \text{수업이해력} \times \text{수업의 질}}$$

[그림 9-5] 학습의 정도(성과)

[그림 9-5]에서도 알 수 있듯이, 학습에 필요한 시간에 관련된 적성 수준을 높이고 , 수업이해력을 극대화시키며, 질 좋은 수업을 이끌 수 있다면, 학습에 필요한 시간을 최소화시킬 수 있고, 학습에 사용한 시간에 관련된 학습지속력(지구력)을 최대한 유지시키고, 학습기회를 충분히 제공한다면, 학습에 실제로 사용한 시간을 최대화시킬 수 있다.

Carroll의 학교학습모형은 수업을 설계하는데 있어서 다음과 같은 시사점을 제시하고 있다.

첫째, 학습에 필요한 시간은 최대한 줄여 주고, 학습에 사용한 시간은 최대한 늘려 주어야 하는데, 학습에 필요한 시간을 줄여 주기 위해서는 학생의 적성에 적절한 학습과제의 제시와 더불어 수업의 질을 높이는데 노력해야 하며, 학습에 사용한 시간을 늘려 주기 위해서는 학습자가 충분하게 학습할 수 있는 시간을 제공해야 한다.

둘째, 학습자의 개인차를 근본적이고 질적인 차이로 보기보다는 학습에 필요한 시간의 차이로 볼 수 있기 때문에, 학생들에게 적절한 시간과 수업의 처치를 하게 되면 학습이 가능하다는 관점으로 개인차를 극복할 수 있어야 한다.

셋째, 학습성과를 극대화하기 위해서는 학습에 필요한 시간과 학습에 사용한 시간에 관련된 직 · 간접 변인들을 충분히 고려하여 각 변인들 간의 관계적 의미를 파악하고, 그 관계를 정립해야 한다.

다. Bloom의 완전학습모형

Bloom에 제시한 완전학습(mastery learning)모형은 Carroll의 학교학습모형을 토대로 한 수업모형이다. 특히, 완전학습은 거의 모든 학생에게 성공적인 학습경험을 제공할 수 있는 새로운 접근법을 제공한 것으로서, 적절한 수업조건이 주어진다면 거의 모든 학생들이 가르쳐지는 것을 대부분 습득할 수 있다고 주장하였다(전성연, 2001). 즉, 완전학습은 지적 · 능력적인 측면에서 장애가 있는 5% 정도의 학생을 제외한 약 95%의 학습자가 90% 이상의 학습내용을 이해한 수업을 의미한다.

한편, Carroll은 학교학습모형을 이용하여 완전학습에 이르는 방법과 전략을 제시하였는데, 수업의 이해력을 높이기 위한 방법으로 학습자의 언어능력을 개발함으로써 수업 이해력 자체를 육성하는 학습과 수업의 질을 개선하는 방법을 제시하였고, 수업의 질은 학습자의 개인차에 적합한 개별화 수업과 필요에 따라 소집단을 구성하는 방법을 제시하였다. 또한, 완전학습에 도달하기 위해서는 교사는 학습자의 적성에 맞는 충분한 양의 학습기회를 제공할 뿐만 아니라, 학습지구력을 높여주어야 한다.

특히, Bloom의 학교학습모형과 Carroll의 학교학습모형을 비교해 보면, Bloom의 완전학습모형은 정의적 행동에 대한 중요성을 강조하기 때문에, 학습성과의 결과가 하나의 학업성취도로만 나타나는 것이 아니라, 학습 속도의 변화와 정의적 행동의 변화까지 포함하고 있다.

라. Glaser-Dececco의 일반교수모형

Glaser의 교수모형은 학습내용을 하나의 정보로 간주하고 수업과정을 신속하고 정확하게 정보를 처리하는 컴퓨터의 구조와 기능에 유추하였다.

Glaser의 교수모형 구성요소는 교수목표의 설정, 출발점 행동 진단, 교수절차, 학업성취도 평가 등으로 제시하고 있으며, 교수모형의 절차로 한 단원의 교수-학습목표를 설정하고, 설정된 목표 달성에 필요한 현재의 투입 행동 양상을 파악 · 처치하고, 목표 및 진단 결과에 따른 최적의 교수방법을 적용 · 전개하고, 최종 목표 달성 정도를 평가하는 과정을 거친다.

한편, Dececco는 Glaser의 교수모형의 설계에 순환과정을 추가시켜 4단계의 교수과정들 간의 순환선(feedback line)의 중요성을 강조하였고, 이러한 피드백의 강조는 교수의 과정이 순서적이고 단계적인 절차를 따르는 것으로만 교수과정이 끝나는 것이 아니라는 의미를 내포하고 있다(김진호 외, 2002).

특히, Glaser-Dececco의 교수모형은 학습단원의 수업목표가 설정되면 수업목표의 달성에 연관된 학습자들의 출발점행동의 정확한 진단을 수행하고 학습자들에게 수업절차가 제시되며, 궁극적으로 성취도 평가가 이루어게 됨으로써 학습결과의 성과를 분석하고 다음 교수-학습활동을 위한 피드백을 제공할 수 있다. 이러한 Glaser-Dececco의 일반교수모형을 도식화하면 [그림 9-6]과 같이 나타낼 수 있다.

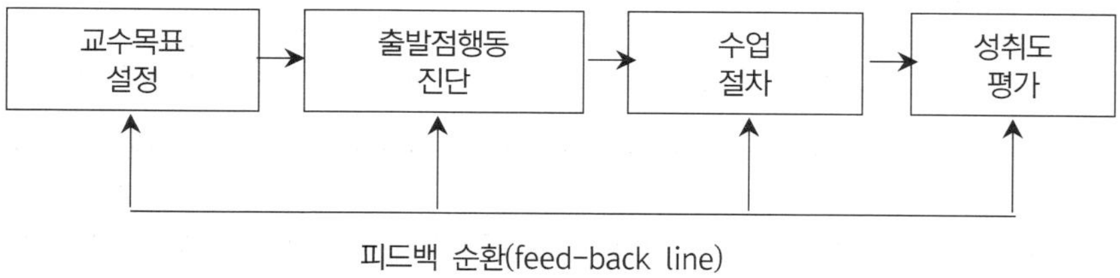

[그림 9-6] Glaser-Dececco의 일반교수모형

마. Gagné의 처방적 교수 이론

Gagné가 주장하는 핵심 개념은 학습 성과(learning outcomes), 학습 사태(events of learning), 학습 조건(conditions of learning) 등 세 가지 요소로 구분할 수 있다. 학습 성과는 〈표 9-9〉와 같이 분류할 수 있다.

〈표 9-9〉 학습 성과

학습 성과	특징
지적 기능	· 읽기, 쓰기, 수의 사용 등과 같이 상징이나 기호를 사용하는 능력 · 방법적 지식 또는 절차적 지식 · 변별 : 사물의 속성들간의 차이점 구별 · 개념 : 사물을 특정 유목으로 분류할 수 있는 능력, 구체적 개념과 정의된 개념 포함 · 규칙(원리) : 개념들간의 의미있는 관계 · 문제해결 : 여러 개의 규칙이 조합된 것으로, 문제해결 장면에 동원되는 사고 유형
운동 기능	· 어떤 일을 수행하기 위한 신체적 움직임과 관련 · 장기간의 반복적 연습을 통해 학습
언어 정보	· 사물의 명칭이나 사실의 진위 · 학교 교과 내용의 대부분 차지 · 명제적 지식 또는 선언적 지식
인지 전략	· 개인의 학습이나 기억, 사고를 통제하는 기능 · 개념과 규칙의 활용을 조정하고 점검하는 역할
태 도	· 어떤 대상에 대한 찬성-반대 또는 좋아함-싫어함과 같이 선택을 하게 하는 내적 경향성

또한, 학습사태는 학습의 내적 조건으로 표현되는데, 주의-기대-작동 기억으로의 재생-선택적 지각-의미의 부호화-반응-강화-재생 단서-일반화 등 〈표 9-10〉과 같이 아홉 단계를 거친다.

〈표 9-10〉 학습 사태

학습 사태	특징
주의	· 학습자가 대상 자극을 감각기관을 통해 받아들이는 것
기대	· 설정한 학습목표에 도달하기 위한 학습자의 동기화
작동기억으로의 재생	· 이미 가지고 있는 관련된 정보를 장기 기억으로부터 작동기억으로 재생
선택적 지각	· 들어오는 자극을 모두 수용하는 것이 아니고, 가능한 것만을 선택하여 지각

의미의 부호화	· 수용된 자극 특성들이 개념망 속에서 장기 기억으로 저장되는 것
반응	· 반응
강화	· 강화
재생 단서	· 학습자는 상황에 적합한 능력을 발휘하기 위해 장기 기억에서 사용할 수 있는 부가적인 단서 추구
일반화	· 새로운 상황으로 널리 적용함으로써 일반화

학습 조건은 학습의 외적 조건으로서, 교사가 수행하는 수업활동을 의미하는데, 주의집중시키기-목표 제시-사전학습 재생-자료 제시-학습 안내-수행 유도-피드백 제공-평가-파지 및 전이의 촉진 등 〈표 9-11〉과 같이 아홉 단계를 거친다.

〈표 9-11〉 학습 과정과 수업 절차의 관계

학습 조건 (외적 조건)	학습 과정 (내적 조건)	수업의 예
주의 획득	자극 수용	· 동강이 너무 오염되어 물고기가 살 수 없다는 것을 여러분은 알고 있습니까?
목표 제시	기대 형성	· 오늘 우리는 강 오염의 5가지 원인에 대해 공부하겠습니다.
선결 요인 회상 자극	재생	· 산업체 공장에서 방출되는 오염물질을 기억해 볼까요?
자극자료 제시	특징 강조	· 이것들은 물 속으로 들어오는 추가적 오염물질입니다.
학습 안내	부호화 촉진	· 수질오염의 세 가지 원천에 대해 생각해 봅시다 : 공기, 땅, 물
수행 유발	조직화된 반응 활성화	· 이제 여러분들은 땅으로부터 오는 세 가지 오염물질에 대해 생각해 보세요.
피드백 제공	옳은 반응의 강화	· 철수야 맞아! 살충제는 정답이야!

수행 평가	재생 활성화 및 조직화된 반응의 강화	· 영희야, 우리가 공부한 모든 형태의 오염에 대해 말해 보렴
파지 및 전이 촉진	재생단서 및 전략의 제공	· 이제 우리가 공부한 내용을 산업 분석에 적용해 봅시다.

한편, 학습 성과 중에서 학교학습과 가장 많은 관련이 있는 '지적 기능'의 학습 유형은 낮은 수준에서 높은 수준으로 신호학습, 자극반응학습, 운동연쇄학습, 언어연합학습, 중다변별학습, 개념학습, 원리학습, 문제해결학습 등으로 〈표 9-12〉와 같이 요약할 수 있다.

〈표 9-12〉 지적 기능의 학습 유형

학습 유형	내용
신호학습	· 고전적 조건형성에 의해 이루어진 학습 · 강요된 반응의 결과 · 종소리로 수업의 시작과 종료를 알리는 것 · 신호등의 빨간불과 파란불, 거리 표지판 등
자극반응학습	· 특정 자극에 대해 구체적으로 반응하는 학습 · 학습자의 자발적인 의사에 따라 행해지며, 그 행위에 따라 주어지는 보상과 결합하여 습관화되는 학습 형태
운동연쇄학습	· 일련의 반응이 정해진 순서에 따라 연결되어 학습하는 것 · 자극과 반응의 연결을 학습 · 현미경을 조정할 때 · 자물쇠를 열기 위해 열쇠 고루기, 열쇠를 자물쇠에 넣기, 열쇠 돌리기 등의 과정을 거침
언어연합학습	· 개별적인 언어가 순서에 맞게 연결되어 이루어지는 학습 · 영어단어나 수학, 화학에서 사용되는 기호들 하나하나는 서로 연합되어 영어문장 전체를 이해하고 수학 및 화학 공식 전체를 이해하는데 도움
중다변별학습	· 여러 가지 구체적 반응과 연쇄반응을 학습하여 적절하게 분류하는 방법 · 음악 악보를 보고 음계나 음표 구별 · 철자는 같으나 발음이 다른 두 단어 가려내는 것 · 선행학습으로 이루어진 다양한 종류의 연쇄를 다루는 것

개념학습	· 사상들간의 공통된 속성을 이해하여 그것을 기준으로 사상을 분류하게 되는 학습 · 네모 모양, 세모 모양을 분류하는 학습을 통해 사각형과 삼각형에 대한 개념 형성
원리학습	· 이미 배운 개념 및 법칙을 새로운 학습에 적용할 수 있게 되는 것 · 두 개 이상의 개념을 연결하여 하나의 원리를 학습하는 것 · 그림자가 생기는 현상을 통해 빛의 직진 원리를 이해하는 것
문제해결학습	· 이미 학습한 원리를 응용하여 다양한 상황 속에서 여러 문제에 대한 해결책을 발견하게 되는 학습 · 시소의 균형에 대한 규칙을 학습해서 무거운 짐을 운반하는데 그 규칙을 적용하는 경우 · 얼음이 열에 의해 녹는다는 것을 아는 학생이 난로 옆에 눈사람을 만들어 놓지 않는 경우

바. Piaget의 인지발달 이론

Piaget는 '발생학적 인식론(genetic epistemology)'이라는 새로운 학문 영역을 창조하고, '지식이 어떻게 구성되어지는가?'와 '아동이 어떻게 자신들의 세계를 알게 되는가?'에 초점을 맞추고, 지적 발달은 유전적 요인과 환경적 요인의 교류에 의해 생기는 결과라는 것을 주장하였다(이화여자대학교 교육공학과, 2007).

특히, Piaget에 의하면 인지발달은 〈표 9-13〉과 같이 동화, 조절, 평형화의 세 가지 기본적 과정에 의해 영향을 받는다.

〈표 9-13〉 인지발달의 세 가지 기본 과정

과정	개념	특징
동화	새로운 정보와 경험을 학습자가 가지고 있는 체계 속으로 통합시키는 인지적 과정	- 환경과 상호작용할 때, 환경에서 받은 자극을 이미 지니고 있는 자신의 현재 행동에 일치, 조화시킨다는 것으로서 사상에 의미를 부여하는 것
조절	학습자가 가지고 있는 체계를 변화시키는 과정, 또는 새로운 체계를 창조하는 과정	- 개인을 현실 상황에 적합하게 조절하고 수정하여 개인이 지니고 있는 행동 형태를 환경에 잘 조화될 수 있도록 바꾸는 것

평형화	동화와 조절이 균형이 이루도록 하는 적응의 과정	- 인지 구조의 각기 다른 세 가지 수준에서 개인의 사고 과정을 조정 - 동화와 조절 간의 평형, 개인 지식의 하위 체제의 평형, 부분적 지식과 전체적 지식 간의 평형

사. Ausubel의 유의미 언어학습 이론

Ausubel의 이론은 학습자 스스로 지식을 발견하는 Bruner의 발견학습과는 달리, 교사의 수업내용을 학생이 의미있게 수용할 수 있도록 교사가 체계적으로 설명하는 이론으로서 설명식 수업 또는 수용학습이다.

유의미 언어학습의 조건으로 학습과제의 실사성과 구속성, 학습자의 인지구조 속에 관련정착 지식, 유의미 학습 태세 등 〈표 9-14〉와 같이 요약할 수 있다.

〈표 9-14〉 유의미 언어학습의 조건

조건	특징
학습과제의 실사성과 구속성	- 실사성 : 표현을 달리해도 그 관계 또는 의미가 변하지 않는 성질 (예) '정삼각형은 세 변의 길이가 같고, 세 각이 같은 삼각형'이라고 정의하는데, '세 각의 크기가 같고, 세 변의 길이가 같은 삼각형'이라고 바꾸어도 의미가 변하지 않음 - 구속성 : 어떤 대상의 성질과 인지구조와의 관계가 확고하여 임의적으로 변경될 수 없는 성질 (예) '정삼각형 내각의 합은 180도이다'라는 것은 구속적이라 할 수 있음
관련정착 지식	- 인지구조 : 학습자가 필요할 때 언제든지 활용할 수 있는 사실, 개념, 명제, 이론, 지각적 자료 등으로 구성되어 있는 현재의 지식 - 관련정착 지식 : 새로운 학습과제를 학습할 때 학습이 유의미하려면 학습자가 가지고 있는 기존 인지구조 속에 새로운 학습과제와 어떤 관련을 맺을 수 있는 지식
유의미 학습태세	- 학습동기 - 학습과제와 관련 지우려는 유의미한 학습태세

특히, Ausubel은 유의미 학습 과정으로, 종속적 포섭, 상위적 포섭, 병위적 포섭 등 〈표 9-15〉와 같이 유형을 분류할 수 있다.

〈표 9-15〉 유의미 학습 과정의 세 가지 유형

유형	특징
종속적 포섭	· 포괄성이 낮은 과제가 포괄성이 높은 인지구조 속으로 포섭되는 것 - 파생적 포섭 : 이전에 학습한 명제나 개념의 실례인 사례를 단순히 추가하는 포섭 - 상관관계 포섭 : 새로운 개념을 포섭하여 기존에 학습한 개념을 수정, 확대, 정교화하는 포섭
상위적 포섭	· 포괄성이 높은 과제가 포괄성이 낮은 인지구조 속으로 포섭되는 것 · 기존의 아이디어를 통합하고 포괄할 수 있는 새로운 명제나 개념을 학습하는 것
병위적 포섭	· 새로운 과제와 인지구조 속에 이와 관련된 정착 개념이 서로 수평적 관계를 유지하면서 포섭되는 것

한편, Ausubel은 학습과제의 효과적인 제시 원리로서 점진적 분화와 통합적 조정 등 〈표 9-16〉과 같이 요약할 수 있다.

〈표 9-16〉 학습과제의 효과적인 제시 원리

원리	특징
점진적 분화	· 위계의 상부에 있는 교과의 가장 일반적이고 포괄적인 지식을 먼저 제시하고, 다음에 점진적으로 세부적인 것과 특수한 것으로 분화시켜 나가는 원리 · 학습과제가 위계적으로 조직되어 있고, 인지구조가 위계적으로 조직되어 잘 기억되고 학습됨 · 설명적 조직자 : 학습자가 친숙하지 못한 자료를 사용하여 포섭자로서 역할을 수행하는 조직자
통합적 조정	· 새 내용은 이전에 학습된 내용과 의도적으로 조정되고 통합되어야 한다는 원리 · 교육과정의 계열은 전후 학습내용이 서로 밀접한 관련을 맺도록 조직되어야 한다는 원리 · 비교적 조직자 : 학습자에게 친숙한 자료가 제공되었을 때 상호 비교하여 하위 개념들의 위계질서를 세우도록 도와주는 조직자

또한, 선행조직자는 학습자의 인지구조의 조정을 위해 학습 이전에 미리 제공되는 일반적, 포괄적, 추상적인 도입자료로서 새로운 자료와 이전 학습의 연결을 돕는 장치로서, 수업의 도입 단계에서 주어지는 언어적 설명이며, 학습과제와 인지구조 사이에 다리를 놓아주는 기능을 수행하는 관련정착 지식, 포섭자의 기능을 수행한다. 결론적으로 유의미 언어학습의 과정을 도식화하면 [그림 9-7]과 같이 요약할 수 있다.

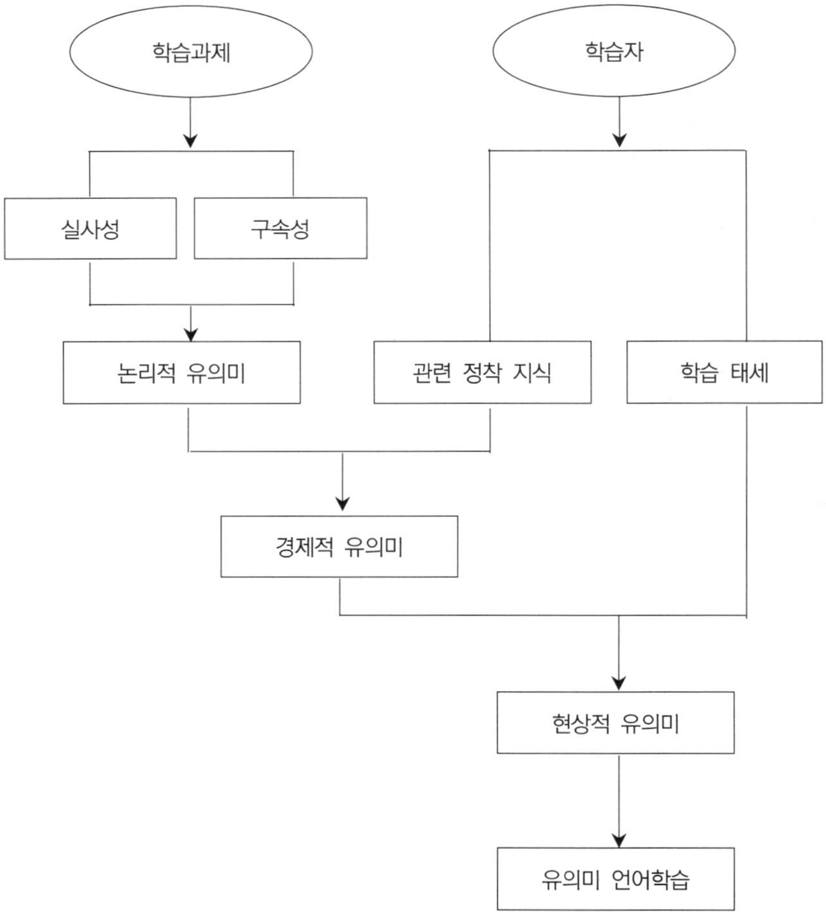

[그림 9-7] 유의미 언어학습의 과정

아. Vygotsky의 사회문화적 발달 이론

Vygotsky는 인지적 과제를 수행하는 장면에서 아동이 타인의 도움 없이 독자적으로 실행할 수 있는 수행 수준을 '실제발달 수준', 성인의 도움을 통해 실행 가능한 실행 수준을 '잠재발달 수준'이라 하고 두 가지 수행 수준 간의 차이를 '근접발달영역(Zone of Proximal Development : ZPD)'으로 밝혔다.

특히, 근접발달영역(Zone of Proximal Development)은 "독자적으로 문제를 해결함으로써 결정되는 실제적 발달수준과 성인의 안내나 보다 능력있는 또래들과 협동하여 문제를 해결함으로써 결정되는 잠재적 발달 수준 간의 거리"를 말한다(Vygotsky, 1978).

따라서, 교사가 학생에게 제공하는 도움인 비계설정(scaffolding)은 학습의 초기 단계에서 학생들에게 많은 지지(조언)를 제공하고 단계적으로 지지를 감소시켜 교사의 책임감을 학습자에게 이양시키는 데 유용하게 사용할 수 있다.

효과적인 비계를 설정하기 위해 교사는 학습자가 가지고 있는 기존의 지식 및 기능을 새로운 과제의 요구 사이에 다리를 연결할 수 있도록 제공해 줄 필요성이 있다.

한편, 근접발달영역 내에서 학생은 타인의 도움을 받는 수행으로부터 타인의 도움 없이 자기 조절에 의한 수행으로 나아가게 된다. 근접발달영역 내에서 학생의 발달을 몇 가지 수준으로 세분화하여 제시하면 [그림 9-8]과 같다(Tharp & Gallimore, 1988).

구체적으로 말하면, 근접발달영역 내에서 학습이 이루어지는 세분화된 단계는 첫째, 실제 과제와 관련해서 교사가 학생에게 전 과정을 시연해 보이는 '시범 단계'(modeling), 둘째, 학생이 스스로 문제를 해결해 가는 과정 중에 도움을 주는 '비계설정 단계'(scaffolding), 셋째, 교사의 도움이 없이 학생이 혼자서 문제를 해결해 가는 '도움중지 단계'(fading)로 구분할 수 있다(Collins, 1991).

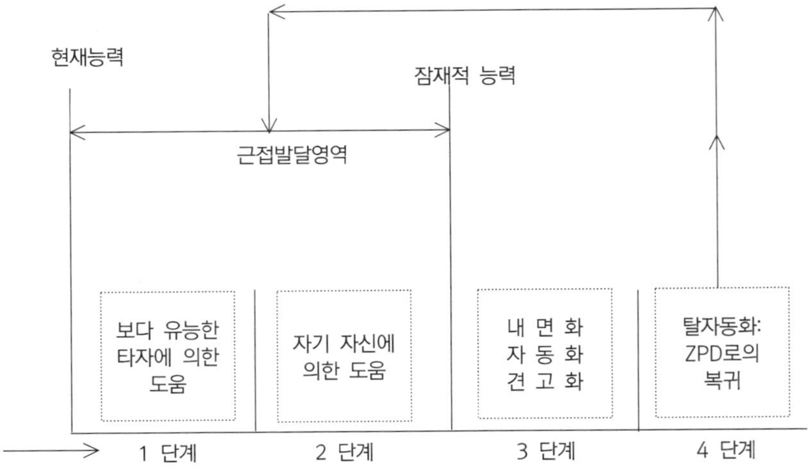

[그림 9-8] 근접발달영역을 통한 인지능력 발달과정

자. Keller의 학습동기 이론

Keller의 ARCS이론은 수업의 성과(결과) 변인인 효과성, 효율성, 매력성 중에서 매력성과 관련하여 학습자의 동기를 유발하고 유지시키는 다양한 전략들을 제공하는 수업 설계의 미시적 이론이다.

한편, ARCS이론의 네 요소는 각 요소마다 세 가지 하위 범주를 가지고 있으며, 각 동기요소들을 유발 · 유지하는데 필요한 구체적인 전략을 〈표 9-17〉과 같이 제시할 수 있다.

〈표 9-17〉 ARCS이론의 구체적인 전략

요소	하위 범주	구체적인 전략
주의(A)	지각적 주의환기	학습자의 관심을 끌기 위해서 무엇을 해야 하는가?
	탐구적 주의환기	어떻게 호기심을 자극할 수 있는가?
	다양성	어떻게 학습자들의 주의를 유지할 수 있을까?

관련성(R)	친밀성	수업을 학습자의 경험과 어떻게 연결할 수 있을까?
	목적 지향성	어떻게 하면 학습자들의 요구를 최대한 충족시킬 수 있을까?
	필요 또는 동기와의 부합성 강조	언제, 어떻게 수업을 학습자들의 학습유형이나 개인적 관심과 연결시킬 수 있을까?
자신감(C)	학습의 필요조건 제시	학습자들의 성공에 대한 긍정적인 기대감을 갖도록 하기 위해서 어떤 도움을 줄 수 있을까?
	성공 기회 제시	학생들의 자신의 능력에 대한 확신을 갖도록 도와주기 위해서 어떤 학습 경험을 제공할 것인가?
	개인적 조절감 증대	자신의 성공이 노력과 능력에 기초한다는 것을 어떻게 확신하게 할 것인가?
만족감(S)	자연적 결과 강조	학생들의 학습경험을 통한 내적 만족도를 어떻게 하면 격려하고 보조할 수 있을 것인가?
	긍정적 결과 강조	자신의 성공에 대하여 어떤 보상을 제공할 것인가?
	공정성 강조	어떻게 하면 학습자들이 결과가 공정했다고 생각할 수 있는가?

제10장

우리나라 교육과정의 변화

1. 광복 전 교육과정(1945년 이전)
2. 교육에 대한 긴급 조치기(1945-1946년)
3. 교수요목기(1946-1954년)
4. 제1차 교육과정(1954-1963년)
5. 제2차 교육과정(1963-1973년)
6. 제3차 교육과정(1973-1981년)
7. 제4차 교육과정(1981-1987년)
8. 제5차 교육과정(1987-1992년)
9. 제6차 교유과정(1992-1997년)
10. 제7차 교육과정(1997-2008년)
11. 2007 개정 교육과정(2009-현재)
12. 2009 개정 교육과정(2011-현재)

1. 광복 전 교육과정(1945년 이전)

우리나라는 삼국시대부터 형식적 및 의도적 교육기관이 생기기 시작하여, 고려시대와 조선시대, 19세기 후반 근대 학교 체제가 성립될 때까지 유교 경전 중심의 교육과정을 운영하였다.

특히, 갑오개혁 이후 각급학교 교육과정에 나타난 교과목을 살펴보면 소학교(초등학교)와 중학교의 교과목은 <표 10-1>과 같다.

<표 10-1> 갑오개혁 이후 각급학교 교육과정의 교과목

구분	교과목
소학교	· 수신, 독서, 작문, 습자, 산술, 체조, 역사, 지리, 도화, 외국어, 수과, 이과, 재봉 등
중학교	· 윤리, 독서, 작문, 역사, 지리, 산술, 경제, 박물, 물리, 화학, 외국어, 체조, 법률, 정치, 공업, 농업, 상업, 의학, 측량 등

2. 교육에 대한 긴급 조치기(1945-1946년)

8.15 광복 후 서울에 주둔한 미국이 조직한 미군정청 학무국에서는 오천석을 비롯한 교육계의 각 분야 지도자 7인으로 한국교육위원회를 조직하고 이 위원회의 건의로 9월 17일에는 일반 명령 제 4호를 발표하여 9월 24일부터 공립 소학교의 개학을, 중등학교 이상의 학교도 개학하도록 지시하였다.

특히, 1945년 9월에 발표한 시간 배당과 편제는 임시방편이었지만, 제국주의적 색채가 강한 수신과를 없애고 공민과를 신설하였고, 우리말로 수업이 이루어졌으며 국사를 교과목에 포함시켰다.

3. 교수요목기(1946-1954년)

1949년 12월 31일 법률 제 86호로 우리나라 최초의 교육법이 공포되었고, 학제에 관한 문제가 거론되어 1950년 교육법을 개정함으로써, 6-3-3-4제의 교육제도가 확립되었으며, 교육법의 정신을 구현하고 새로운 교육사조에 적합한 각급 학교의 교육과정 구성의 심의를 위해 1950년 6월 2일 교수요목 제정 심의회 규정을 공포하였다(길형석 · 손충기, 2007).

특히, 교수요목기의 특징은 다음과 같다. 첫째, 교과서 지도내용을 상세히 표시하고 기초 능력 배양에 초점을 두었다. 둘째, 교과는 분과주의를 택하였고 교과별 체계적인 지도와 지력 배양에 중점을 두었다. 셋째, 교육이념인 홍익인간의 정신 아래 애국애족의 교육을 강조하고 정신면과 생활면에서 일제 잔재를 제거하기 위해 노력하였다.

그러나, 교수요목기의 교육과정은 각 교과별로 가르칠 내용을 열거하는 수준에 불과하였고 교수의 목표나 지도시의 유의 사항 등에 대한 언급이 없었으며 학습내용이 학습자의 지적 내용에 비해 너무 높았다는 단점을 가지고 있다.

4. 제 1차 교육과정(1954-1963년)

제 1차 교육과정은 교과중심 교육과정으로서 '교육과정 시간 배당 기준령'과 '교과과정'은 최초의 체계적인 교육과정이고 최초로 만들어진 법령형태의 교육과정이다.

그러나, 실제 교과서는 생활중심의 단원학습으로 조직하고 소단원제에서 대단원제로 학습의 생활화를 기했으며, 아동의 흥미를 중심으로 한 작업단원이 많아 반공, 도의, 실업교육, 특별활동 시간 등 전인교육을 지향하였다(이해명 외, 2008).

특히, 교과과정은 지적 체계 중심적이면서도 학생들의 경험과 생활을 존중하기 위해 생활중심의 대단원을 지향하였다.

5. 제 2차 교육과정(1963-1973년)

제 2차 교육과정은 생활중심 교육과정 또는 경험중심 교육과정으로서 학교의 지도 하에 학생들이 가지는 경험의 총체로 교육과정을 정의하였다.

특히, 교과목의 내용을 지적 체계 중심으로 조직하기보다는 학생들의 경험을 중요하게 생각한 경험(생활)중심 교육과정으로 교육과정 내용면에서는 자주성, 생산성, 유용성을 강조하였고, 교육과정 조직면에서는 합리성을, 교육과정 운영면에서는 지역성을 강조하였다.

한편, 교육과정 문서는 보다 체계성을 띠어 각급 학교에 공통되는 교육과정 개정 취지, 일반 목표, 개정 요점 등이 포함된 총론과 각 교과별 교육과정이 포함된 각론으로 나누어 구성되었다.

6. 제 3차 교육과정(1973-1981년)

제 3차 교육과정은 생활중심 교육과정을 지양하고 학문중심 교육과정을 운영함으로써 교육내용에 대한 기본 개념의 파악을 중요시하고 학문 구조가 교과목 위주의 분과로 세분화된 반면에, 기초 및 일반교육과 전인교육이 소홀히 된다는 비판을 받았다.

특히, 제 3차 교육과정의 특징을 살펴보면 다음과 같다. 첫째, 교육과정 기본 방향을 국민교육헌장 이념의 구현, 즉 국민적 자질 함양, 인간교육 강화, 지식, 기술교육 쇄신 등으로 하였다, 둘째, 교육과정의 전체 구조를 교과활동과 특별활동으로 구분하였다. 셋째, 교육내용으로서 지식의 구조, 기본 개념, 학문의 원리, 기초 이론 등을 정선하였다. 넷째, 교수-학습 방법으로서 발견과 탐구의 과정 및 기초적인 개념의 철저한 이해를 강조하였다. 다섯째, 학습 결과 평가 방법으로서 결과뿐만 아니라, 과정도 평가의 대상으로 포함시켜 종합력, 평가력, 창의력 등 고등 사고 기능 평가를 중시하였다(손충기, 2006).

7. 제 4차 교육과정(1981-1987년)

제 4차 교육과정은 문교부에서 교육과정을 개발하지 않고 한국교육개발원에 위탁하여 기초 연구와 총론, 각론, 시안을 개발하도록 한 연구 개발형 성격을 가지고 있다.

특히, 어느 한 사조나 이념만은 반영하지 않고 종래의 교과중심, 경험중심, 학문중심의 입장 위에 변화와 미래에 대한 인식을 강조하는 미래 지향적 교육과정의 정신을 반영함으로써 인간중심 교육과정으로서의 성격이 강하다.

한편, 제 4차 교육과정의 특징을 살펴보면 다음과 같다. 첫째, 초등학교 저학년에 통합교육과정의 개념을 도입하였다. 둘째, 중학교에 자유 선택과정을 신설하였다. 셋째, 교육과정 편성을 총론과 각론으로 규정하였다.

이 외에도 특별활동은 학급 활동, 학생회 활동, 클럽 활동, 학교 행사의 4개 영역에서 학급 활동을 학생회 활동에 통합하여 3개 영역으로 줄여 편성하였고, 학생회 활동과 클럽 활동에 각 1시간씩의 시간 배당을 하였으며 학교 행사는 별도의 시간을 확보하였다.

8. 제 5차 교육과정(1987-1992년)

제 5차 교육과정은 교육과정의 적정화, 내실화, 지역화를 개정의 방침으로 설정함으로써 중앙집권적 교육과정 체제를 지방화화기 위해 교육과정의 지역화를 강조하고, 교육과정이 실제 교육 현장에서 제대로 실현될 수 있도록 교육과정의 효율화를 중시하였다.

특히, 교육과정의 지역화를 강조한 것은 지금까지의 중앙집권적 교육과정 체제를 서서히 지방화해 보려는 의도로서 앞으로 국가 수준의 교육과정은 하나의 기준으로 얼개가 되는 준거만 제시하고 차차 지역 수준의 교육과정이 편성되어야 한다는 원칙을 향해 나가는 출발점으로서의 시도로 평가되고 있다.

한편, 제 5차 교육과정의 특징을 살펴보면 다음과 같다. 첫째, 문교부가 국가 수준에서 학교 교육내용을 문서화하여 법적 구속력을 갖게 제시했다. 둘째, 각급 학교의 교육목표, 지도내용, 수업시간, 학습지도 및 평가 등의 지침이 계획적으로 조직 편성되어 있다. 셋째, 교과활동 뿐만 아니라, 학교의 지도 하에 학생들이 경험하는 모든 학습활동을 교육과정으로 보았다(이해명 외, 2008).

9. 제 6차 교육과정(1992-1997년)

제 6차 교육과정은 교육과정 결정의 분권화, 교육과정 구조의 다양화, 교육과정 내용의 적정화, 교육과정 운영의 효율화를 개정 중점으로 설정하였고, 국가 수준, 지역 수준, 학교 수준 교육과정을 명백히 구분하여 교육부, 시 · 도 교육청, 학교로 연결되는 교육과정 편성 및 운영 체제를 강조하였다.

특히, 제 6차 교육과정의 특징을 살펴보면 다음과 같다. 첫째, 교육과정 편성 및 운영권을 역할 분담 체제로 조정하여 상당히 분권화하였다. 둘째, 다양한 이수 과정과 교과목을 개설하고 필수과목의 축소 및 선택과목의 확대를 통해 교육내용의 획일성을 해소하였다. 셋째, 학습량과 수준을 조정하고 교과목 체계의 개선으로 교육내용의 적합성을 높이는 한편 학습 부담을 줄였다. 넷째, 학생의 적성, 능력, 진로를 고려하고 학습과 생활의 기초 능력을 신장시키며 평가 방법을 개선하여 교육과정을 효율적으로 운영될 수 있도록 하였다.

10. 제 7차 교육과정(1997-2008년)

제 7차 교육과정의 특징은 국민공통기본 교육과정 편성(초등학교 1학년-고등학교 1학년 10년간), 고등학교 2, 3학년의 선택중심 교육과정 도입, 수준별 교육과정 도입, 재량활동 신설 및 확대, 교과별 학습량 최적화와 수준 조정, 질 관리 중심의 교육과정 평가 체제 확립, 정보화 사회에 대비한 창의성 및 정보 능력 배양 등으로 요약할 수 있다.

특히, 특별활동의 영역이 자치활동(협의 활동, 역할 분담 활동, 민주시민 활동 등), 적응활동(기본 생활 습관 형성 활동, 친교 활동, 상담 활동, 진로 활동, 정체성 확립 활동), 계발활동(학술문예 활동, 보건 체육 활동, 실습노작 활동, 여가 문화 활동, 정보통신 활동, 청소년 단체 활동 등), 봉사활동(일손 돕기 활동, 위문 활동, 캠페인 활동, 자선 구호 활동, 환경 · 시설 보전 활동 등), 행사 활동(의식행사 활동, 학예행사 활동, 보건 체육행사 활동, 수련 활동, 안전구호 활동, 교류 활동 등)으로 구분하였다.

11. 2007 개정 교육과정(2009-현재)

2007 개정 교육과정의 기본 방향은 다음과 같다. 첫째, 현행 교육과정의 기본 철학과 체제를 유지하되 문제점은 개선하도록 한다. 둘째, 단위 학교별 교육과정 편성 · 운영의 자율권을 확대한다. 셋째, 국가 · 사회적 요구 사항을 반영한다. 넷째, 교과별 교육내용의 적정화를 추진한다.

특히, 주요 개정 내용을 살펴보면 재량 · 특별활동 운영의 학교 자율권 부여, 교과집중 이수제 도입, 고등학교 선택 교육과정 편성의 자율권 확대, 과학교육 · 역사교육 · 진로교육 · 논술교육 강화, 주 5일 수업제 시행에 따른 교육과정 편제 및 시간 배당 조정 등으로 정리할 수 있다.

12. 2009 개정 교육과정(2011-현재)

2009 개정 교육과정의 기본 방향은 다음과 같다. 첫째, 현행 교육과정을 진단하여 문제점을 분석하였다. 둘째, 양보다는 질을 강조하는 교육과정에 대한 사고의 전환을 유도하였다. 셋째, 단위학교 교육과정 편성 및 운영에 탄력성과 자율성을 부여함으로써 교육과정의 다양화와 특성화를 유도하였다.

특히, 주요 개정 내용을 살펴보면 다음과 같다. 첫째, 공통교육과정과 선택교육과정을 재설정하였다. 둘째, 교과별 수업시수를 20% 증감하도록 허용하였다. 셋째, 학년군, 교과군 도입을 통한 집중이수로 학기당 이수 교과목수를 축소하였다. 넷째, 자율활동, 동아리활동, 봉사활동, 진로활동 등 창의적 체험활동을 도입하였다. 다섯째, 학생 진로 희망을 감안하여 맞춤형 교육과정을 운영할 수 있다.

제11장

학교 교육과정 편성 및 운영

1. 학교 교육과정의 편성
2. 학교 교육과정의 운영
3. 수준별 학교 교육과정의 편성 · 운영
4. 교과 · 재량활동 · 특별활동의 운영
5. 학년 교육과정의 편성 · 운영
6. 학급 교육과정의 편성 · 운영

1. 학교 교육과정의 편성

가. 편성의 기본 방침

1) 본교는 국가 수준의 초등학교 교육과정(교육인적자원부 고시 제2006-75호, 제2007-79호, 교육과학기술부 고시 제2008-148호, 제2008-160호))과 초등학교 교육과정 편성 · 운영 지침(대구광역시 교육청 수정 · 고시 2009-2호)과 2009 대구남부교육의 방향을 바탕으로 하여 본교 실정에 알맞은 학교 교육과정을 편성한다.

2) 주 5일제 수업은 월 2회 매월 둘째 주 토요일과 넷째 주 토요일을 토요휴업일로 실시하고, 창의적인 교육활동 프로그램을 개발 · 적용을 통하여 운영한다.

3) 학교 교육과정의 합리적 편성과 효율적 운영을 위하여 지역사회의 실태 및 특수성, 학생의 발달 단계, 개성과 능력, 학생 · 교원 · 학부모의 요구와 의견 등 학교의 여러 가지 실정을 고려하여 편성한다.

4) 국가, 사회, 시대적으로 요구되는 주요 과제 및 행사를 교육과정 속에 포함시켜 일원화되도록 편성한다.

5) 교과와 재량활동 및 특별활동에 배당된 시간은 연간 34주(1학년은 30주)를 기준으로 하여 신축성 있게 편성한다.

6) 학교 교육목표, 교육과정 영역별 교육 중점, 각 교과별 목표 및 내용 수준을 고려하여 위계를 이루도록 학년 및 학급 교육과정을 편성 · 운영한다.

나. 편제 및 시간 배당

1) 편제

가) 교육과정은 교과, 재량활동, 특별활동으로 편성한다.

나) 교과는 국어, 도덕, 사회, 수학, 과학, 실과, 체육, 음악, 미술, 외국어(영어)로

한다. 다만 1, 2학년의 교과는 국어, 수학, 바른 생활, 슬기로운 생활, 즐거운 생활로 한다.

(단, 1학년은 3월의 4주간을 입학 초기 학교 적응활동 교과인 '우리들은 1학년'으로 운영한다.)

다) 재량활동은 학생의 자기 주도적 학습 능력을 촉진시키기 위한 범교과 학습 내용으로 창의적 재량활동에 중점을 두며, 창의성 교육(1~2학년), 영어교육(1~2, 4학년), 한자교육(3~6학년), 학습 방법의 학습(3~6학년), 보건교육(5~6학년), 정보통신기술 교육(1~6학년)을 강화한다.

라) 특별활동 영역은 자치활동, 적응활동, 계발활동, 봉사활동, 행사활동의 5개 영역으로 학년별 특성과 실정에 따라 창의적으로 다양하게 운영한다.

2) 시간 배당 기준 및 편성

가) 아래 표의 교육과학기술부 기준 시간 수는 연간 34주를 기준으로 한 국가 수준의 최소 이수 시간 수이다(1학년은 30주).

나) 1학년 연간 수업 시간 수 830시간 중 [80]시간은 입학 초기 학교 적응활동으로 3월에 배당한다.

다) 초 · 중등교육법시행령(제45조 2항에 의하면, 연간 수업 일수는 220일 이상이나 학교의 장은 주 5일제 수업의 실시로 인하여 교육과정의 운영상 필요한 경우에는 10분의 1의 범위 안에서 수업일수를 감축할 수 있다.)에 따라 운영한다.

라) 주당 시간 수는 배제하고 학년별, 계절별, 월별로 적절하게 운영한다.

마) 월 2회 주 5일수업제 실시에 따른 34시간 시수 감축은 주당 1시간 범위 내에서 교과, 재량활동, 특별활동에서 융통성 있게 감축하여 운영한다.

구분 \ 학년		1학년	2학년	3학년	4학년	5학년	6학년
교과	국 어	210	238	238	204	204	204
	도 덕	·	·	34	34	34	34
	사 회	·	·	102	102	102	102
	수 학	120	136	136	136	136	136
	과 학	·	·	102	102	102	102

구분							
교과	실 과	·	·	·	·	68	68
	체 육	·	·	102	102	102	102
	음 악	·	·	68	68	68	68
	미 술	·	·	68	68	68	68
	영 어	·	·	34	34	68	68
	바른생활	60	68	·	·	·	·
	슬기로운 생 활	90	102	·	·	·	·
	즐 거 운 생 활	180	204	·		·	·
	우리들은 1학년	80	·	·	·	·	·
	계	740	748	884	850	952	952
재량활동		60	68	68	68	68	68
특별활동		30	34	34	68	68	68
(현재) 연간 수업 시간 수		830	850	986	986	1088	1088
감축 가능한 시간 수		·	·	34	34	34	34
(변경) 연간 수업 시간 수		830	850	952	952	1054	1054

2. 학교 교육과정의 운영

가. 운영 방침

1) 교육과정 시간 배당 기준 주 수는 34주(1학기 18주, 2학기 16주) 이상을 확보하고 학교 교육과정 운영 연간 계획을 수립하여 운영한다.

2) 1단위 시간은 40분을 원칙으로 하며, 계절, 학교 실정, 교과와 재량활동, 특별활동의 특성에 따라 융통성 있게 운영할 수 있다(통합 학습을 위하여 블럭제로 실시한다).

3) 기본 시간표를 작성하여 활용하되 월별, 주별, 일별 시간을 고정하지 않고 교과 내용과 학습 방법에 따라 융통성 있게 운영한다.

4) 교육과학기술부 시간 배당 기준을 근거로 운영한다. 연간 및 학기 간 계획은 '학년 및 교과별 교육과정 지도 계획'으로, 주간 계획은 '주간 학습 안내'로, 일일 계획은 담임이 창의적으로 작성 · 운영한다.

5) 주간학습 계획의 활용을 위해 학년별로 같은 요일에 같은 교과가 가능한 모두 포함하도록 작성하고, 계절 및 학습 상황에 알맞은 시정표를 작성 · 운영한다.

6) 교과 전담 교사는 영어(3, 4, 5, 6학년), 실과(5, 6학년), 음악(3, 4, 5, 6학년)을 담당하고 별도의 계획을 세운다.

7) 3~6학년은 학년별 과목 전담제에 의한 교환 수업을 할 수 있다.

8) 주당 수업 시수가 3시간 이상인 교과의 경우 교과 시간을 확보하고 남은 시간은 창의적 교육활동으로 운영하여 교과 학습을 보충 · 심화하거나 창의적인 학습 활동이 이루어질 수 있도록 권장한다.

나. 학년별 평균 시간 배당 및 요일별 시간 운영

1) 주 평균 시간 배당

학년	국어	도덕	사회	수학	과학	실과	체육	음악	미술	영어	바른생활	슬기로운생활	즐거운생활	교과계	재량활동	특활	계
1	7	·	·	4	·	·	·	·	·	·	2	3	6	22	2	1	25
2	7	·	·	4	·	·	·	·	·	·	2	3	6	22	2	1	25
3	7	1	3	4	3	·	3	2	2	1	·	·	·	26	2	1	29
4	6	1	3	4	3	·	3	2	2	1	·	·	·	25	2	2	29
5	6	1	3	4	3	2	3	2	2	2	·	·	·	28	2	2	32
6	6	1	3	4	3	2	3	2	2	2	·	·	·	28	2	2	32

비고
- ◦ 1학년(30주) 3월 〈우리들은 1학년〉 교과는 '입학 초기 적응활동'으로 하고, 별도 시간 계획에 의한다.
- ◦ 교과별 확보 시수는 연간 34주 이상 확보하여 운영한다.
- ◦ 특별활동은 학교 실정이나 학년성에 따라 집중 또는 분산 운영한다.
- ◦ 재량활동은 교육 내용에 따라 40분 또는 80분(2시간) 이상 통합하여 다양하게 운영한다.

2) 학년별 요일별 시간 운영

요일 / 학년	월	화	수	목	금	토	계
1	4	4	4	4	5	4	25
2	4	4	4	4	5	4	25
3	4	6	4	5	6	4	29
4	4	6	4	6	6	4	29
5	6	6	4	6	6	4	32
6	6	6	4	6	6	4	32

※ 계는 주당 평균 수업 시간 수이다.

3) 주간학습 계획 및 안내 : 학년별로 창의적 운영

3학년 주간학습 안내(예시)

3. 2 ~ 3. 7 (1주) 00초등학교

요일	과목	단원 및 제재	주요 학습 내용	차시	교과서 쪽수	준 비 물
월 (2)	사회	1(1). 학교주변의 모습	◦ 단원 도입 및 계획 세우기	1/19	4-5	
	사회	1(1). 학교주변의 모습	◦ 4방위 알기	2/19	6-7	
	미술	창의적 재량활동	★ 붓, 팔레트 등 미술 도구 사용법	1/1		붓, 팔레트, 물통
	미술	1. 자연의 아름다움	◦ 자연의 아름다움 감상하기	1/4	2-5	사진
	음악	1. 꼬까신	◦ 일정박 치며 노래 부르기	1/2	6-7	
	음악	1. 꼬까신	◦ 가락의 흐름을 이해하며 노래 부르기	2/2	6-7	

<table>
<tr><td rowspan="4">토
(7)</td><td></td><td colspan="12" rowspan="4">토요휴업일</td></tr>
<tr><td></td></tr>
<tr><td></td></tr>
<tr><td></td></tr>
<tr><td colspan="2">알림마당</td><td colspan="12">☆ 1반 담임 000 선생님(010-×××-××××, 630-2000)
☆ 2반 담임 000 선생님(010-×××-××××, 630-2000)
☆ 3반 담임 000 선생님(010-×××-××××, 630-2000)
▶ 새학년이 시작되었습니다. 정해진 학교규칙을 잘 지키면서 새로운 마음으로 출발합시다.
▶ 아침 시간에 늦지 않도록 등교합니다(8시 20분까지).</td></tr>
<tr><td colspan="2">마침 예정 시각</td><td colspan="12">· 월 : 12:40 · 화 : 14:40 · 수 : 12:40 · 목 : 13:50 · 금 : 14:40
· 토 : 12:20</td></tr>
<tr><td colspan="2">교과</td><td>국어</td><td>도덕</td><td>사회</td><td>수학</td><td>과학</td><td>체육</td><td>음악</td><td>미술</td><td>영어</td><td>재량</td><td>특활</td><td>계</td></tr>
<tr><td colspan="2">실시</td><td>6</td><td>1</td><td>3</td><td>3</td><td>3</td><td>3</td><td>2</td><td>2</td><td>1</td><td>0</td><td>1</td><td>24</td></tr>
<tr><td colspan="2">누계</td><td></td><td></td><td></td><td></td><td></td><td></td><td></td><td></td><td></td><td></td><td></td><td></td></tr>
</table>

다. 주 5일제 수업의 편성

1) 토요휴업일

<table>
<tr><th>월</th><th>3</th><th>4</th><th>5</th><th>6</th><th>7</th><th>9</th><th>10</th><th>11</th><th>12</th><th>2</th><th>계</th></tr>
<tr><td>실시 날짜</td><td>14(토)
28(토)</td><td>11(토)
25(토)</td><td>9(토)
23(토)</td><td>13(토)
27(토)</td><td>11(토)</td><td>12(토)
26(토)</td><td>10(토)
24(토)</td><td>14(토)
28(토)</td><td>12(토)</td><td>·</td><td rowspan="2">16일</td></tr>
<tr><td>횟수</td><td>2</td><td>2</td><td>2</td><td>2</td><td>1</td><td>2</td><td>2</td><td>2</td><td>1</td><td>·</td></tr>
</table>

2) 월별 수업일수

월 / 학기	3	4	5	6	7	8	소계 (1학기)	총 계
1학기 수업일수	22	24	21	23	15	·	105	207일
월 / 학기	8	9	10	11	12	2	소계 (2학기)	
2학기 수업일수	5	24	22	23	18	10	102	

3) 교육과학기술부 기준 시수와의 비교

학년 / 구분	1	2	3	4	5	6
교육과학기술부 기준 시수	830	850	986	986	1,088	1,088
연간 운영 계획 수업 시간 수	852	863	1,010	1,010	1,118	1,118
증감 시수	+22	+13	+24	+24	+30	+30

라. 연간 수업일수 및 교육과정 시수 운영 계획

1) 1학기

월	주	기간	국가사회 행사 (휴업일)	수업 일수	학교 행사	학년별 수업시수					
						1	2	3	4	5	6
3	1	2-7	· 삼일절(1.일)	6	· 시업식(2.월) · 입학식(2.월) · 1기학생회조직(5.목)	(16)	25	29	29	30	30
	2	9-14	· 토요휴업일(14.토)	5	· 준비도 검사(10.화)	(20)	21	25	25	28	28
	3	16-21		6	· 학교교육활동공개의날(18.수)	(24)	25	29	29	32	32
	4	23-28	· 개교기념일(26.목) · 재량휴업일(27.금) · 토요휴업일(28.토)	3		(12)	12	14	14	16	16
	5	30-4.4		6		5 (8)	25	29	29	32	32

4	6	6-11	· 토요휴업일(11.토)	5	· 모형항공기경진대회(8.수)	21	21	25	25	28	28
	7	13-18		6	· 학생건강체력평가(4.7.화-5.21.목1-6학년) · 구강검사(14.화) · 기계, 전자과학탐구대회(15.수) · 부서별 계발활동(18.토)	25	25	29	29	32	32
	8	20-25	· 토요휴업일(25.토)	5	· 자연관찰탐구대회(22.수) · 대구문화체험(22.수) · 청소년단체선서식(24.금) · 수영교실마침(24.금-1학년3반)	21	21	25	25	28	28
	9	27-5.2	· 석가탄신일(2.토)	5	· 1학년참관실습(I)(27.월-5.1.금) · 학업성취도평가(30.목) · 꽃사슴축제(1.금)	21	21	25	25	28	28
5	10	4-9	· 재량휴업일(4.월) · 어린이날(5.화) · 토요휴업일(9.토)	3	· 신체발달상황검사,건강검사(2년:6.화, 3년:7.목, 5년:8.금, 6년:11.월)	12	12	15	15	16	16
	11	11-16		6	· 현장체험학습(3년:11-13.4년:11-15) · 부서별 계발활동(16.토)	25	25	29	29	32	32
	12	18-23	· 토요휴업일(23.토)	5	· 현장체험학습	21	21	25	25	28	28
	13	25-30		6	· 남부합주경연대회(미정) · 2기학생회조직 (25.월) · 진로적성검사(5년)	25	25	29	29	32	32
6	14	1-6	· 현충일(6.토)	5	· 동요부르기대회 (4-6년:3.수, 1-3년:5.금) · 수업 및 실무 실습(4학년 : 1.월-7.4.토)	21	21	25	25	28	28
	15	8-13	· 토요휴업일(13.토)	5		21	21	25	25	28	28
	16	15-20		6	· 영어역할극대회(17.수)	25	25	29	29	32	32
	17	22-27	· 토요휴업일(27.토)	5		21	21	25	25	28	28
	18	29-7.4		6	· 학업성취도평가(2.목) · 부서별 계발활동(4.토)	25	25	29	29	32	32
7	19	6-11	· 토요휴업일(11.토)	5	· 식물이름바로알기대회(10.금)	21	21	25	25	28	28
	20	13-18		6	· 수학가단계진급평가(13.월)[3-6학년] · 여름과학동산, 여름독서교실(15-17:수-금) · 여름방학식(18.토) · 전부련워크숍(24.금)	25	25	29	29	32	32
1학기 계				105(1-6년)		427	438	515	515	570	570
교육과학기술부 기준(18주)				108							
1학기말 대비				·							

2) 2학기

월	주	기간	국가사회 행사 (휴업일)	수업 일수	학교 행사	학년별 수업 시수					
						1	2	3	4	5	6
8	21	26-29		4	· 개학식(26.수) · 수학경시대회(27.목)	17	17	19	19	20	20
	22	31-9.5		6	· 꽃사슴탐구발표회(2.수)	25	25	29	29	32	32
9	23	7-12	· 토요휴업일 (12.토)	5		21	21	25	25	28	28
	24	14-19		6	· 빙상교실(1-3년:14.월 4-6년:15.화) · 부서별 계발활동(19.토)	25	25	29	29	32	32
	25	21-26	· 토요휴업일 (26.토)	5	· 교내미술대회, 가을백일장(1-6년:23.수)	21	21	25	25	28	28
	26	28-10.3	· 재량휴업일 (1.목) · 추석연휴(2.금-4.일) · 개천절(3.금)	3	· 3기회장단선거(28.월)	12	12	14	14	16	16
10	27	5-10	· 토요휴업일 (10.토)	5	· 참관실습 Ⅱ(2년 : 6.화-17.토)	21	21	25	25	28	28
	28	12-17		6	· 국가수준학업성취도평가(6년:13.화-14.수) · 기초학력진단평가(3년:13.화)	25	25	29	29	32	32
	29	19-24	· 토요휴업일 (24.토)	5	· 독서토론대회(4-6년:20)	21	21	25	25	28	28
	30	26-31		6	· 기악경연대회(28.수) · 학업성취도평가(30.금)	25	25	29	29	32	32
11	31	2-7		6	· 수업실습 Ⅱ(3년 : 3.월-14.토)	25	25	29	29	32	32
	32	9-14	· 토요휴업일 (14.토)	5		21	21	25	25	28	28
	33	16-21		6	· 부서별 계발활동(21.토)	25	25	29	29	32	32
	34	23-28	· 토요휴업일 (28.토)	5	· 스키교실(5, 6학년:23-24:월-화) · 소방훈련(26.목)	21	21	25	25	28	28
	35	30-12.5		6	· 꽃사슴예술제(30.월-12.5.토) (1년:30.월 2년:12.1.화 3년:2.수, 4년:3.목, 5년:4.금, 6년5.토) · 담임 장학(30.월)	25	25	29	29	32	32

12	36	7-12	· 토요휴업일(12.토)	5		21	21	25	25	28	28
	37	14-19		6	· 학업성취도평가(14.월) · 꽃사슴 음악의 밤(17.목) · 겨울과학동산(15-17:화-목) · 겨울독서교실(15-17:월-목) · 수학나단계진급평가(18.금)[3-6학년]	25	25	29	29	32	32
	38	21-22		2	· 겨울방학식(22.화)	8	8	10	10	12	12
2	39	1-6		6	· 개학식(1.월) · 고장탐구발표대회(4.목)	25	25	29	29	32	32
	40	8-11	조정기	4	· 졸업식(11.목) · 종업식(11.목)	16	16	16	16	16	16
2학기 계			1-6년 : 102일			425	425	495	495	548	548
1학기 계			1-6년 : 105일			427	438	515	515	570	570
연간총계			1-6년 : 207일			852	863	1,010	1,010	1,118	1,118
교육과학기술부 기준						830	850	986	986	1,088	1,088
대 비						+22	+13	+24	+24	+30	+30

마. 연간 교육활동 관련 시간 운영 계획

행사명	날짜	교육과정관련 (★는 창의적 교육활동)	해당학년 1	2	3	4	5	6
· 시업식	3.2(월)	특(행사1), 교과3	○	○	○	○	○	○
· 입학식	3.2(월)	[1년]우리들은 1학년(3), [6년] 행2	○					○
· 1기학생회조직	3.5(수)	[2-3년]특(자치1), [4-6년]특(자치2]		○	○	○	○	○
· 준비도 검사	3.10(화)	★국1,수1,사1,과1,영1		○	○	○	○	○
· 학교 교육활동 공개의 날	3.18(수)	교과3, ★체(즐)1	○	○	○	○	○	○
· 청소년 단체 조직	3.31(화)	특(계1)			○	○	○	○
· 과학실험경연대회(6년)	4.8(수)	★과학(2)						○
· 수영교실	4.1(수)-24(금)	[1-2년]즐생(4) [3-6년]체육(4)	○	○	○	○	○	○
· 학생건강체력평가(1-6년)	4.7(화)-5.21(목)	★슬, 즐(3), 체(4)	○	○	○	○	○	○
· 대구문화체험활동(4년)	4.22(수)	★사회4				○		
· 학업성취도평가	4.30(목)	[2년] ★국1, 수1, 즐1 [3-6년]★국1, 수1, 사1, 과1		○	○	○	○	○

· 꽃사슴축제	5.1(금)		○	○	○	○	○	○
· 디자인 경연 대회	5.6(수)	★미(즐)2			○	○	○	○
· 신체 발달 상황 검사	5.6-5.11(수-월)	★체(슬)1		○	○		○	○
· 환경교육	5.7(수)	★과학1					○	○
· 영어마을 현장체험학습	5.11-15(월-금)	[4년] ★재량영어12, 영어2, 특별5, 교과6				○		
· 현장체험학습	5.11-13(월-수)	[3년] ★교과15			○			
· 현장체험학습	5.18-22(월-금)	[1-2년] ★교과8 [5년] ★교과16 [6년] ★교과22	○	○	○	○	○	○
· 2기 학생회 조직	5.25(월)	[2-3년]특(자치1), [4-6년]특(자치2]		○	○	○	○	○
· 진로적성검사	5.26(월)	★실과1					○	
· 학업성취도평가	7.2(목)	[2년] ★국1, 수1, 즐1 [3-6년]★국1, 수1, 사1, 과1, 음1, 미1		○	○	○	○	○
· 식물이름바로알기대회	7.10(금)	★과학(슬생)1	○	○	○	○	○	○
· 수학가단계진급평가	7.13(월)	★수1			○	○	○	○
· 여름방학식	7.18(토)	★특(행사1), 교과3	○	○	○	○	○	○
· 개학식	8.26(월)	★특(행사1), 교과3	○	○	○	○	○	○
· 수학경시대회	8.27(화)	★수학1	○	○	○	○	○	○
· 꽃사슴탐구발표회	9.2(수)	★재량1			○	○	○	○
· 빙상교실(1-3년:15, 4-6년:16)	9.14-15(월-화)	[1-2년]★즐(4) [3-6년]★체(2) 특(계발2)	○	○	○	○	○	○
· 가을백일장	9.23(수)	★국(2)	○	○	○	○	○	○
· 교내미술대회	9.23(수)	★미(2)	○	○	○	○	○	○
· 3기 회장단 선거	9.28(월)	[2-3년]특(자치1), [4-6년]특(자치2]		○	○	○	○	○
· 기초학력진단평가(3년)	10.13(화)	★국1, 수1			○			
· 국가수준성취도평가(6년)	10.13-14(화-수)	★국2, 수2, 사2, 과2, 영2						○
· 독서토론대회(4-6년)	10.20(화)	★국1				○	○	○
· 학업성취도평가	10.30(금)	[3-6년]★국1, 수1, 사1, 과1	○	○	○	○	○	○
· 스키교실	11.23-24(월-화)	★체(6), 특(계발6)					○	○
· 소방훈련	11.25(화)	★체육(즐생)1	○	○	○	○	○	○
· 꽃사슴예술제(1-6년)	11.30-12.5(월-토)	[1-2년] 교과3 [3-6년] 특(계발3)	○	○	○	○	○	○
· 학업성취도평가	12.14(월)	[1-2년] ★국1, 수1, 슬1 [3-6년]★국1, 수1, 사1, 과1, 음1, 미1	○	○	○	○	○	○
· 수학나단계진급평가	12.18(금)	★수1			○	○	○	○
· 겨울방학식	12.22(화)	★특(행사1), 교과3	○	○	○	○	○	○
· 개학식	2.1(월)	★특(행사1), 교과3	○	○	○	○	○	○
· 고장탐구발표대회	2.4(목)	★재량1			○	○	○	○
· 졸업식	2.11(목)	[5년]특(행사4) [6년]특(행사3)					○	○
· 종업식	2.11(목)	[1-4년]특(행사1), 교과3	○	○	○	○	○	○

바. 주간 시정 운영 계획

<table>
<tr><th colspan="3">요일
시간 구분</th><th>월</th><th>화</th><th>수</th><th>목</th><th>금</th><th>토</th></tr>
<tr><td>08:20~08:30</td><td>10′</td><td>등교 및
창의적인 활동</td><td colspan="6">◦ 학급 당번 봉사활동
◦ 학년별, 요일별 창의적인 활동
◦ 아침 운동(줄넘기, 달리기)</td></tr>
<tr><td>08:30~08:40</td><td>10′</td><td>아침 자율
학습 활동</td><td colspan="6">◦ 아침 독서 (10분 독서, 5분 토론, 1분 말하기 운동)</td></tr>
<tr><td>08:40~09:00</td><td>20′</td><td>(애국 조회)
학급 협의</td><td colspan="6">◦ 애국 조회, 아침 방송, 학급 협의
◦ 글쓰기(삶쓰기 100자 운동), 한자, 창의성
◦ 학급 자율활동</td></tr>
<tr><td>09:00~09:40</td><td>40′</td><td>1교시</td><td colspan="6" rowspan="4">※ 교시별 자율 운영 (통합 · 분리)</td></tr>
<tr><td>09:50~10:30</td><td>40′</td><td>2교시</td></tr>
<tr><td>10:40~11:20</td><td>40′</td><td>3교시</td></tr>
<tr><td>11:30~12:10</td><td>40′</td><td>4교시</td></tr>
<tr><td>12:10~13:00</td><td>50′</td><td>점심시간</td><td colspan="6">◦ 손씻기 지도
◦ 식사 예절, 식습관 지도</td></tr>
<tr><td>13:00~13:40</td><td>40′</td><td>5교시</td><td colspan="6" rowspan="2">※ 교시별 자율 운영(통합 · 분리)</td></tr>
<tr><td>13:50~14:30</td><td>40′</td><td>6교시</td></tr>
<tr><td>14:30~15:00</td><td>30′</td><td>청소</td><td colspan="6">○ 청소 - 임장 및 동행 지도</td></tr>
<tr><td>15:30~</td><td></td><td>방과후학교
교육활동
교사연수활동</td><td>전 직원
협의</td><td>교재연구</td><td>1주-
직원체육일
2주-
교원연수
3주-
교원연구회
4주-
수업연구</td><td>교육과정의 효율적인 지도 방안 협의</td><td>동학년 교재 연구
협의</td><td>정리
정돈</td></tr>
</table>

사. 특별실 활용 배정표

학년		1학년			2학년			3학년			4학년			5학년			6학년		
교사 \ 학반		1	2	3	1	2	3	1	2	3	1	2	3	1	2	3	1	2	3
월	1													과		음	체		미
	2										컴			과		음	체		미
	3											컴		음	과		미	체	
	4												컴	음	과		미	체	
	5														음	과		미	체
	6														음	과		미	체
화	1								음		체	미	과	컴					영
	2								음		체	미	과	영	컴				
	3									음	과	체	미	실	영	컴			
	4									음	과	체	미	실		영	컴		
	5							음			미	과	체		실		영	컴	
	6							음			미	과	체		실			영	컴
수	1										영					실			
	2	컴										영	음			실			
	3		컴								음		영						
	4			컴								음							
목	1							영						체	미		과		음
	2							컴	영					체	미		과		음
	3								컴	영					체	미	음	과	
	4									컴					체	미	음	과	
	5													미		체		음	과
	6													미		체		음	과
금	1							체	미	과							실		영
	2				컴			체	미	과		음					실	영	
	3					컴		과	체	미	음						영	실	
	4						컴	과	체	미			음			영		실	
	5							미	과	체					영				실
	6							미	과	체				영					실
토	1																		
	2																		
	3																		
	4																		

3. 교수준별 학교 교육과정의 편성 · 운영

가. 목적

학생들의 능력, 적성, 필요, 흥미에 대한 개인차를 최대한 고려하여 교육과정의 차별화, 다양화를 기함으로써 학생 개개인의 성장 잠재력과 교육의 효율성을 극대화하여 기초 · 기본 교육에 충실하고 나아가 자기주도적 학습 능력을 신장시키고자 한다.

나. 필요성

1) 학생의 학습 능력과 학습 요구에 부응하는 교육의 기회를 다양하게 제공한다.
2) 자기주도적인 개별화 학습의 기회를 제공한다.
3) 교육의 수월성을 추구한다.

다. 유형

구분	내 용	적용 과목
단계형 수준별 교육과정	• 비교적 학습 내용의 위계가 분명하고 학습 집단 구성원의 개인차가 심하게 작용되는 교과에서 난이도나 논리적 위계를 기준으로 조직한 교육과정	수학(3~6학년)
심화 · 보충형 수준별 교육과정	• 교과의 내용이 다양한 종류의 과목이나 영역으로 구성되어 있고, 학습 집단 구성원의 능력별 · 개인별로 차이가 크지 않은 교과에서 학습 내용의 범위와 수준을 달리하여 조직한 교육과정	국어(3~6학년) 사회(3~6학년) 과학(3~6학년) 영어(3~6학년)

라. 편성 · 운영 방침

1) 단계형 수준별 교육과정

가) 관련 과목 : 수학

나) 적용 학년 : 3~6학년

다) 운영의 방법

○ 해당 단계의 학습 목표에 대한 일정한 성취 수준을 고려하여 다음의 높은 단계의 진급을 위한 자격 기준을 자율적으로 설정하여 운영한다.

○ 국가 수준의 절대 기준 평가를 활용하여 자격 기준을 설정하고, 단계의 진급 및 '특별 보충과정 운영' 등에 대한 구체적인 계획은 학년별로 수립하여 운영한다.

라) 운영의 절차

단계 이수 평가	특별 보충과정	재평가
1. 한 학기가 끝나면 특별 보충 과정을 결정하기 위한 평가를 실시한다.	2. 평가에서 일정한 성취 수준에 도달하지 못한 학생은 '특별 보충 과정'을 희망하면 참여하도록 한다.	3. 일정한 목표치의 수준에 도달하지 못한 학생들은 방학이 끝나고 다음 학기 시작 전에 재평가를 실시한다.

마) 단계 평가 이수 기록부의 작성과 활용

(1) 평가 이수 기록부 활용 방향

○ 단계형 수준별 교육과정을 운영하는 수학의 평가 기록부는 3학년부터 6학년까지 6년간 통합하여 작성 · 활용한다.

○ 해당 단계의 이수 및 재평가 결과 등의 발달 과정을 자세히 기록하여 개별 지도에 적극 활용한다.

(2) 단계 평가 이수 기록부

구분 점수	1학년		2학년		3학년		4학년		5학년		6학년	
	1-가	1-나	2-가	2-나	3-가	3-나	4-가	4-나	5-가	5-나	6-가	6-나
성취 수준	95											
판정	진급											
참고												

※ 성취기준(백분위 점수 기록), 판정(진급, 재평가 기록), 참고(재평가 백분위 점수 기록)

> ※ 평가 기록부 작성의 이해
> 3학년에 재학 중인 이 학생은 「3-가」의 성취 단계(3학년 1학기)의 학기말 평가(1차 평가)에서 70점을 얻어 60점 이상이 되었으므로, 무난히 진급하고 2학기 과정을 이수 중에 있음.

바) 단계형 수준별 교육과정 운영을 위한 학습 집단 편성

(1) 학급 내의 집단 편성을 원칙으로 한다.

(2) 수업의 내용, 학생의 상태에 따라 수준별 집단 편성을 할 수 있다.

사) 수업 진행 방법

(1) 일제 학습, 소집단 학습을 적절하게 병행한다.

(2) 기본 학습은 이질집단을 구성하여 지도하고, 수준별 학습은 형성평가에 따라 능력별 동질집단을 구성하여 지도한다.

(3) 단원 평가 후에는 보충과 발전으로 집단을 구성한다.

2) 심화· 보충형 수준별 교육과정

가) 관련 과목 : 국어, 사회, 과학, 영어

나) 적용 학년 : 국어 : 3~6학년
사회, 과학, 영어 : 3~6학년

다) 운영의 방법

○ 기본 교재	• 교재를 가지고 모든 학생이 수업에 참여한다.
○ 수업 진행 방법	• 학년별 교재의 기본 과정 내용을 중심으로 전체 학급을 대상으로 하여 먼저 실시한 다음, 심화 내용과 보충 내용에 대해서는 소집단별 또는 개인별로 학습하도록 운영한다.
○ 심화 · 보충 내용의 활용 방법	〈방법 1〉 • 매수업 시간마다 일정한 기간 동안 기본 과정 학습을 먼저 실시한 다음, 나머지 시간에 심화 내용과 보충 내용을 별도로 학습한다. 〈방법 2〉 • 일주일에 한 차례 또는 한 단원이 끝날 때마다 심화 내용과 보충 내용을 별도로 학습한다. ※ 교사는 학생의 특성이나 교과의 성격을 고려하여 그때그때의 학습 상황에 따라 적절한 방식으로 운영하도록 한다.
○ 교수-학습 자료	• 원칙적으로 단계별 또는 학년별 교재를 사용한다. • 심화 내용과 보충 내용을 지도하는 데 필요한 별도의 심화 교재나 보충 교재는 학년별 담임교사가 개발한 교재를 활용한다. 〈심화 · 보충 교재의 개발〉 • 교사가 담당 학생들의 수준을 고려하여 기존의 자료를 재구성하여 활용한다. • 학습 정도에 따라 다양한 지도 내용을 개발한다.

라) 운영상의 유의점

○ 시간 배당 기준에 제시된 교과별 연간 수업 시간 수는 기본 교육 내용을 중심으로 운영하되, 심화학습과 보충학습도 함께 이루어지도록 한다.

○ 필요할 경우 재량활동 등 별도의 시간을 확보하여 심화학습과 보충학습을 실시한다.

○ 심화 · 보충 교재의 개발은 각종 실태 및 교재를 분석하여 효율적이고 생산적인 내용으로 구성한다.

4. 교과 · 재량활동 · 특별활동의 운영

가. 교과

국 어

언어 활동과 언어와 문학의 본질을 총체적으로 이해하고, 언어 활동의 맥락과 목적과 대상과 내용을 종합적으로 고려하면서 국어를 정확하고 효과적으로 사용하며, 국어 문화를 바르게 이해하고, 국어 발전과 민족의 언어 문화 창달에 이바지할 수 있는 능력과 태도를 기른다.

- ○ 언어 활동과 언어 문학에 대한 기본 지식을 익혀, 이를 다양한 국어 사용 상황에서 활용하는 능력을 기른다.
- ○ 정확하고 효과적인 국어 사용의 원리와 작용 양상을 익혀, 다양한 유형의 국어 자료를 비판적으로 이해하고 사상과 정서를 창의적으로 표현하는 능력을 기른다.
- ○ 국어 세계에 흥미를 가지고 언어 현상을 계속적으로 탐구하여, 국어의 발전과 국어 문화 창조에 이바지하려는 태도를 기른다.

도 덕

일상 생활에 필요한 기본 예절과 도덕 규범의 의미와 중요성을 이해하고, 도덕 문제 해결에 필요한 사고력과 판단력을 키우며 스스로 바람직하고 합리적인 생활 태도를 가진다.

사　회

사회 현상에 관한 기초적 지식과 능력은 물론, 지리, 역사 및 사회 과학의 기본 개념과 원리를 발견하고 탐구하는 기초적인 능력을 익혀, 우리 사회의 특징과 세계 여러 모습을 이해하게 한다. 다양한 정보를 활용하여 현대 사회의 문제를 해결할 수 있는 방법을 찾아보고, 공동생활에 스스로 참여하는 능력을 기르며 이를 바탕으로 개인, 국가, 사회, 인류의 발전에 기여할 수 있는 민주시민의 자질을 기른다.

수　학

○ 여러 가지 생활 현상을 수학적으로 고찰하는 경험을 통하여 수학의 기초적인 개념, 원리, 법칙과 이들 사이의 관계를 이해한다.
○ 수학적 지식과 기능을 활용하여 생활 주변에서 일어나는 여러 가지 문제를 수학적으로 관찰, 분석, 조직, 사고하여 해결한다.
○ 수학에 대한 흥미와 관심을 지속적으로 가지고 수학적 지식과 기능을 활용하여 여러 가지 문제를 합리적으로 해결하는 태도를 기른다.
○ 정보 자료의 효율적인 처리를 위하여 계산기 및 컴퓨터를 활용할 수 있는 기초 능력을 신장한다.

과　학

자연 현상과 사물에 흥미와 호기심을 가지고 과학의 지식 체계를 이해하며, 탐구 방법을 습득하여 올바른 자연관을 가진다.
○ 자연 탐구를 통하여 과학의 기본 개념을 이해하고, 실생활에 이를 적용한다.
○ 자연을 과학적으로 탐구하는 능력을 기르고, 실생활에 이를 활용한다.
○ 자연 현상과 과학 학습에 흥미와 관심을 가지고, 실생활의 문제를 과학적으로 해결하려는 태도를 기른다.
○ 과학이 기술의 발달과 사회의 발전에 미치는 영향을 바르게 인식한다.

실 과

개인과 가정, 산업 생활의 이해와 적응에 필요한 지식과 기능을 습득하여 가정 생활을 충실하게 하고, 정보화, 세계화 등 미래 사회의 변화에 대처할 수 있는 능력과 태도를 가진다.

- ○ 가정생활과 관련되는 일을 경험하여, 생활에 필요한 기초적 능력을 습득한다.
- ○ 기술과 가정생활에 관련되는 다양한 경험을 통하여 자신의 적성을 계발하고 진로를 탐색하여, 일과 직업에 대한 건전한 태도를 가진다.
- ○ 일을 창의적으로 계획하고 실천하며 자신의 미래 생활을 합리적으로 설계하여, 생활에 필요하도록 준비를 한다.

체 육

학생 개개인의 움직임 욕구를 실현하기 위하여 다양한 신체 활동과 운동을 수행하는 데에 필요한 기능과 체력을 증진하며, 운동과 건강에 관한 지식을 이해하고, 사회적으로 바람직한 태도를 함양한다.

- ○ 운동에 적극적으로 참여하기 위하여 다양한 운동 기능과 체력을 기른다.
- ○ 건강에 관한 다양한 지식을 이해하고 활용하는 방법을 익힌다.

음 악

다양한 악곡과 음악 활동을 통하여 음악성과 창의성을 기르고, 음악적 정서를 풍부하게 한다.

- ○ 음악의 구성요소를 이해한다.
- ○ 가창, 기악, 창작, 감상 활동을 통하여 음악성과 창의성을 기른다.
- ○ 음악의 역할과 가치를 이해하여 음악을 생활화하는 태도를 기른다.

미 술

미술 활동을 통하여 표현 및 감상 능력을 기르고, 창의성을 계발하며 심미적인 태도를 함양한다.

○ 미적 대상의 가치를 발견하고 이해한다.
○ 느낌과 생각을 창의적으로 표현한다.
○ 미술품의 가치를 판단하고, 미술 문화 유산을 존중한다.

영 어

일상생활에 필요한 영어를 이해하고 사용할 수 있는 기본적인 의사소통 능력을 기르며, 외국 문화를 올바르게 수용하여 우리 문화를 발전시키고 외국에 소개할 수 있는 바탕을 마련한다.

○ 영어에 흥미와 자신감을 가지며, 의사소통할 수 있는 기본 능력을 기른다.
○ 외국 문화를 이해함으로써 우리 문화를 새롭게 인식하고, 올바른 가치관을 기른다.

나. 재량활동

1) 편성의 방향 및 기본 원칙

가) 지도 내용의 선정 및 편성은 지역사회와 학교의 여건을 고려하여, 학생 학부모, 교사의 의견을 충분히 수렴한다.

나) 지도 내용은 주제 탐구, 소집단 공동 연구, 학습하는 방법의 학습, 통합적인 범교과 학습 등으로 하며, 학년 발달 단계에 맞추어 학년별 위계가 있도록 구성한다.

다) 교과활동 시간에 가질 수 없는 직접적인 체험활동이 이루어질 수 있는 내용을 중심으로 하며 학생의 자기 주도적 학습활동이 가능하도록 학생 개개인의 의견을 최대한 존중한다.

라) 정보기술교육은 대구광역시 개발 인정도서 '정보 생활'을, 한자 교육은 대구

광역시 교육청 인정 '재미 천지 초등 한자'를, 창의성 교육은 대구광역시 교육청 인정 '남다른 생각 자라나는 창의력' 도서, 보건교육은 교육과학기술부인정도서 '생활 속의 보건'을 활용하여 지도한다.

2) 목표

학습자의 관심과 흥미, 능력 등을 고려한 창의적인 학습활동에 학생들이 주체적으로 참여하게 하여 자기 주도적 학습 능력을 신장시키고, 기초적인 정보통신기술을 익힌다.

3) 학년별 재량활동 영역

학년	재량활동 영역
1	영어교육, 창의성 교육, 정보통신기술교육
2	영어교육, 창의성 교육, 정보통신기술교육
3	학습방법의 학습, 한자교육, 정보통신기술교육
4	영어교육, 학습방법의 학습, 한자교육, 정보통신기술교육
5	학습방법의 학습, 한자교육, 보건교육, 정보통신기술교육
6	학습방법의 학습, 한자교육, 보건교육, 정보통신기술교육

4) 편제 및 시간 배당

가) 편제

(1) 1~2학년은 3, 4, 5월과 10, 12, 2월은 주로 창의성 교육, 6, 7월은 교실영어교육을 집중 운영을 한다.

(2) 1~2학년 영어교육 연간 시간 배당은 10시간으로 하고, 학교에서 제작된 교재를 활용하며, 창의성 교육은 교재를 단원별로 20시간 편성 · 운영한다.

(3) 3학년 학습방법의 학습은 여름방학 전 사전교육 2시간, 9월 발표회 준비 2시간, 9월 발표회 1시간, 겨울방학 사전교육 2시간, 2월 발표회 준비 2시간, 2월

발표회 1시간으로 편성 · 운영한다.

(4) 4학년 영어교육은 사전교육 1시간, 영어마을캠프 11시간을 편성 · 운영한다.

(5) 4학년 학습방법의 학습은 여름방학 전 사전교육 2시간, 9월 발표회 1시간, 겨울방학 사전교육 2시간, 2월 발표회 1시간으로 편성 · 운영한다.

(6) 3~6학년 한자교육은 가정학습과 병행하여 연간 3학년 24시간, 4학년 16시간, 5~6학년은 21시간으로 편성 · 운영한다.

(7) 5~6학년 학습방법의 학습은 9월 발표회 준비 1시간, 9월 발표회 1시간, 2월 발표회 준비 1시간, 2월 발표회 1시간으로 편성 · 운영한다.

(8) 5~6학년 보건교육은 1학기에 6학년 17시간, 2학기에 5학년 17시간으로 편성 · 운영한다.

(9) 1~6학년 정보통신기술교육은 주당 1시간씩 배정하여 운영한다.

나) 학년별 영역별 시간 배당

영역 / 학년	자기주도적 학습					범교과	계
	영어교육	창의성 교육	학습방법의 학습	한자 교육	보건 교육	정보통신기술교육	
1	10	20	·	·	·	30	60
2	10	24	·		·	34	68
3	·	·	10	24	·	34	68
4	12	·	6	16	·	34	68
5	·	·	4	21	17	26	68
6	·	·	4	21	17	26	68

5) 운영 방침

가) 시간 운영은 1단위 시간은 40분을 원칙으로 하되, 고정적 획일적 운영을 지양하고, 활동 영역이나 주제에 따라 몇 단위를 통합하거나 융통성 있게 일정 시기에 집중하여 운영한다.

나) 필요에 따라 지역 인사 및 학부모 명예교사를 위촉하여 운영한다.

다) 재량활동에 배당된 시간은 교과 및 특별활동 내용과 통합하여 운영할 수

있으며, 이 경우 자기주도적이고 창의적인 재량활동의 목표가 달성될 수 있도록 통합 주제에 따라 별도의 계획을 수립 · 운영한다.

라) 특히 교과와 통합하여 현장 체험학습을 할 경우 구체적인 사전 및 사후 지도 계획을 수립하여 운영한다.

6) 평가 방법

가) 활동 기록, 작품 분석, 포트폴리오 등과 같은 수행평가 방법을 활용한다.

나) 평가의 결과는 활동 실적, 진보의 정도, 행동의 변화, 특기 사항 등을 종합하여 문장으로 기술한다.

다) 학생에 대한 평가와 함께 재량활동 교육과정의 편성과 운영에 대한 평가도 함께 실시한다.

다. 특별활동

1) 편성 방향 및 기본 원칙

가) 수요자 중심의 다양한 활동을 통한 민주 시민의 자질을 함양한다.

나) 학교 실정을 고려하여 중점 영역 설정 및 융통성 있는 시간 운영을 한다.

다) 학생들의 흥미와 적성을 고려한 다양한 계발활동 부서를 조직 · 운영한다.

라) 실천 중심의 활동 강화를 통한 기본생활습관 및 자율적인 생활 태도를 형성한다.

2) 목표

다양하고 건전한 집단 활동에 자발적으로 참여하여 개성과 소질을 계발, 신장하고, 공동체 의식과 자율적인 태도를 기름으로써 민주 시민으로서의 기본적인 자질을 함양한다.

영역	목 표
자치활동	○ 학급 구성원으로서의 역할을 분담 수행하고 자치활동에 적극 참여함으로써 민주 시민의 기본 자질과 태도를 지닌다.
적응활동	○ 변화하는 환경에 잘 적응하고 대처하는 능력을 신장하여 자신의 문제를 능동적으로 해결한다.
계발활동	○ 계발활동에 자발적으로 참여하여 질서를 배우고 협동심을 기르며, 자신의 취미와 특기를 계발, 신장함으로써 자아 실천을 위한 기초를 다진다.
봉사활동	○ 봉사활동의 의미를 이해하고 타인을 돕는 일에 적극 참여하여 공동체 의식을 함양하고 삶의 보람과 자신의 가치를 느낀다.
행사활동	○ 각종 행사의 중요성을 이해하고 자발적으로 참여하여 학교와 지역 사회의 일원으로서 갖추어야 할 기본 자질과 태도를 가진다.

3) 편제 및 시간 배당

가) 편제

(1) 특별활동은 자치활동, 적응활동, 계발활동, 봉사활동, 행사활동으로 하며, 학생의 요구, 지역, 학교의 실정을 고려하면서 영역 간 균형이 유지되도록 편성한다.

(2) 연간 학습활동 시간은 1학년 30시간 이상, 2 · 3학년 34시간, 4~6학년은 68시간 이상을 확보하며 집중, 연속 등 탄력적으로 운영한다.

(3) 자치활동과 봉사활동은 학년 중심으로 협력하여 실천할 수 있는 내용의 프로그램을 운영하여 효율적으로 실시한다.

나) 학년별 영역별 시간 배당

학년 / 영역	1	2	3	4	5	6
자치활동	4	4	4	15	15	12
적응활동	8	4	2	8	6	7
계발활동	10	12	17	20	23	23
봉사활동	2	4	2	16	10	12
행사활동	6	10	10	10	14	14
계	30	34	35	69	68	68
비 고	※ 숫자는 시간 수를 나타냄					

4) 운영 방침

가) 각 영역별로 균형이 고루 유지하도록 편성 · 운영하여, 저학년은 적응활동에 중점을 두며, 고학년은 자치 · 계발 · 봉사활동에 중점을 두고 지도한다.

나) 자치활동 중 학급회의 운영 계획은 교사와 학생이 공동 협의하여 수립하고 창의적으로 활동을 전개한다.

다) 적응활동은 기본생활습관 형성과 건전한 교우 관계에 이바지할 수 있는 활동으로 전개한다.

라) 계발활동은 학생의 흥미, 취미, 요구, 적성 및 학교 실정을 고려하여 다양한 방법으로 융통성 있게 운영한다.

마) 봉사활동은 지역사회 및 학교의 여건을 충분히 고려하여 학생의 수준에 알맞은 실천 가능한 활동을 선정하여 전개한다.

바) 행사활동은 학교 실정 및 학년성을 고려하여 운영하되 학교에서 지정한 날에 실시한다.

사) 계발활동은 토요일 1~2 교시에 운영하며, 교사 및 학부모 명예 교사의 지도로 다양한 체험 중심 학습활동으로 운영한다.

아) 계발활동 운영 시 1~2 학년은 단일 학급 수평 조직을, 3학년은 동학년 수평 조직을, 4~6학년은 학년간 수직 조직을 하여 부서 활동을 전개한다.

5) 지도 방법

가) 각 영역별 활동 내용 면에서는 인간 교육의 실현에 강조점을 두고, 전 영역에 걸쳐 균형 있게 지도 계획을 수립하여 운영하도록 한다.

나) 학생의 개성과 소질을 신장하고 사회성과 협동심을 기르며, 원만한 인간관계를 형성하는 데 주안점을 두고 지도한다.

다) 남녀 학생에 따른 특성과 개인차 및 학년성을 고려하여 수준별로 지도한다.

라) 학생 개인의 취미와 특기를 살려 학생중심의 흥미 있는 활동으로 즐겁게 참여하도록 지도한다.

마) 자치활동은 주로 학급 단위의 협의나 역할 분담을 통해 이루어지도록 하며

협의 내용은 가능한 한 학생들의 생활 또는 흥미로운 내용으로 선정하여 지도한다.

바) 적응활동은 교과활동 및 생활 지도뿐만 아니라, 특별활동의 다른 영역과도 통합적으로 운영한다.

사) 효율적이고 진정한 봉사활동을 할 수 있도록 사전 교육을 실시하며, 충분한 시간을 두고 정보를 수집하여 면밀한 계획을 세워 추진한다.

아) 행사활동은 사전, 당일, 사후 계획을 세밀히 수립하여 실시한다.

자) 계발활동에서는 학생들의 의사를 적극적으로 존중하고, 자아실현의 기초를 닦을 수 있는 내용으로 추진한다.

6) 평가 방향

가) 결과에 대한 평가보다는 활동 과정을 더욱 중시한다.

나) 전 영역에 걸쳐 균형 있게 평가하며, 지도 계획, 지도 과정 및 평가에 이르기까지 특별활동의 전 과정에 대한 총체적이고 체계적인 평가가 이루어지도록 한다.

다) 다양한 평가 도구(실기, 관찰법, 면접, 자기평가, 상호평가, 포트폴리오 등) 방법으로 성취도를 평가한다.

라) 참여도, 협력도, 열성도, 활동 실적, 진보의 정도, 행동의 변화 등을 문장으로 평정한다.

마) 학급 활동 지도에 대한 정보 교환, 반성, 전교학생회, 계발활동, 학교 행사 등을 평가한다.

5. 교육학년 교육과정의 편성 · 운영

가. 학년 교육과정의 정의

학년 교육과정이란 본교의 교육 목표 및 교육 중점을 달성하기 위하여 본교 자체의 교육과정 운영 · 평가 체제에 따라 학년의 교과, 재량활동, 특별활동 및 생활 지도 계획을 수립한 프로그램을 의미한다. 여기서 '본교 자체의 교육과정 운영 · 평가 체제'란 본교의 연간 수업 일정, 시간 운영 방법, 교수-학습 시 지도 중점, 생활 지도 및 행사 계획과 평가 계획 등 본교 교육과정 운영 방법에 대한 계획을 의미한다.

나. 편성 지침

1) 본교는 본교의 실태 및 여건에 맞도록 학년 교육과정을 편성한다.

2) 학년 교육과정은 본교의 교육 목표 및 교육 중점을 효과적으로 달성할 수 있도록 편성한다.

3) 학년 교육과정은 국가 수준의 교육과정과 대구광역시 초등학교 교육과정 편성 · 운영 지침을 근간으로 하며, 전년도 교육 활동 전반에 대한 경영 평가 및 각 교과 영역별 성취도 결과를 바탕으로 본교 여건에 적합하도록 특색 있게 편성한다.

4) 학년 교육과정은 본교 교육과정 편성 · 운영 위원회가 중심이 되어 학생들의 학업 성취도 및 행동 발달 정도를 수집하고, 학교 공동체 전체 의견을 수렴하여 편성한다.

다. 기본 방침

1) 지역 특성, 계절, 본교 및 학년 실정에 맞게 교육과정을 재편성하고, 학년발달 단계에 맞도록 학년 목표를 설정한다.

2) 요일별 시간 배당은 교재의 특성, 내용, 계절에 따라 시간을 융통성 있게 운영하며, 학년별 교육과정 연간 배당 시간을 반드시 확보하여 이수하도록 한다.

3) 창의적 교육 활동은 교과에서 주당 평균 1시간을 감축하여 감축된 교과의 학습과 직접 관련된 체험활동으로 통합 · 운영한다.

4) 작성한 교육과정을 충실히 운영할 수 있도록 계절, 학습 내용, 학년 행사

등을 고려하여 교육과정 진도표에 의하여 '주간학습 안내'를 작성 활용한다.

5) 학습에 필요한 자료를 사전에 최대한 준비하여 활용하도록 하고, 학년에서 공동으로 자료를 개발 · 보급하여 활용의 극대화에 힘쓴다.

6) 평가는 수행 평가 중심으로 시행하며, 사전에 성취 · 평가 기준표를 작성하여 활용한다.

7) 학생과 학부모에게 평가 예고제를 실시하고, 평가는 일정 기간에 집중적으로 이루어지지 않도록 한다.

8) 교과서에 배당하는 시간 이외의 시간은 평가, 교과 관련 활동, 현장 학습의 내용으로 별도로 작성한다.

9) 주제 통합, 교과별 통합 등을 위하여 관련 교과, 차시를 제시하여 나타낸다.

10) 교과 시간을 확보하고 창의력을 개발하기 위하여 학년별 프로그램을 자율적으로 실행하여 학생 개개인의 꿈을 실현할 수 있는 체험학습 활동으로 운영한다.

라. 편성 체제

Ⅰ. 학년 교육과정의 기저

1. 학년 운영의 기본 방향　2. 경영 방침
3. 학년 특성과 실태　4. 학년 목표
5. 학년 노력 중점　6. 학년 노력 중점 구현 계획
7. 학년 특색 교육

Ⅱ. 학년 교육과정 편성 · 운영

1. 학년 교육과정의 운영 방향
2. 학년 교육과정의 운영

가. 교과

(1) 학년 목표　(2) 지도 중점 및 구현 계획
(3) 지도 방법　(4) 평가 방법

나. 재량활동

(1) 학년 목표　(2) 지도 중점

(3) 편제 및 시간 배당 (4) 지도 방법
(5) 평가 방법
다. 특별활동
(1) 학년 목표 (2) 지도 중점
(3) 편제 및 시간 배당 (4) 지도 방법
(5) 평가 방법
라. 연간 세부 지도 계획
(1) 교과 내용 재구성 (2) 창의적 교육 활동
(3) 연간 세부 지도 계획

Ⅲ. 평가 계획(성취 기준, 평가 기준)
1. 교과 2. 재량 활동 3. 특별 활동
4. 행동 발달 상황 5. 교육 과정 영역별 평가 유의점
6. 평가 기준

Ⅳ. 학년의 조직과 역할 · 지원 계획

Ⅴ. 학년 교육과정 관련 활동
1. 주 5일수업제 운영 2. 현장 체험 학습

마. 학년 협의회 조직

1) 학년 부장은 학년 교육 방침을 동학년 교사와 협의하여 정하고, 학년의 노력 중점을 최대한 달성할 수 있도록 충실한 학년 교육과정 운영이 되도록 한다.

2) 정기 · 임시 협의회를 실시하여 학년의 문제점을 해결한다.

3) 학년 협의회 조직 및 학년 협의록

〈학년 협의회 조직〉

학반	성 명	연구교과 영역		담 당 업 무	비 고
		주영역	부영역		

〈학년 협의록〉

일 시	반성 및 개선점	추진할 내용	비 고

6. 학교 교육과정의 편성 · 운영

가. 기본 방침

1) 교사는 교육과정에 의하여 교과별로 지도 계획을 작성하여 창의적으로 운영한다.

2) 교과별 주당 수업 시간 수를 고정하지 않으며 수업 시간표는 주별로 작성하여 운영한다.

3) 교사는 융통성을 발휘하여 교육과정을 운영하며 법정 수업 시수에 미달되지

않도록 한다.

4) 교사는 '주간학습 안내'를 작성하여 학부모와 학생들에게 알려 사전에 학습 준비를 철저히 하도록 한다.

5) 사전 예고제에 의하여 평가를 실시하고 과제의 적정화에 노력한다.

6) 교과별 교육과정을 검토하여 관련된 학습 내용을 교과별, 차시별로 묶어 통합 운영한다.

7) 한 시간은 40분 단위로 운영하며, 학습 지도의 효율성을 고려하여 80분 단위로 묶어 운영할 수 있다.

8) 학업성취도 향상을 위하여 학습 부진 학생 지도 계획 및 학업성취도 관리 계획을 별도로 수립하여 지도한다.

나. 학급 교육과정 편성 체제

Ⅰ. 학급 경영관

Ⅱ. 학급 경영의 기저

1. 학급 실태 2. 노력 중점 및 구현 계획
3. 학급 특색 4. 역할 분담 활동
5. 청소 활동 6. 학생 명부

Ⅲ. 교육과정 운영 결과 및 생활 지도

1. 평가 결과(지필/수행평가) 2. 생활지도
3. 학습 부진아 지도 및 학업 성취도 관리 계획
4. 1교사 1학생 상담일지

Ⅳ. 기타

1. 자격증 취득 상황 2. 봉사활동
3. 체험학습 상황 4. 신체발달 상황

다. 주간학습 안내

1) 담임 교사는 '주간학습 안내'를 작성하여 학생과 학부모에게 사전에 통지하고 내실 있는 교육과정 운영이 되도록 한다.

2) 주간학습 안내는 동학년 협의 및 교사들 간의 상호 의견을 교환한 후 작성하며 요일별 학습 내용, 준비물과 학습 과제, 가정에 알리고자 하는 통신문 등으로 구성한다.

제12장

교육과정의 평가

1. 교육과정 평가의 개념
2. 교육과정 평가의 과정
3. 교육과정 평가의 모형
4. 학교 교육과정의 평가

1. 교육과정 평가의 개념

교육과정 평가는 근본적으로 교육과정을 개선하기 위한 정보와 그 교육과정의 성과를 판단하는데 필요한 정보를 체계적으로 수집하는 것이다(홍후조, 2007). 이러한 교육과정 평가는 크게 교육과정의 기본적인 관심사에 비추어 본 개념, 교육평가의 개념을 확장한 개념, 교육과정의 영역이나 개발 과정에 비추어 본 개념 등 〈표 12-1〉과 같이 구분할 수 있다.

〈표 12-1〉 교육과정 평가의 개념

구분	특징
교육과정의 기본적 관심사에 비추어 본 개념	· 교육목표 설정, 교육내용과 학습경험 선정과 조직, 교육평가 등의 평가 · 교육과정 평가
교육평가의 개념을 확장해 본 개념	· 교육과정 평가와 학생 평가, 교사 평가, 학교 평가 포함
교육과정 영역이나 개발 과정에 비추어 본 개념	· 교육과정 구상 및 설계, 교육과정 개발, 교육과정 실행 및 운영, 교육과정 성과 산출 등의 평가

특히, 교육과정 평가는 교육과정이 제대로 계획되고 운영되었는지를 확인하기 위해서 실시하는 것으로 교육과정 목적과 목표가 제대로 수행되었는지 여부를 판단 · 결정하기 위해서는 반드시 필요하다.

한편, 허숙(1987)은 교육과정 평가의 개념 모형을 [그림 12-1]과 같이 도식화하여 설명하고 있다.

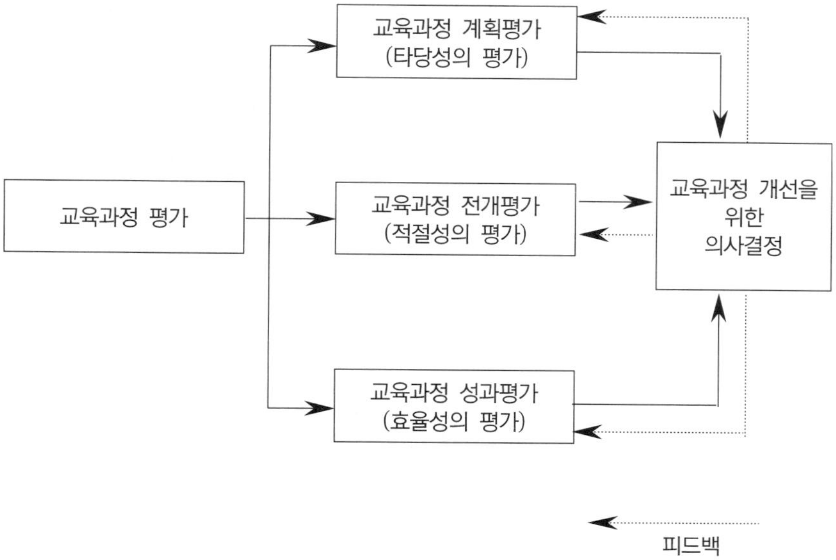

[그림 12-1] **교육과정 평가의 개념 모형**

또한, Beauchamp(1968)는 교육과정 평가를 교사들의 교육과정 이용에 대한 평가, 교육과정 설계에 대한 평가, 학생들의 학습결과에 대한 평가, 교육과정 체제에 대한 평가 등 네 가지 차원으로 구분하였고, 김재춘 외(1998)는 교육과정 평가를 개발 체제, 문서, 운영, 성과 등의 교육과정 영역 차원, 국가, 지역, 학교 등의 수준 차원, 검정, 확인, 동의 등의 방법 차원의 세 가지 차원으로 구분하였다. 또한, 허경철(2000)은 교육과정 평가를 교육목표, 교육내용, 교육방법, 평가 등의 내용 차원, 국가, 지역, 학교 등의 수준 차원, 계획, 전개, 구현 등의 단계 차원의 세 가지 차원으로 구분하였다.

이 외에도 Oliver(1977)는 교육과정 평가의 관심 영역을 프로그램(programs), 서비스(provisions), 절차(procedures), 결과(products), 과정(processes) 등 5개의 P로 구분하고 교육과정의 효율성 또는 바람직함을 평가하는 것이라고 설명하였고, 이해명 외(2008)는 교육과정 평가를 교육과정 개발, 실천, 개혁과 관련하여 다양하고 체계적인 정보와 증거를 확보하고 가치를 판단하는 것으로 설명하였다.

지금까지 살펴보았듯이, 교육과정 평가는 다양한 의사결정에 필요한 정보 제공, 교육과정 목적과 목표의 달성 여부 파악, 교육과정 개선을 위한 정보 획득, 교육과정의 계속 여부를 결정하는데 필요한 정보 제공, 새로운 교육과정 개발과 적용의 근거 등의 역할을 수행한다.

따라서, 교육과정 평가는 순환적 · 재생적 · 계속적인 활동으로서, 교육의 과정 속에서 다양한 사상, 조건, 상태에 대한 바람직성을 평가하고, 실제 활동 상황 속에서 이루어지는 평가 활동이며 의사결정 및 정책 수립을 촉진하기 위해 반드시 필요하다.

2. 교육과정 평가의 과정

교육과정 평가의 과정은 교육과정 목적 평가, 교육과정 목적의 현재 성취 수준, 교육과정 목표, 교육과정 합리성, 교육과정 계획, 교육과정 적용, 교육과정 평가 등 〈표 12-2〉와 같다.

〈표 12-2〉 교육과정 평가의 과정

단계	특징
교육과정 목적 평가	· 교육과정 목적이 확인되고 평가되면 교육과정 목표와 의도된 성과를 평가하는 출발점
교육과정 목적의 현재 성취 수준	· 교육과정의 목적을 효과적으로 달성하기 위한 증거 수집
교육과정 목표	· 교육과정 목적보다 좀 더 구체적인 진술형태로 상세화
교육과정 합리성	· 교육과정의 이론적 근거와 원리를 기초로 계획하고 적용
교육과정 계획	· 교육과정 상황에서 관련되는 요소들을 구체적으로 목록화함으로써 특정 교육과정의 본질적인 특성을 밝혀 주는 역할
교육과정 적용	· 실제 교육과정이 계획된 대로 적용되었는가 파악
교육과정 평가	· 교육과정이 산출하는 성과의 형태를 보고하고 성공과 실패 여부의 결정

3. 교육과정 평가의 모형

가. Tyler의 모형

원래 학생들의 학업성취도를 평가하기 위해 제안된 평가모형이었는데 현재는 교육과정 평가 뿐만 아니라, 목표기준경영(MBO)이 교육행정에 도입되면서 학교경영 및 학교관리 평가에도 활용되고 있으며 구체적인 교육과정 평가 절차는 〈표 12-3〉과 같다.

〈표 12-3〉 Tyler의 교육과정 평가 모형

단계	특징
목표선정	· 일반 교육목표 설정
목표명시	· 행동목표 명세화
도구제작	· 평가 방법과 평가 도구 선정 및 개발
자료수집	· 평가 도구를 이용하여 데이터 수집
가치판단	· 수집된 데이터를 기준으로 목표 도달도 결정

나. Provus의 모형

평가와 체제관리 이론을 결합시켜 교육과정 평가의 요소로 수준(프로그램 수준 결정), 성취(프로그램 실제 성취 결정), 비교(수준과 성취 비교), 간극(수준과 성취 간의 격차 결정) 등을 제시하고 구체적인 교육과정 평가 절차는 〈표 12-4〉와 같다(Provus, 1971).

〈표 12-4〉 Provus의 교육과정 평가 모형

단계	특징
설계	· 프로그램 설계를 설계 수준 또는 기준과 비교 · 프로그램이 제대로 설계되었는지 평가
투입	· 프로그램의 실제 운영이 투입 수준 또는 처음에 설계한대로 충실하게 투입하였는지 평가 · 교수-학습 설계와 방법, 학습자 능력, 교수자 자질 등 평가
과정	· 프로그램 과정 평가 · 교수자와 학습자 활동, 기능, 상호 의사소통 적용 등 평가
결과	· 전체 프로그램의 결과를 본래 목표에 비추어 평가 · 학습자의 성취 결과와 교수자의 성취 결과 포함
비용	· 프로그램의 결과를 유사한 다른 프로그램 결과와 비교 · 비교-효과 분석 실시

다. Scriven의 모형

기존의 목표기준평가가 목표를 준거로 하여 의도했던 일차적 성과만을 확인하고 이차적 또는 잠재적 부수 효과를 간과함으로써 실제 성과를 평가하지 못한다는 문제점을 보완하기 위해 프로그램이 의도했던 효과와 부수 효과까지 포함시킨 실제 효과를 평가하는 모형으로서, 구체적인 교육과정 평가 절차는 〈표 12-5〉와 같다.

〈표 12-5〉 Scriven의 교육과정 평가 모형

단계	특징
프로그램 시행과 관찰	· 프로그램을 운영하면서 목표를 의식하지 않고 프로그램 운영과정과 성과를 다각적으로 광범위한 관찰 및 기록
일차적 효과 분석	· 관찰된 성과 중에 프로그램을 통해 획득하려고 의도했던 성과를 분석 및 정리해서 목표를 준거로 하여 가치 판단
이차적 효과 분석	· 프로그램을 운영해서 실제로 관찰한 성과 중에 목표에 진술하지 않았거나 전혀 의도하지 않았으나 예상 외의 부수 효과를 가져온 것을 추출하여 긍정적인 것과 부정적인 것으로 분류 및 정리

표적 집단의 요구 분석	· 프로그램 참가자와 이해관계 당사자들의 프로그램에 대한 요구 또는 기대를 폭넓게 조사하여 항목별로 열거
사실상 효과 분석	· 표적 집단의 요구와 프로그램에 대한 만족도를 준거로 이차적 효과를 판단한 다음 일차적 효과와 함께 프로그램의 실제 효과를 종합적으로 판단

라. Stake의 모형

Stake는 평가자들이 다양한 사람들의 주관적인 의견을 객관적으로 수렴해야 하고 이러한 판단 과정을 거쳐 처리하는 것이 기본적인 책무이기 때문에, 평가자가 평가를 수행하는데 있어서 수집하는 정보의 영역과 정보원을 제시하여 상호관계를 밝히는 것이 중요하다고 주장하였다(이성호, 2009). 구체적인 교육과정 평가 모형을 소개하면 [그림 12-2]와 같이 도식화할 수 있다.

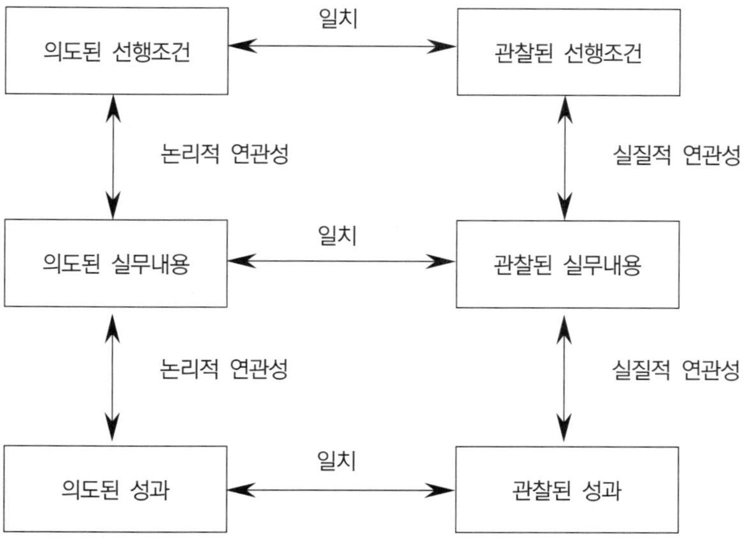

[그림 12-2] Stake의 교육과정 평가 모형

마. Stufflebeam의 모형

Stufflebeam은 평가가 의사결정에 필요한 정보를 설계, 획득, 제공하는 과정이라고 정의하면서 CIPP(content : 상황 및 맥락 평가, input : 투입 평가, process : 과정 평가, product : 산출 및 결과 평가)모형을 〈표 12-6〉과 같이 제시하였다.

〈표 12-6〉 Stufflebeam의 교육과정 평가 모형

구분	상황 및 맥락 평가	투입 평가	과정 평가	산출 및 결과 평가
개념	프로그램이나 수업 평가를 실시함에 있어 전반적인 맥락이나 환경을 분석하여 필요한 조건과 실제 상황을 명시하고 필요조건과 실제 상황이 일치하지 않는 부분의 해결방안 확인 및 진단하는 평가	평가에 동원되는 자원이나 자원체제의 활용 방법을 결정할 때 필요한 정보를 수집 및 제공하기 위한 평가	프로그램의 운영 방법과 절차를 수정 및 보완하는데 필요한 정보의 수집과 제공을 위해 프로그램의 운영 상황을 정기적으로 검색하는 평가	프로그램이 종료된 후에 프로그램의 성과를 측정하는 평가

특히, Stufflebeam의 교육과정 평가 모형은 의사결정 지향 평가의 전형적인 예시를 보여주었고, 평가에 있어서 환류(feedback)를 통한 재순환 과정을 제시하였다는데 큰 의의가 있다. 또한 맥락 및 상황 평가는 진단평가에, 투입 평가와 과정 평가는 형성평가에, 산출 및 결과 평가는 총괄평가에 해당한다.

바. Eisner의 모형

Eisner는 예술 활동에서 많이 사용하는 감정과 비평에서 교육비평이라는 개념을 도출하여 예술작품을 감정 또는 평가할 때 그 분야의 전문가들이 사용하는 절차와 기술을 교육평가에 적용하는 감정 · 비평 모형을 주장하면서 구체적인 교육과정 평가 모형의 절차는 〈표 12-7〉과 같다.

〈표 12-7〉 Eisner의 교육과정 평가 모형

단계	특징
실제 사상에 대한 감상	· 직관을 토대로 평가하고자 하는 교육적 사상 또는 실제 모습을 보고, 느끼고, 생각한 대로 담담하게 음미하고 감식
기술적 측면 비평	· 교육적 사상을 관찰, 감상해서 얻은 특징과 질을 상세하게 기술
해석적 측면 비평	· 기술한 특징과 질에 대한 교육적 의미와 가치를 자세하게 논리적으로 풀어서 설명
평가적 측면 비평	· 기술, 해석한 교육적 의미와 가치를 질적으로 판단
결론 도출과 제언	· 교육 실제를 정확하게 이해하고 개선하는데 필요한 결론 도출

4. 학교 교육과정의 평가

학교 교육과정의 평가 목적, 평가 방법, 평가 절차를 살펴보면 〈표 12-8〉과 같이 정리할 수 있다.

〈표 12-8〉 학교 교육과정의 평가

구분		특징
평가 목적		· 단위 학교 내에서 교육과정의 질 관리 · 현재 상태에서 갖고 있는 장, 단점을 파악하여 반성함으로써 개선 방안 및 장, 단기 발전 계획 수립 · 자체 연수 및 홍보 활동 자료 활용
평가 방법	서류점검	· 공식적 서류, 문서가 존재하고 객관적인 평가 자료로 활용 가능할 때 사용하는 방법
	설문조사	· 개인의 의견을 통해 평가할 필요가 있을 때 교사, 학생, 학부모 등을 대상으로 실시하는 방법
	면담	· 평가항목을 심층적으로 확인할 필요가 있을 때 교사, 학생, 학부모 등을 대상으로 실시하는 방법

<table>
<tr><td></td><td>관찰</td><td>· 평가 항목에 대한 사항을 실제로 방문, 관찰함으로써 보다 객관적인 평가가 가능한 경우에 실시하는 방법</td></tr>
<tr><td></td><td>교사별
자체보고서</td><td>· 전반적 교육활동에 대해 개별교사 스스로 자신을 어떻게 평가하는지를 요약, 정리하여 검토하는 방법</td></tr>
<tr><td rowspan="3">평
가
절
차</td><td>평가 준비</td><td>· 평가 계획 수립, 구체적 평가 일정 및 평가 영역 확정, 평가위원회 구성 등</td></tr>
<tr><td>평가 실시</td><td>· 평가 영역별 자료 수집, 분석, 종합
· 영역별 장, 단점 파악 및 개선 방안 모색</td></tr>
<tr><td>결과 활용</td><td>· 평가 결과 공개를 통한 교사, 학생, 학부모의 자기 반성</td></tr>
</table>

제13장

교육평가의 이해

1. 교육평가의 개념
2. 교육평가의 유형
3. 평가도구의 기준
4. 수행평가의 개념
5. 수행평가의 방법
6. 평가 문항 제작

1. 교육평가의 개념

교육평가는 교육활동에 대한 평가, 교육적 가치의 판단활동, 교육활동에 도움을 주는 교육평가 등 다양한 관점에서 해석할 수 있다 즉, 교육평가는 교수-학습의 개선과 학습자의 학습에 도움을 제공하고 교육과정 및 수업의 프로그램에 의해 교육평가가 실제로 어느 정도 실현되었는지 점검하는 것이다.

따라서, 교육평가의 목적이 다르면 평가의 정의가 달라지고 정의에 따라 목적을 달성하기 위한 행위, 즉 기능이 달라지기 때문에, 교육평가의 개념을 어떻게 정하느냐에 따라 교육평가의 목적과 기능이 달라질 수 있다(정현곤, 2000).

특히, 교육평가의 개념은 측정(measurement), 평가(evaluation), 사정(assessment) 등으로 구분하여 〈표 13-1〉과 같이 제시할 수 있다.

〈표 13-1〉 교육평가의 유사한 개념

구분	일반적 개념
측정	사물을 구분하기 위해 규칙에 따라 수를 부여하는 절차
평가	양적 기술과 질적 기술을 추가하여 가치 판단하는 과정
사정	다양한 측정결과를 통해 한 개인이나 대상의 전체적인 모습을 조명하는 전인적 평가

한편, 교육평가의 구성요소는 대체로 평가목적, 평가주체, 평가대상, 평가기준, 평가방법 등 다섯 가지로 구성되어 〈표 13-2〉 와 같이 나타낼 수 있다.

〈표 13-2〉 교육평가의 구성요소

구분	특징
평가목적	-'왜' 평가를 해야 하느냐와 관련 -평가주체, 평가대상, 평가기준, 평가방법 등 평가 전반에 걸쳐 직 · 간접적인 영향

평가주체	-'누가' 평가할 것인가에 관련 -평가의 권리와 책임이 누구에게 주어지는가에 대한 평가권의 문제
평가대상	-'누구의' '무엇을' 평가할 것인가? 와 관련 -평가객체와 더불어 그 객체의 어떤 측면을 평가할 것인가라는 평가내용도 포함
평가기준	-'왜 평가를 하는가?' 라는 평가목적과 관련 -평가목적이 보다 상세화되고 구체화된 것인 만큼 평가주체의 가치가 개입
평가방법	-'어떻게' 평가할 것인가? 와 관련 -다양한 평가방법을 현장에 적용

교육평가의 주요 목적은 교수-학습 과정에서 학생을 도울 수 있어야 하고 학생의 장점과 단점을 확인하는데 도움을 주어야 하며 교사가 자신의 교수-학습을 평가하는데 도움이 되어야 하며, 학생 · 학부모 · 관련 당사자에게 학생의 발전 및 성취에 관한 정보를 제공해야 한다(한상길 외, 2007).

최근의 교육평가를 전통적인 교육평가와 비교해 보면 〈표 13-3〉과 같이 요약할 수 있다.

〈표 13-3〉 전통적인 교육평가와 최근 교육평가의 비교

전통적인 교육평가	최근 교육평가
· 결과만 강조	· 과정의 평가도 중시
· 분절된 기능과 지식 위주 평가	· 통합된 기능과 지식의 적용 능력 평가
· 지필 위주 평가	· 참평가
· 탈맥락적 과제	· 맥락적 과제
· 하나의 정답만 요구	· 많은 정답 요구
· 공개되지 않은 평가 기준과 준거	· 공개적인 평가 기준과 준거
· 개인 위주 평가	· 소집단 평가 활용
· 주로 수업 후 평가 실시	· 교수, 학습 중의 평가 강조
· 피드백 거의 없음	· 상당히 많은 피드백 제공
· 객관식 위주의 표준화 시험	· 수행평가, 다양한 비형식적 시험
· 다른 사람에 의한 학생 평가	· 학생의 자기 평가
· 한 가지 평가 활용	· 다양한 평가 활용
· 간헐적 평가 실시(중간, 기말)	· 지속적인 평가
· 쉽게 측정되는 것을 평가	· 가장 가치가 높은 것을 평가

· 단절된 과학 지식 평가 · 학생들이 알지 못하는 것이 무엇인지 알기 위한 평가	· 구조화된 지식, 과학적 이해, 사고 평가 · 학생들이 이해하고 있는 것을 알기 위한 평가

2. 교육평가의 유형

교육평가의 유형은 평가 기능에 따라서 어떤 과제를 학습하기 전에 실시하는 진단평가 교수-학습이 진행되는 과정에서 실시하는 형성평가, 학습이 끝난 후에 수업목표의 달성여부를 최종적으로 판정하기 위해 실시하는 총괄평가로 구분할 수 있다(〈표 13-4〉 참조).

〈표 13-4〉 평가 기능에 따른 교육평가 유형

구분	특징
진단평가	· 학습자 수준이나 상태를 파악하고 그에 적합한 수업절차와 방법을 적용함으로써 수업의 효과를 극대화하기 위해 실시하는 평가
형성평가	· 교수, 학습이 진행되는 과정에서 주어진 교육목표 달성을 위해 정상적으로 진행되는지를 계속적으로 점검해 나가는 평가
총괄평가	· 교육과정이나 교육프로그램의 개발이나 편성과 관련하여 개발된 교육프로그램의 효율성을 종합적으로 평가

또한, 평가 기준을 어디에 있느냐에 따라 학습목표 등의 절대적 준거에 비추어 학생들의 성취 정도를 확인하는 준거지향 평가와 규준을 설정하여 학생들의 성취 정도를 상대적으로 비교하는 규준지향 평가가 있다(〈표 13-5〉 참조).

〈표 13-5〉 평가 기준에 따른 교육평가 유형

구분	특징
준거지향 (절대) 평가	· 주어진 교수목표를 어느 정도 달성하였는가에 관심 · 절대평가 · 인간의 가능성에 대한 신념 · 성적의 부적인 편포를 기대 · 검사도구의 타당도 강조 · 교수-학습활동의 개선 · 학습자의 정신 위생에 공헌 · 이해, 비교, 분석, 종합 등의 고등정신 능력 배양 · 수업목표의 성취기준 설정의 어려움
규준지향 (상대) 평가	· 학습자의 학업성취도가 속해 있는 집단의 결과에 비추어 상대적으로 나타내는 평가 · 상대평가 · 검사의 신뢰도 강조 · 검사점수의 정상분포 기대 · 개인차를 극대화시키는 선발적 기능 강조 · 개인차의 변별 가능 · 교사의 편견 배제 · 학습자들의 경쟁을 통한 동기 유발 유리 · 과대한 경쟁심리로 인한 인성교육 방해할 우려

3. 평가도구의 기준

좋은 평가도구를 판단하는 기준으로 타당도, 신뢰도, 객관도, 실용도의 네 가지 기준이 모두 충족되어야 좋은 평가도구라 할 수 있다.

먼저 타당도는 평가도구가 측정하고자 하는 구체적인 목표나 내용을 제대로 측정하고 있는가의 정도를 의미하는데, '무엇'이라는 개념과 관계 있다. 예를 들면

국어시험은 국어능력을 측정해야 하는데 사회생활 능력을 측정대상으로 해서는 안 된다.

신뢰도는 측정하려는 것을 얼마나 오차 없이 안정적으로 일관성 있게 측정하는가를 의미하는데, 평가도구가 '어떻게' 측정하고 있는가의 문제이다. 검사의 신뢰도를 높이기 위해서는 검사문항이 포괄적이고 우연히 정답을 맞추는 가능성을 최대한 줄여 검사 도구와 채점의 객관성을 높이고 피험자의 검사실시 환경이 동일해야 한다.

특히, 객관도는 채점 결과가 채점자들 간에 또는 시간의 흐름에 따라 어느 정도 일치하느냐 하는 정도를 의미하는데, 여러 채점자들이 자기의 편견, 의견, 감정을 완전히 제거하고 채점을 하게 되면 완전히 객관적이라 할 수 있다. 즉, 객관도는 검사자의 신뢰도로서, 검사의 채점자가 주관적인 편견을 갖지 않고 얼마나 객관적인 입장에서 공정하게 채점하느냐 하는 문제와 관련성이 있다. 이러한 객관도를 높이기 위해서는 평가기준을 객관화해야 하고 평가자의 자질이나 소양을 향상시키며 평가에 개인적인 인상, 편견, 감정이 반영되지 않도록 해야 하며 끝으로 여러 사람이 공동으로 평가를 해야 한다(김병희 외, 2008).

한편, 실용도는 한 검사도구가 경비, 시간, 노력을 적게 들이고도 달성하고자 하는 목적을 어느 정도 달성할 수 있느냐와 관련된 개념이다. 실용도를 높이기 위한 조건으로 평가 실시나 채점의 용이성, 실시조건의 단순성, 채점방법이 간단·명료성, 평가 결과 해석의 용이성, 평가 결과의 높은 활용성, 평가 경비·시간·노력의 최소화가 선행되어야 한다.

4. 수행평가의 개념

수행평가는 선다형의 대안, 즉 평가 방법의 대안을 의미하는 대안적 평가와 수행이 일어나는 조건과 반응이 실제 수행이 일어나야 하는 조건과 얼마나 가까운가를 의미하는 참 평가의 두 가지 평가의 특성을 모두 갖는 것으로 정의될 수 있다(김경자,

1999). 이러한 수행평가와 관련하여 사용되고 있는 여러 종류의 유사 용어로는 대안적 평가, 참 평가, 직접 평가, 실기 평가, 포트폴리오 평가, 과정 평가 등이 있다(〈표 13-6〉 참조).

〈표 13-6〉 수행평가와 관련된 유사 용어의 비교

유사 용어	개념
대안적 평가	· 한 시대의 주류를 이루는 평가체제와 성질을 달리하는 평가 · 선택형 문항을 사용하는 표준화된 검사의 대안적 평가 · 대안적 평가의 한 사례는 수행평가
참 평가	· 평가 상황이 실제 상황과 동일한 상태에서 이루어지는 평가 · 수행평가의 특수한 사례
직접 평가	· 간접적인 방법보다 직접적인 방법 중시 · 도덕성을 지필시험이나 구두시험이 아니라, 관찰을 통해 평가
실기 평가	· 아는 것이 아니라, 할 수 있는 것을 재는 평가 · 실기평가는 수행평가의 한 유형
포트폴리오 평가	· 학생이 쓰거나 만든 작품집이나 서류철 등을 이용한 평가 · 결과가 나오게 된 과정 및 변화에 대한 평가
과정 평가	· 학습의 결과가 아니라, 학습 과정을 평가의 대상으로 설정 · 수행평가의 중요한 측면

특히, 선택형 지필평가와 수행평가의 특징을 비교하면 〈표 13-7〉과 같이 제시할 수 있다.

〈표 13-7〉 전통적 평가와 수행평가의 특징 비교

구분	선택형 지필평가	수행평가
진리관	· 절대주의적 진리관	· 상대주의적 진리관
철학적 근거	· 합리론, 경험론	· 구성주의 · 현상학, 해석학, 인류학
시대적 상황	· 산업화 시대 · 소품종 다량 생산	· 정보화 시대 · 다품종 소량 생산
학습관	· 직선적, 위계적, 연속적 과정 · 추상적, 객관적 상황 중시 · 학습자의 기억, 재생산 중시	· 인지주의적 계속적 변화 · 구체적, 주관적 상황 중시 · 학습자의 이해, 성장 중시

평가 체제	· 규준 지향적 평가(상대평가) · 양적 평가	· 준거 지향적 평가(절대평가) · 질적 평가
평가 목적	· 선발, 분류, 배치 · 한 줄 세우기	· 지도, 조언, 개선 · 여러 줄 세우기
평가 내용	· 명제적 지식(내용적 지식) · 학습결과 중시 · 학문적 지능의 구성요소	· 절차적 지식(방법적 지식) · 학습과정 중시 · 실천적 지능의 구성요소
평가 방법	· 선택적 평가 위주 · 표준화 검사 중시 · 대규모 평가 중시 · 일회적 부분적 평가 · 객관성 · 일관성 · 공정성 강조	· 관찰자의 판단 위주 · 개별교사에 의한 평가 중시 · 소규모 평가 중시 · 지속적, 종합적 평가 · 전문성 · 타당도 · 적합성 강조
평가 시기	· 학습활동이 종료되는 시점 · 교수-학습과 평가활동 분리	· 학습활동의 모든 과정 · 교수-학습의 평가활동 통합
교사 역할	· 지식의 전달자	· 학습의 안내자, 촉진자
학생 역할	· 수동적인 학습자 · 지식의 재생산자	· 능동적인 학습자 · 지식의 창조자
교과서 역할	· 교수-학습평가의 핵심 내용	· 교수-학습 평가의 보조자료
교수 학습 활동	· 교사중심 · 인지적 영역 중심 · 암기 위주 · 기본학습 능력 강조	· 학생중심 · 지 · 정 · 체 모두 강조 · 탐구 위주 · 창의성 등 고등사고 기능 강조

한편, 수행평가의 전반적인 특징은 첫째, 수행평가는 학생이 문제의 정답을 선택하는 것이 아니라, 자기 스스로 답을 작성하거나 행동으로 나타내는 평가 방식이며, 둘째, 추구하고자 하는 교육목표 달성여부를 가능한 한 실제상황 속에서 파악하여 교수-학습 결과와 과정을 모두 중요시하는 평가 방식이고, 셋째, 단편적인 영역에 대한 일회적 평가보다는 학생 개인의 변화 · 발달과정을 종합적으로 평가하기 위해 전체적이면서도 지속적으로 이루어지는 평가 방식이며, 넷째, 인지적 · 정의적 · 심동적 영역에 대한 종합적 · 전인적 평가를 중시하여 학생의 학습과정을 진단하고 개별 학습을 촉진시키기 위한 평가 방식 등으로 제시할 수 있다(국립교육평가원, 1996).

따라서, 학교 현장에서 교수-학습의 질적 향상을 위해 도입하는 수행평가의 주된 의의는 첫째, 여러 측면의 지식이나 능력을 지속적으로 평가할 수 있으며, 둘째, 교수-학습 목표와 평가 내용을 보다 직접적으로 관련시킬 수 있고, 셋째, 교육평가의 과정이 학생의 학습과 이해력을 직접적으로 조장할 수 있도록 할 수 있으며, 넷째, 학생 개개인에게 의미있는 학습 활동이 이루어지도록 할 수 있으며, 다섯째, 창의성이나 고등사고 기능에 대한 평가나 학습의 과정에 대한 평가를 하기에 가장 적합한 평가 방식이라는 점이다(백순근, 1998).

5. 수행평가의 방법

수행평가의 방법은 서술형 및 논술형 검사, 구술시험, 토론법, 실기시험, 실험 · 실습법, 면접법, 관찰법 등 〈표 13-8〉과 같이 정리할 수 있다.

〈표 13-8〉 일반적인 수행평가 방법

구분	개념
서술형 검사	- 문제의 답을 선택하는 것이 아니라, 직접 구성하는 검사
논술형 검사	- 개인 나름의 생각 · 주장을 창의적 · 논리적으로 설득력 있게 작성하는 검사
구술시험	- 교육내용이나 주제에 대해 자신의 의견이나 생각을 발표하게 하여 학생의 준비도 · 이해력 · 표현력 · 판단력 · 의시소통능력 등 평가
토론법	- 교수-학습활동과 평가활동을 통합적으로 수행하는 방법 - 특정 주제에 대해 학생들이 서로 토론하는 것을 보고 평가
실기시험	- 교수-학습활동과 평가활동을 통합적으로 수행하는 방법 - 수업시간에 자연스러운 상황에서 해당 기술에 대해 평가
면접법	- 평가자와 학생이 서로 대화를 통해 얻고자 하는 자료나 정보를 수집하여 평가하는 방법

관찰법	- 자연적인 상황에서 학생들을 이해하고 평가하기 위해 행동을 주의 깊게 살펴보는 방법
자기평가	- 특정 주제나 교수-학습 영역에 대해 자기 스스로 학습 과정이나 학습 결과에 대한 평가보고서 작성 · 제출
동료평가	- 동료 학생들끼리 서로 평가
연구보고서법	- 연구 주제에 대해 자기 나름대로 자료를 수집 · 분석 · 종합하여 연구보고서 작성 · 제출
포트폴리오법	- 자신이 쓰거나 만든 작품을 지속적 · 체계적으로 모아둔 개인별 작품집 또는 서류철을 이용한 평가 방법

특히, 수행평가 방법들이 수행평가의 본질을 구현할 수 있는 정도를 연속선상에서 제시하면 〈표 13-9〉와 같다(백순근, 2003).

〈표 13-9〉 수행평가의 본질을 구현하는 정도에 따른 평가 방법의 분류

수행평가 본질의 구현 정도	평가 방법	비고
매우 높음 ↑	실제 상황에서의 평가	널리 사용되고 있는 수행평가
	실기시험, 실험 · 실습법, 관찰법	
	면접법, 구두시험, 토론법	
	자기평가 및 동료평가 보고서법	
	포트폴리오	
	연구보고서, 프로젝트법	
	논술형	
	서술형	
	단답형	보통 수행평가 방법에 포함되지 않는 수행평가
	완성형	
	선다형	
	연결형	
↓ 매우 낮음	진위형	

이 외에도 수행평가의 방법은 학습 과제 및 평가의 목표에 따라 선택적 반응 요구, 구성적 반응 요구, 특정 산출물 요구, 특정 활동 요구, 과정의 확인 등 다섯 가지 접근에 따라 〈표 13-10〉과 같이 분류할 수 있다(McTighe & Ferrara, 1994).

〈표 13-10〉 학습과제 및 평가 목표에 따른 수행평가 방법

구분	방법
선택적 반응 요구	- 선택적 문항, 진위형 문항, 배합형 문항
구성적 반응 요구	- 완성형 문항, 단답형 문항, 도표나 그림에 제목 붙이기 - 과제물 제시, 시각적 자료 만들기
특정 산출물 요구	- 수필, 연구보고서, 과제일지 - 실험보고서, 이야기/극본, 시, 포트폴리오
특정 활동 요구	- 구두발표, 무용/동작발표, 과학실험 시연 - 체육 경기, 연극, 토론, 음악 발표
과정의 확인	- 구두질문, 관찰, 면담, 회의, 학습일지 - 과정에 대한 기술, 생각하는 과정을 말로 표현

6. 평가 문항 제작

문제 출제자 평가 문항을 개발하기 위해서는 먼저 각각의 문항이 평가하고자 하는 내용과 평가 목적을 제대로 반영해야 하고 측정오차가 최소화되어야 하며 출제자는 교과에 대한 이해와 수업목표에 대한 충분한 이해가 선행되어야 하며 평가하고자 하는 내용을 문항으로 잘 진술해야 한다.

좋은 평가 문항의 조건은 측정하고자 하는 내용과 목적에 일치하는 문항, 단순한 기억을 묻는 문항보다 적용 · 분석 · 종합 · 평가 등 고등정신 기능을 동원하여 해결할 수 있는 문항, 기존에 출제되었던 문항이 아닌 새로운 문항, 질문의 내용이 명료한 문항, 지나치게 어렵거나 쉽지 않도록 난이도가 적절한 문항, 윤리적 · 도덕

적으로 문제가 없는 문항, 특정인이나 특정집단에게 유리하게 출제되지 않은 문항, 문항제작 지침을 따른 문항, 측정오차가 없는 문항 등이 있다(정종진, 1999).

특히, 교육평가는 평가목표의 설정, 평가 장면의 설정, 평가도구의 제작, 평가 실시와 결과 처리, 평가 결과의 해석 및 활용 등 5단계를 거치는데, 평가 문항을 제작하는 순서는 평가 목적의 확인과 설정, 출제 계획서의 작성, 출제 문항의 작성, 지시사항의 적성, 문항의 예비 편집, 예비 검사 실시 및 수정 보완, 최종 문항의 편집과 인쇄의 과정을 거친다.

한편, 평가 문항의 유형은 채점방법에 따라 주관식과 객관식 문항으로, 피검사자의 반응에 따라 선택형과 서답형 문항으로 구분되고, 선택형은 다시 진위형, 배합형, 선다형, 서답형은 단답형, 완결형, 논문형 등으로 분류할 수 있다(〈표 13-11〉 참조).

〈표 13-11〉 선택형의 유형

구분		특징
선택형	진위형	· 응답자에게 진술문을 제시한 후, 그것의 진위, 정오, 긍정-부정에 대한 이분법적인 판단을 요구하는 문항 · 양자 택일형 · 단위 검사시간에 많은 양의 문항 출제 가능 · 많은 교수목표를 포함시킬 수 있는 장점
	배합형	· 전제와 답지의 2개 군으로 구성 · 지시문에 따라 상호관계가 있는 것끼리 연결 · 전제와 답지에는 단어, 어구, 문장, 기호 등 사용가능 · 문항 제작이 비교적 간단 · 신뢰롭고 객관적인 채점
	선다형	· 진술문과 몇 개의 답지 또는 선택지를 같이 제시하여 놓고 응답자로 하여금 정답을 고르는 형식 · 문항 표집의 대표성이 높음 · 비교적 많은 수의 문항 골고루 출제

<table>
<tr><td rowspan="3">서답형</td><td>단답형</td><td>· 학습자가 갖고 있는 단순한 지식이나 정보를 측정하는데 적합한 문항
· 문항 제작이 용이하고, 정의, 개념, 사실 등에 대한 질문을 통한 넓은 범위의 교과 내용 평가
· 고차적 학습 능력 평가의 어려움
· 단순 지식, 개념, 사실들 측정 가능성</td></tr>
<tr><td>완성형</td><td>· 진술문의 일부분을 비워 놓고 거기게 적합한 단어, 기호 등을 써 넣는 방법
· 채점의 객관성 높고, 출제하기 용이
· 적용력, 분석력, 종합력 등 고차적인 정신능력을 요구하는 학습 성과 평가의 어려움</td></tr>
<tr><td>논문형</td><td>· 반응의 자유도가 크고, 고등정신 능력 평가
· 문항 제작 용이
· 채점의 객관성과 신뢰성 유지의 어려움
· 문항의 표본수가 제한
· 학습내용의 고른 평가의 어려움
· 채점하는데 많은 시간과 노력 소요</td></tr>
</table>

참고 문헌

강봉구 · 이종성(19940. 교육과정 · 교육평가 신강. 서울 : 형설출판사.

강봉규 · 박성혜 · 최미리(2006). 교육과정 및 교육평가. 서울 : 태영출판사.

강현석 외(2005). 교육과정 수업 평가를 위한 새로운 분류학. 서울 : 아카데미프레스.

강현석 · 주동범(2004). 현대 교육과정과 교육평가. 서울 : 학지사.

구병두 · 김범준(2007). 교육과정 및 교육평가. 경기 : 공동체.

국립교육평가원(1996). 초등학교의 새로운 평가제도에 따른 수행평가의 이론과 실제. 서울 : 국립교육평가원.

권순황(2006). 특수교육 교과교재 연구 및 지도법. 서울 : 일문사.

권영창 외(2006). 효과적인 교수-학습을 위한 교육방법론. 서울 : 형설출판사.

길형석 · 손충기(2007). 교육과정과 교육평가(증보판). 서울 : 동문사.

김경자(1999). 외국에서의 초등학교 수행평가. 수행평가 현장 적용을 위한 세미나 자료집. 한국교육과정평가원.

김경자(2000). 학교 교육과정론. 서울 : 교육과학사.

김대현 · 김석우(2005). 교육과정 및 교육평가(개정 2판). 서울 : 학지사.

김민경 외(2005). 초등교육방법 탐구. 서울 : 교육과학사.

김병희 · 김형구 · 배재학 · 이기용 · 이영애 · 정길영 · 최병옥(2008). 교육학개론. 경기 : 공동체.

김재춘 외(1998). 초 · 중등 교육과정 평가 방안 -제 7차 교육과정 평가 실행에 대비한 기초 연구-. 한국교육과정평가원 연구보고 RRC 98-2.

김진규(2007). 교육과정과 교육평가(개정판). 서울 : 동문사.

김진호 외(2002). 실기 · 예비 교사를 위한 교육방법의 기초. 서울 : 문음사.

박도순 · 홍후조(1999). 교육과정과 교육평가. 서울 : 문음사.

박도순 · 홍후조(2006). 교육과정과 교육평가(3판). 서울 : 문음사.

박성익 외(2003). 교육방법의 교육공학적 이해. 서울 : 교육과학사.

박숙희 · 염명숙(2007). 교수-학습과 교육공학. 서울 : 학지사.
박인식(1978). 교육목표 진술에 관한 연구. 연구논문집. 12(1).
박재환 외(2003). 실기교육방법론. 서울 : 형설출판사.
백순근(1998). 수행평가의 이론과 실제. 서울 : 원미사.
백순근(2003). 수행평가의 원리. 서울 : 교육과학사.
변영계(1979). 수업설계. 서울 : 배영사.
변영계(1999). 교수-학습 이론의 이해. 서울 : 학지사.
변영계(2005). 교수 · 학습이론의 이해. 서울 : 학지사.
손충기(2006). 교육과정과 교육평가. 서울 : 태영출판사.
신재한(2005). 교과지식 영역에 따른 대안적 수업목표 분류 방안 탐색. 한국교육논단, 4(2), 93-119.
양용칠(2000). 교육공학의 발전과 심리학 : 영향과 전망. 교육공학연구. 16(3), 27-50.
윤광보 · 김용욱 · 최병옥(2003). 교육방법과 교육공학의 이해. 경기 : 양서원.
윤팔중(1980). 인간중심 교육과정 이론. 서울 : 교육과학사.
윤팔중(1981). 전인교육을 위한 교육과정. 서울 : 배영사.
이귀윤(1996). 교육과정연구. 서울 : 교육과학사.
이성호(1984). 교육과정. 서울 : 문음사.
이성호(2009). 교육과정론. 경기 : 양서원.
이칭찬 · 신민희(2000). 신교육방법 및 교육공학. 서울 : 동문사.
이해명 · 피재성 · 손춘자 · 이은주 · 김현주 · 정경숙(2008). 현대 교육과정 및 평가(개정판). 서울 : 교육아카데미.
이홍우(1977). 교육과정 탐구. 서울 : 박영사.
이홍우(1992). 교육과정 탐구(증보). 서울 : 박영사.
이화여자대학교 교육공학과(2007). 21세기 교육방법 및 교육공학. 서울 : 교육과학사.
전성연(2001). 교수-학습의 이론적 탐색. 서울 : 원미사.
정범모(1961). 교육과정. 서울 : 중앙교육출판사.
정종진(1999). 교육평가. 경기 : 양서원.
정현곤(2000). 수행평가의 저해요인 규명과 활성화 방안에 관한 연구. 석사학위논문. 연세대학교 교육대학원.
조성일 외(2002). 교육방법과 교육공학. 서울 : 동문사.
조성일 · 신재흡 · 최혜영(2006). 지식기반사회에서 교육방법 및 교육공학의 이론과 실제. 서울 : 동문사.
최동근 · 양용칠 · 박인우(2000). 교육방법의 공학적 접근. 서울 : 교육과학사.
최호성(2008). 교육과정 및 평가 -이해와 응용-. 서울 : 교육과학사.
한상길 · 김응래 · 박선환 · 박숙희 · 정미경 · 조금주(2007). 교육학개론. 경기 : 공동체.
함수곤(2000). 교육과정과 교과서. 서울 : 대한교과서.
허경철(2000). 21세기 교육평가 어떻게 할 것인가. 한국교육과정평가원세미나 자료집. 107-140.

허숙(1987). 교육과정 이론의 쟁점. 서울 : 교육과학사.
허희옥 외(2003). 컴퓨터교육방법 탐구. 서울 : 교육과학사.
홍후조(2002). 교육과정의 이해와 개발. 서울 : 문음사.
홍후조(2007). 교육과정의 이해와 개발. 서울 : 문음사.
황정규(1984). 학교학습과 교육평가. 서울 : 교육과학사.
Anderson, L. W., & Krathwohl, D. R.(2001). A tazonomy for learning, teaching and assessin g : A revision of Bloom's taxonomy of educational objectives. New York : Longman.
Beauchamp, G. A.(1968). Curriculum Theory(4th). Wilmette : The Kagg.
Bigge, M. L., & Shermis, S. S.(1999). Learning theories for teachers(6th ed.). 55-58. Longman Inc.
Bobbit, F.(1918). The curriculum. Boston : Houghton Mifflin.
Brady, L.(1992). Curriculum development. (4th ed.). Sydney : Prentice Hall.
Brameld, T.(1956). Toward a Reconstructed Philosophy of Education : New York : The Dryden Press.
Bruner, J. S.(1960). The process of Education. Massachusettes : Harvard university press.
Bruner, J. S.(1966). Toward a Theory of Instruction, Cambridge : Harvard University Press.
Carroll, J. B.(1963). A model of school learning. Teachers College Record, 64.
Caswell, H. L., & Campbell, D. S.(1935). Curriculum development. New York : American Book.
Collins, A.(1991). Cognitve apprenticeship and instructional technology. L. Idol & F. Jones(eds.), Educational values and cognitive instruction : Implications for reform. Hillsdale, NJ : Lawrence Erlbaum Associates.
Cornbleth, C.(1990). Curriculum in context. London : Falmer.
Cuban, L.(1993). How teachers taugh : Constancy and change in American classrooms 1880-1900.(2nd ed.). New York : Teachers College Press.
Dewey, J.(1902). Child and the curriculum. Chicago : University of Chicago Press.
Doll, R. C.(1992). Curriculum improvement : Decision making and process. (8th ed.) Boston : Allyn & Bacon, Inc.
Eisner, E. W.(1979). The educational imagination. New York : Macmillan.
Eisner, E. W.(2002). The educational imagination : On the design and evaluation fo school programs. (3rd ed.). Upper Saddle River, NJ. : Merrill Prentice Hall.
Gagné, R. Briggs, L. & Wager, W.(1992). Principle of instructional design (4th ed.). Fort Worth, TX : Jovanovich.
Gagné, R. M(1977). The conditions of learning (3rd ed.). New York : Holt, Rinehard and Winston.
Gagné, R. M. & Briggs, L. J.(1979). Principle of instructional design (2th ed.). NY : Holt, Rinehart & Winston.

Gagné, R. M.(1985). The conditions of learning (4th ed.). New York : Holt, Rinehart & Winston.

Glatthorn, A. A., Boschee, F., & Whitehead, B. M.(2006). Curriculum leadership : Development and implemetation. Thousand O만, CA : Sage Publications, Inc.

Goodlad, J. I.(1984). A place called school : Prospects for the future. New York : McGraw-Hill.

Hall, G. E., Wallace, R. C., & Dossett, W. A.(1973). A developmental conceptualization of the adoption process within educational institution. Austion : University of Texas, Research and Development Center for Teacher Education.

Hass, G.(1987). Curriculum planning : A New approach. (5th ed.). Boston : Allyn and Bacon.

Hauenstein, A. D.(1998). Conceptual framework for educational objectives : A holistic approach to traditional taxonomies. Lanham, MD : University Press of America.

Hopkins, L. T.(1934). Curriculum principles and practice. New York : Sandborn Co.

Hutchins, R. M.(1936). The higher learning in America. New Haven, CT : Yale University Press.

Johnson, M.(1967). Definitions and models in curriculum theory. Educational Theory, 17(2), 127-140.

Kliebard, H. M.(1986). The struggle for the American curriculum : 1980-1958. London and Boston : Routledge and Kegan Paul.

Kneller, G. F.(1971). Introduction to the Philosophy of Education(2nd ed.). New York : Willy & Sons, Inc.

Marsh, C.(1992). Key concept for understanding curriculum. London : The Falmer Press.

Marzano, R. J.(2001). Designing a new taxonomy of educational objectives. Corwin Press, Inc.

McBrien, J. L., & Brandt, R.(1997). The language of learning : A guide to educational terms. Alexandria, VA : Associaton for Supervision and Curriculum Development.

Miller, J. P., & Seller, W.(1985). Curriculum : Perspective and practice. New York : Longman.

Oliva, P. F.(2001). Developing the curriculum(5th ed.). New York : Longman.

Oliver, A. I.(1977). Curriculum improvement : A Guide to Problems, Principles and Processes(2nd ed.). New York : Harper & Row.

Popham, W. J., & Baker, E. I.(1970). Systematic instruction. Englewood Cliffs, NJ : Prentice Hall.

Pring, R.(1984). Personal and social education in the curriculum : Concepts and contents. London : R & KP.

Provus, M.(1971). Discrepancy Evaluation for Education Program Improvement and Assessment. Berkeley, CA : McCutchan.

Ragan, W. B.(1960). Modern elementary curriculum(Rev. ed.). New York : Henry Holt.

Rugg, H. O.(1927). An adventure in understanding. In G. M. Whipple(Ed.). The foundations of curriculum-making. 26th Yearbook, National Society for the study of Education, Part 2. Bloomington, IL : Public School Publishing.

Saylor, J. G., Alexander, W. M., & Lewis, A. J.(1981). Curriculum planning for better teaching and learning(4th ed.). New York : Holt, Rinehart and Winston.

Smith, P. & Ragan, T.(1993). Instructional design. New York : Merrill.

Stenhouse, L.(1975). An introduction th curriculum research and development. London : Heine mann.

Taba, H.(1962). Curriculum development : Theory and practice. New York : Harcourt Brace and World.

Tanner, D., & Tanner, L. N.(1995). Curriculum development : Theory into practice(3rd ed.). New York : Macmillan.

Tharp. P. G. & Gallimore, R.(1988). Rousing minds to life : Teaching, learning and schooling in school context. Cambridge : Cambridge University Press.

Tyler, R. W.(1949). Basic principles of curriculum and instruction. Chicago IL : The University of Chicago Press.

Tyler, R. W.(1949). Basic principles of curriculum and instruction. Chicago IL : The University of Chicago Press.

Vygotsky, L. S.(1978). Mind in Society : The Development of Higher Psychological Processess. Cole M. & John-Steiner V. et al.(eds).

Walker, D. F.(1972). A naturalistic model for curriculum development. School Review. 80(1), 56-65.

Watras, J.(2006). The eight-year study : From evaluative research to demonstration project 1930-1940. Education Policy Analysis Archives, 14(21).

Wiggins, G., & McTighe, J.(2005). Understanding by design. (expanded 2nd. ed.). Alexandria, VA : The Association for Supervision and Curriculum Development.Alberty, H. B., & Alberty, E. I.(1963). Reorganizing the High School Curriculum. New York : The Macmillan.

Wiles, J. W., & Bondi, J.(2006). Curriculum development : A guide to practice(6th Ed.). Upper Saddle River, New Jersey : Prentice Hall.Mctighe, J., & Ferrara, S.(1994). Assessing Learning in the Classroom. Washington, D.C.: National Education Association.

부 록

부록 1. 2007 개정 초·중등학교 교육과정 편성 및 운영
부록 2. 2009 개정 초·중등학교 교육과정 편성 및 운영
부록 3. 2009 개정 창의적 체험활동 교육과정
부록 4. 2007 개정 유치원 교육과정 편성 및 운영

부록 1

2007 개정 초 · 중등학교 교육과정 편성 및 운영

교육인적자원부 고시 제2007-79호

초 · 중등교육법 제23조 제2항에 의거하여 초 · 중등학교 교육과정을 다음과 같이 고시합니다.

2007년 2월 28일
부총리 겸 교육인적자원부 장관

1. 초 · 중등학교 교육과정은 [별책 1]과 같습니다.
2. 초등학교 교육과정은 [별책 2]와 같습니다.
3. 중학교 교육과정은 [별책 3]과 같습니다.
4. 고등학교 교육과정은 [별책 4]와 같습니다.
5. 국어과 교육과정은 [별책 5]와 같습니다.
6. 도덕과 교육과정은 [별책 6]과 같습니다.
7. 사회과 교육과정은 [별책 7]과 같습니다.
8. 수학과 교육과정은 [별책 8]과 같습니다.
9. 과학과 교육과정은 [별책 9]와 같습니다.
10. 실과(기술 · 가정) 교육과정은 [별책 10]과 같습니다.
11. 체육과 교육과정은 [별책 11]과 같습니다.
12. 음악과 교육과정은 [별책 12]와 같습니다.
13. 미술과 교육과정은 [별책 13]과 같습니다.
14. 외국어과 교육과정은 [별책 14]와 같습니다.
15. 바른 생활, 슬기로운 생활, 즐거운 생활, 우리들은 1학년 교육과정은 [별책 15]와 같습니다.
16. 중학교 재량활동의 선택 과목 교육과정은 [별책 16]과 같습니다.
17. 한문, 교양 선택 과목 교육과정은 [별책 17]과 같습니다.
18. 특별활동 교육과정은 [별책 18]과 같습니다.
19. 농생명 산업 계열 전문 교과 교육과정은 [별책 19]와 같습니다.

20. 공업 계열 전문 교과 교육과정은 [별책 20]과 같습니다.
21. 상업 정보 계열 전문 교과 교육과정은 [별책 21]과 같습니다.
22. 수산 · 해운 계열 전문 교과 교육과정은 [별책 22]와 같습니다.
23. 가사 · 실업 계열 전문 교과 교육과정은 [별책 23]과 같습니다.
24. 과학 계열 전문 교과 교육과정은 [별책 24]와 같습니다.
25. 체육 계열 전문 교과 교육과정은 [별책 25]와 같습니다.
26. 예술 계열 전문 교과 교육과정은 [별책 26]과 같습니다.
27. 외국어 계열 전문 교과 교육과정은 [별책 27]과 같습니다.
28. 국제 계열 전문 교과 교육과정은 [별책 28]과 같습니다.

부 칙

1. 이 교육과정은 학교 급별, 학년별로 다음과 같이 시행합니다.
   가. 2009년 3월 1일 : 초등학교 1, 2학년
   나. 2010년 3월 1일 : 초등학교 3, 4학년, 중학교 1학년
   다. 2011년 3월 1일 : 초등학교 5, 6학년, 중학교 2학년, 고등학교 1학년
   라. 2012년 3월 1일 : 중학교 3학년, 고등학교 2학년
   마. 2013년 3월 1일 : 고등학교 3학년

2. 단, 수학과 및 외국어과(영어)의 교육과정은 교육인적자원부 고시 제2006-75호 (2006. 8. 29.)에 의거하여 다음과 같이 시행합니다.
   가. 2009년 3월 1일 : 초등학교 1, 2학년, 중학교 1학년, 고등학교 1학년
   나. 2010년 3월 1일 : 초등학교 3, 4학년, 중학교 2학년, 고등학교 2학년
   다. 2011년 3월 1일 : 초등학교 5, 6학년, 중학교 3학년, 고등학교 3학년

초 · 중등학교 교육과정의 성격

이 교육과정은 초 · 중등교육법 제23조 제2항에 의거하여 고시한 것으로, 초 · 중등학교의 교육 목적과 교육 목표를 달성하기 위한 국가 수준의 교육과정이며, 초 · 중등학교에서 편성, 운영하여야 할 학교 교육과정의 공통적, 일반적인 기준을 제시한 것이다.

이 교육과정의 성격은 다음과 같다.

가. 국가 수준의 공통성과 지역, 학교, 개인 수준의 다양성을 동시에 추구하는 교육과정이다.
나. 학습자의 자율성과 창의성을 신장하기 위한 학생 중심의 교육과정이다.
다. 교육청과 학교, 교원 · 학생 · 학부모가 함께 실현해 가는 교육과정이다.
라. 학교 교육 체제를 교육과정 중심으로 개선하기 위한 교육과정이다.
마. 교육의 과정과 결과의 질적 수준을 유지, 관리하기 위한 교육과정이다.

1. 교육과정 구성 방향

가. 추구하는 인간상

우리나라의 교육은 홍익인간의 이념 아래 모든 국민으로 하여금 인격을 도야하고, 자주적 생활 능력과 민주 시민으로서 필요한 자질을 갖추게 하여 인간다운 삶을 영위하게 하고, 민주 국가의 발전과 인류 공영의 이상을 실현하는 데 이바지하게 함을 목적으로 하고 있다. 이러한 교육 이념을 바탕으로, 이 교육과정이 추구하는 인간상은 다음과 같다.
가) 전인적 성장의 기반 위에 개성을 추구하는 사람
나) 기초 능력을 토대로 창의적인 능력을 발휘하는 사람
다) 폭넓은 교양을 바탕으로 진로를 개척하는 사람
라) 우리 문화에 대한 이해의 토대 위에 새로운 가치를 창조하는 사람
마) 민주 시민 의식을 기초로 공동체의 발전에 공헌하는 사람

나. 교육과정의 구성 방침

이 교육과정이 추구하는 인간상을 구현하기 위한 구성 방침은 다음과 같다.
가) 사회적 변화의 흐름을 주도할 수 있는 기본 능력을 길러 줄 수 있도록 교육과정을 구성한다.
나) 국민공통기본 교육과정과 선택 중심 교육과정 체제를 도입한다.
다) 교육 내용의 양과 수준을 적정화하고, 심도 있는 학습이 이루어지도록 한다.
라) 학생의 능력, 적성, 진로를 고려하여 교육 내용과 방법을 다양화한다.
마) 교육과정 편성과 운영에 있어서 현장의 자율성을 확대한다.

바) 교육과정 평가 체제를 확립하여 교육에 대한 질 관리를 강화한다.

2. 학교 급별 교육목표

이 교육과정이 추구하는 인간상을 구현하기 위하여 다음과 같이 학교 급별 교육 목표를 둔다.

가. 초등학교 교육 목표

초등학교의 교육은 학생의 학습과 일상생활에 필요한 기초 능력 배양과 기본 생활 습관을 형성하는 데 중점을 둔다.

가) 몸과 마음이 균형 있게 자랄 수 있는 다양한 경험을 가진다.

나) 일상생활의 문제를 인식하고 해결하는 기초 능력을 기르고, 자신의 생각과 느낌을 다양하게 표현하는 경험을 가진다.

다) 다양한 일의 세계를 이해할 수 있는 폭넓은 학습 경험을 가진다.

라) 우리의 전통과 문화를 이해하고 애호하는 태도를 가진다.

마) 일상생활에 필요한 기본 생활 습관을 기르고, 이웃과 나라를 사랑하는 마음씨를 가진다.

나. 중학교 교육 목표

중학교의 교육은 초등학교 교육의 성과를 바탕으로, 학생의 학습과 일상생활에 필요한 기본 능력과 민주 시민으로서의 자질을 함양하는 데 중점을 둔다.

가) 심신의 조화로운 발달을 추구하고, 자기 발견의 기회를 가진다.

나) 학습과 생활에 필요한 기본 능력과 문제해결력을 기르고, 자신의 생각과 느낌을 창의적으로 표현하는 경험을 가진다.

다) 다양한 분야의 지식과 기능을 익혀 적극적으로 진로를 탐색하는 경험을 가진다.

라) 우리의 전통과 문화에 대한 자긍심을 지니고, 이를 발전시키려는 태도를 가진다.

마) 자유 민주주의의 기본적 가치와 원리를 이해하고, 민주적인 생활 방식을 익힌다.

다. 고등학교 교육 목표

고등학교의 교육은 중학교 교육의 성과를 바탕으로, 학생의 적성과 소질에 맞는 진로 개척 능력과 세계 시민으로서의 자질을 함양하는 데 중점을 둔다.

가) 심신이 건강한 조화로운 인격을 형성하고, 성숙한 자아의식을 가진다.

나) 학문과 생활에 필요한 논리적, 비판적, 창의적 사고력과 태도를 익힌다.

다) 다양한 분야의 지식과 기능을 익혀, 적성과 소질에 맞게 진로를 개척하는 능력을 기른다.

라) 우리의 전통과 문화를 세계 속에서 발전시키려는 태도를 가진다.

마) 국가 공동체의 형성과 발전을 위해 노력하며, 세계 시민으로서의 의식과 태도를 가진다.

3. 편제와 시간(단위) 배당 기준

가. 편제

가) 교육과정은 국민공통기본 교육과정과 고등학교 선택 중심 교육과정으로 구성한다.

나) 국민공통기본 교육과정은 교과, 재량활동, 특별활동으로 편성한다. [표 1]

(1) 교과는 국어, 도덕, 사회, 수학, 과학, 실과(기술 · 가정), 체육, 음악, 미술, 외국어(영어)로 한다. 다만, 초등학교 1, 2학년의 교과는 국어, 수학, 바른 생활, 슬기로운 생활, 즐거운 생활 및 우리들은 1학년으로 한다.

(2) 재량활동은 교과 재량활동과 창의적 재량활동으로 한다.

(3) 특별활동은 자치활동, 적응활동, 계발활동, 봉사활동, 행사활동으로 한다.

다) 고등학교 선택 중심 교육과정은 교과와 특별활동으로 편성한다.

(1) 교과는 보통 교과와 전문 교과로 한다.

㈎ 보통 교과는 국어, 도덕, 사회, 수학, 과학, 기술 · 가정, 체육, 음악, 미술, 외국어와 한문, 교양 선택 과목으로 한다. [표 2]

㈏ 전문 교과는 농생명 산업, 공업, 상업 정보, 수산 · 해운, 가사 · 실업, 과학, 체육, 예술, 외국어, 국제에 관한 교과로 한다. [표 3]

(2) 특별활동은 자치활동, 적응활동, 계발활동, 봉사활동, 행사활동으로 한다.

나. 시간(단위) 배당 기준

1) 국민공통기본 교육과정

[표 1]

구분 \ 학교		초등학교						중학교			고등학교
구분 \ 학년		1	2	3	4	5	6	7	8	9	10
교과	국 어			238	204	204	204	170	136	136	136(8)
	도 덕	국 어 210	238	34	34	34	34	68	68	34	34(2)
	사 회	수 학 120	136	102	102	102	102	사 회 102	·	68	102(6)
								역 사 ·	102	68	102(6)
	수 학	바른 생활 60	68	136	136	136	136	136	136	102	136(8)
	과 학			102	102	102	102	102	136	136	136(8)
	실 과	슬기로운 생활 90	102	·	·	68	68	기술 · 가정 68	102	102	102(6)
	체 육	즐거운 생활 180	204	102	102	102	102	102	102	68	68(4)
	음 악			68	68	68	68	68	34	34	34(2)
	미 술	우리들은 1학년 80	·	68	68	68	68	34	34	68	34(2)
	외국어 (영어)			34	34	68	68	102	102	136	136(8)
재량 활동		60	68	68	68	68	68	102	102	102	102(6)
특별 활동		30	34	34	68	68	68	68	68	68	68(4)
연간 총 수업 시간 수		830	850	952	952	1,054	1,054	1,122	1,122	1,122	1,190(70)

① 이 표의 국민공통기본 교육 기간에 제시된 시간 수는 34주를 기준으로 한 연간 최소 수업 시간 수이다. 단, 3~6학년의 연간 총 수업 시간 수는 주 5일 수업에 따라 감축된 시간 수이므로 학교에서는 교과 수업 시간 수 중 연간 34시간의 범위 내에서 감축하여 운영한다.

② 1학년의 교과, 재량활동, 특별활동에 배당된 시간 수는 30주를 기준으로 한 것이며, '우리들은 1학년'에 배당된 시간 수는 3월 한 달 동안의 수업 시간 수를 제시한 것이다.

③ 1시간의 수업은 초등학교 40분, 중학교 45분, 고등학교 50분을 원칙으로 한다. 다만, 기후, 계절, 학생의 발달 정도, 학습 내용의 성격 등을 고려하여 실정에 알맞도록 조절할 수 있다.

④ 10학년의 ( ) 안에 제시된 숫자는 단위 수이다.

2) 고등학교 선택중심 교육과정

(가) 보통 교과

[표 2]

구 분		선 택 과 목
교과	국 어	· 화법(6), 독서(6), 작문(6), 문법(6), 문학(6), 매체 언어(6)
	도 덕	· 현대 생활과 윤리(6), 윤리와 사상(6), 전통 윤리(6)
	사 회	· 한국 지리(6), 세계 지리(6), 경제 지리(6), 한국 문화사(6), 세계 역사의 이해(6), · 동아시아사(6), 법과 사회(6), 정치(6), 경제(6), 사회 · 문화(6)
	수 학	· 수학의 활용(6), 수학 I(6), 미적분과 통계 기본(6), 수학 II(6), 적분과 통계(6), 기하와 벡터(6)
	과 학	· 물리 I(6), 화학 I(6), 생명 과학 I(6), 지구 과학 I(6), 물리 II(6), 화학 II(6), 생명 과학 II(6), 지구 과학 II(6)
	기술 · 가정	· 농업 생명 과학(6), 공학 기술(6), 가정 과학(6), 창업과 경영(6), 해양 과학(6), 정보(6)
	체 육	· 운동과 건강 생활(4), 스포츠 문화(4), 스포츠 과학(6)
	음 악	· 음악 실기(4), 음악과 사회(4), 음악의 이해(6)
	미 술	· 미술과 삶(4), 미술 감상(4), 미술 창작(6)
	외국어	· 영어 I(6), 영어 II(6), 실용 영어 회화(6), 심화 영어 회화(6), 영어 독해와 작문(6), 심화 영어 독해와 작문(6) · 독일어 I (6), 독일어 II (6), 프랑스 어 I (6), 프랑스 어 II (6), 스페인 어 I (6), 스페인 어 II (6), · 중국어 I(6), 중국어 II(6), 일본어 I(6), 일본어 II(6), 러시아 어 I(6), 러시아 어 II(6), 아랍 어 I(6), 아랍 어 II(6)
	한 문	· 한문 I(6), 한문 II(6)
	교 양	· 생활과 철학(4), 생활과 논리(4), 생활과 심리(4), 생활과 교육(4), 생활과 종교(4), 생활 경제(4), 안전과 건강(4), 진로와 직업(4), 환경(4)
	이수 단위	132
특별활동		8
총 이수 단위		140

① ( ) 안의 숫자는 단위 수이며, 1단위는 매주 50분 수업을 기준으로 하여 1학기(17주)

동안 이수하는 수업량이다.

② 〈삭제〉

③ 〈삭제〉

④ 학교는 필요한 경우 시·도 교육감의 승인하에 [표 3]의 전문 교과 과목을 개설하거나 새로운 과목을 신설할 수 있다.

(나) 전문 교과

[표 3]

교과	과목				기준 학과
농생명 산업	농업 이해	농업 기초 기술	농업 정보 관리	농업 경영	식물자원과
	생물 공학 기초	재배	작물 생산 기술	숲과 인간	동물자원과
	산림 자원 기술	원예	생활 원예	생산 자재	농업토목과
	원예 기술 Ⅰ	원예 기술 Ⅱ	동물 자원	사육 기술 Ⅰ	식품가공과
	사육 기술 Ⅱ	누에와 비단	조경	조경 기술 Ⅰ	농업기계과
	조경 기술 Ⅱ	농업과 물	농촌과 농지 개발	농업 토목 기술 Ⅰ	조경과
	농업 토목 기술 Ⅱ	농업 기계	농업 기계공작	농업 기계 기술 Ⅰ	농산물유통정보과
	농업 기계 기술 Ⅱ	식품 과학	식품 위생	식품 가공 기술 Ⅰ	환경·관광농업과
	식품 가공 기술 Ⅱ	농산물 유통	농산물 유통 관리 Ⅰ	농산물 유통 관리 Ⅱ	생물공학과
	환경 보전	환경 관리 Ⅰ	환경 관리 Ⅱ	농업과 관광	
공업	공업 입문	기초 제도	정보 기술 기초	전문 제도	기계과
	기계 일반	전기 일반	공업 영어	기계 설계	전자기계과
	기계공작법	원동기	유체 기기	공기 조화 설비	금속재료과
	기계 기초 공작	공작 기계 Ⅰ	공작 기계 Ⅱ	산업 설비	전기과
	금형 제작	전자 기계 이론	전자 기계 회로	전자 기계공작	전자과
	전자 기계 제어	로봇 기초	로봇 제작	재료 일반	통신과
	금속 제조	재료 가공	주조	금속 처리	컴퓨터응용과
	전기 응용	전기 회로	전기 기기	전력 설비 Ⅰ	토목과
	전력 설비 Ⅱ	전자·전자 측정	자동화 설비	전자 기기	건축과
	전자·전산 응용	전자 회로	계측 제어	통신 일반	디자인과
	정보 통신	통신 시스템	컴퓨터 구조	시스템 프로그래밍	화학공업과
	프로그래밍	디지털 논리 회로	측량	역학	환경공업과
	토목 설계	토목 일반	토목 재료·시공	수리·토질	세라믹과
	지적 전산	지적 실무	건축 구조	건축 계획 일반	식품공업과
	건축 목공	건축 시공 Ⅰ	건축 시공 Ⅱ	디자인 일반	섬유과
	색채 관리	조형	제품 디자인	공예	인쇄과
	시각 디자인	컴퓨터 그래픽	공업 화학	단위 조작·공정 제어	자동차과
	제조 화학	분석 화학	기능성 세라믹	세라믹 원리·공정	조선과
	구조 세라믹	세라믹 디자인	발효 공업	식품 제조 기계	항공과
	식품 분석	식품 공업 기술	섬유 재료	방적·방사	컴퓨터게임과
	제포·봉제	염색·가공	인쇄 일반	인쇄·사진 재료	만화·애니메이션과
	평판 인쇄	특수 인쇄	사진·전자 제판	사진	영상제작과
	자동차·건설 기계	자동차 기관	자동차 섀시	자동차 전기·전자 제어	
	건설 기계 구조·정비	자동차 차체 수리	선박 이론	선박 구조	
	선박 건조	항공기 일반	항공기 기체	항공기 기관	
	항공기 장비	항공기 전자 장치	환경 공업 일반	수질 관리	
	대기·소음 방지	폐기물 처리	컴퓨터 게임 기획	컴퓨터 게임 프로그램	
	컴퓨터 게임 그래픽	만화·애니메이션 기초	애니메이션 제작	만화 창작	
	영화·방송 제작	촬영·조명	방송 시스템		
상업 정보	상업 경제	컴퓨터 일반	회계 원리	기업과 경영	경영정보과
	경영과 법	마케팅과 광고	경영 정보 시스템	기업 자원 관리	회계정보과
	커뮤니케이션 실무	원가 회계	기업 회계	전산 회계	무역정보과
	세무 회계	금융과 생활	국제화와 기업 경영	무역 영어	유통경영과
	전자 무역과 국제 상무	유통 정보 관리	물류 관리	자료 처리	정보처리과
	프로그래밍 실무	소프트웨어 개발	사무 관리 실무	멀티미디어 일반	멀티미디어과
	멀티미디어 기획	멀티미디어 실무	웹 프로그래밍	전자 상거래 일반	전자상거래과
	인터넷 쇼핑몰 관리	전자 상거래 실무	인터넷 마케팅	창업 일반	응용디자인과
					관광경영과

수산·해운	수산 일반	해사 일반	해양 일반	수산·해운 정보 처리	해양생산과
	수산 생물	수산 경영 일반	해양 생산 기술	수산 양식	수산양식과
	양식 생물 질병	수산 가공	수산물 유통	해양 환경	자영수산과
	해양 오염	냉동 일반	냉동 기계	냉동 공조 실무	수산식품과
	열기관	선박 보조 기계	선박 전기·전자	기계 설계·공작	해양환경과
	잠수 기술	항해	선박 운용	해사 법규	냉동공조과
	해사 영어	선화 운송	전자 통신 공학	전자 통신 기기	동력기계과
	전자 통신 운용	생선회 실무	해양 레저·관광	항만 물류 일반	항해과
	해양 정보 관리				전자통신과
					해양레저과
					항만물류과
					해양정보과
가사·실업	인간 발달	식품과 영양	급식 관리	한국 조리	조리과
	동양 조리	서양 조리	제과 제빵	의복 재료·관리	의상과
	패션 디자인	한국 의복 구성	서양 의복 구성	자수와 편물	실내디자인과
	주거	실내 디자인	가구 디자인	디스플레이	유아교육과
	영·유아 교육 원리	영·유아 교육 프로그램	영·유아 놀이 교육	영·유아 생활 지도	관광과
	관광 일반	관광 경영 실무	관광 서비스 실무	관광 외식·조리	간호과
	관광 영어	관광 일본어	관광 중국어	간호의 기초	복지서비스과
	보건 간호	기초 간호 임상 실무	기초 복지 서비스	노인 생활 지원	미용과
	헤어 미용	피부 관리	메이크업	공중 보건	
과 학	물리 실험	화학 실험	생명 과학 실험	지구 과학 실험	
	과학사	전자 과학	정보 과학 Ⅰ	정보 과학 Ⅱ	
	고급 수학	고급 물리	고급 화학	고급 생명 과학	
	고급 지구 과학	과제 연구 Ⅰ	과제 연구 Ⅱ	환경 과학	
	현대 과학과 기술	원서 강독	워크숍	과학 철학	
체 육	스포츠 개론	스포츠 경기 과학	체육과 진로 탐구	육상 운동	스포츠경기과
	체조 운동	수상 운동	개인·대인 운동	단체 운동	체육지도과
	투기 운동	빙상·설상 운동	표현·창작 운동	체력 운동	
	전문 스포츠 경기 체력	전문 스포츠 경기 초급	전문 스포츠 경기 중급	전문 스포츠 경기 고급	
	전문 스포츠 경기 실습	스포츠 교육	코칭론	건강 관리	
	스포츠 행정·경영	전공 실기	전공 실습		
예 술	음악 이론	음악사·감상	시창·청음	음악 전공 실기	음악과
	합창	합주	연주	컴퓨터와 음악	미술과
	교양 실기				무용과
	미술 이론	미술사	소묘	기초 회화	문예창작과
	기초 조소	기초 디자인·공예	미술 전공 실기	영상 매체와 미술	연극영화과
	미술 감상과 비평				사진과
	무용의 이해	기초 한국 무용	기초 발레	기초 현대 무용	
	무용 전공 실기	무용 음악	안무	무용 감상과 비평	
	문학의 이해	문장론	고전 문학의 감상과 비평	현대 문학의 감상과 비평	
	시 창작	소설 창작	희곡 창작	매체와 문학	
	연극의 이해	무대 기술	연기	연극 제작 실습	
	연극 감상과 비평	영화의 이해	영화 기술	영화 창작과 표현	
	영화 제작 실습	영화 감상과 비평			
	사진의 이해	기초 촬영	중급 촬영	암실 실기	
	사진 편집	디지털 사진 촬영	디지털 사진 표현 기법	사진 감상과 비평	
외국어	심화 영어	영어 청해	영어 회화 Ⅰ	영어 회화 Ⅱ	영어과
	영어 독해	영어 작문	영어권 문화 Ⅰ	영어권 문화 Ⅱ	독일어과
	영어 문법				프랑스어과
					스페인어과
	기초 독일어	독일어 청해	독일어 회화 Ⅰ	독일어 회화 Ⅱ	중국어과
	독일어 독해	독일어 작문	독일어권 문화 Ⅰ	독일어권 문화 Ⅱ	일본어과
	독일어 문법				러시아어과
					아랍어과
	기초 프랑스 어	프랑스 어 청해	프랑스 어 회화 Ⅰ	프랑스 어 회화 Ⅱ	
	프랑스 어 독해	프랑스 어 작문	프랑스 어권 문화 Ⅰ	프랑스 어권 문화 Ⅱ	
	프랑스 어 문법				

	기초 스페인 어 스페인 어 독해 스페인 어 문법	스페인 어 청해 스페인 어 작문	스페인 어 회화 Ⅰ 스페인 어권 문화 Ⅰ	스페인 어 회화 Ⅱ 스페인 어권 문화 Ⅱ	
	기초 중국어 중국어 독해 중국어 문법	중국어 청해 중국어 작문	중국어 회화 Ⅰ 중국 문화 Ⅰ	중국어 회화 Ⅱ 중국 문화 Ⅱ	
	기초 일본어 일본어 독해 일본어 문법	일본어 청해 일본어 작문	일본어 회화 Ⅰ 일본 문화 Ⅰ	일본어 회화 Ⅱ 일본 문화 Ⅱ	
	기초 러시아 어 러시아 어 독해 러시아 어 문법	러시아 어 청해 러시아 어 작문	러시아 어 회화 Ⅰ 러시아 문화 Ⅰ	러시아 어 회화 Ⅱ 러시아 문화 Ⅱ	
	기초 아랍 어 아랍 어 독해 아랍 어 문법	아랍 어 청해 아랍 어 작문	아랍 어 회화 Ⅰ 아랍 문화 Ⅰ	아랍 어 회화 Ⅱ 아랍 문화 Ⅱ	
국 제	영어 강독 중국어 강독 국제 정치 Ⅰ(6) 세계 문제 국제법 한국의 현대 사회 예능 실습	독일어 강독 일본어 강독 국제 정치 Ⅱ(6) 비교 문화 Ⅰ(6) 지역 이해 한국어	프랑스 어 강독 러시아 어 강독 국제 경제 Ⅰ(6) 비교 문화 Ⅱ(6) 인류의 미래 사회 과제 연구 Ⅰ(6)	스페인 어 강독 아랍 어 강독 국제 경제 Ⅱ(6) 정보 과학 한국의 전통 문화 과제 연구 Ⅱ(6)	

① 전문 교육을 주로 하는 고등학교에서는 [표 3]에서 필요한 전문 과목을 80단위 이상 이수한다.

② 전문 교육을 주로 하는 고등학교에서는 다음 과목을 필수로 이수한다.

㉮ 농생명 산업 계열 : 농업 이해, 농업 기초 기술, 농업 정보 관리

㉯ 공업 계열 : 공업 입문, 기초 제도, 정보 기술 기초

㉰ 상업 정보 계열 : 상업 경제, 회계 원리, 컴퓨터 일반

㉱ 수산 · 해운 계열 : 해양 일반, 수산 · 해운 정보 처리, 수산 일반 (수산 계열), 해사 일반 (해운 계열)

㉲ 가사 · 실업 계열 : 인간 발달, 컴퓨터 일반

㉳ 체육 계열 : 스포츠 개론, 스포츠 경기 과학, 체육과 진로 탐구

㉴ 외국어 계열 : 각 학과 해당 기초 외국어(영어과는 심화 영어), 청해, 회화 Ⅰ, 문화 Ⅰ, 독해

㉵ 국제 계열 : 영어 강독, 지역 이해, 한국의 전통 문화

③ 전문 교과의 각 과목에 대한 이수 단위는 시 · 도 교육감이 정하되, 외국어와 국제에 관한 교과의 각 과목별 이수 단위는 8단위 이하로 배당한다.

④ 국제 계열 고등학교에서 이수하는 외국어 과목은 외국어에 관한 교과의 과목에서 선택하여 이수한다.

4. 교육과정의 편성 · 운영 지침

가. 기본 지침

1) 국민공통기본 교육과정

1학년부터 10학년까지의 10년 동안에는 국민공통기본 교육과정을 편성, 운영한다.

(1) 국민공통기본 교육과정의 시간 배당 기준에 배당된 각 학년별 교과, 재량활동, 특별활동의 수업 시간 수는 이 기간 동안에 모든 학생들이 필수적으로 이수해야 할 연간 기준 수업 시간 수이다.

(2) 국민공통기본 교육과정에서는 학생의 능력과 적성, 진로를 고려하여 교육 내용과 방법을 다양화한다. 특히 국어, 사회, 수학, 과학, 영어 교과에서는 수준별 수업을 권장한다. (2006. 8. 29. 교육인적자원부 고시 제2006—75호)

(3) 재량활동에서 교과 재량활동은 중등학교의 선택 과목 학습과 국민공통기본 교과의 심화 · 보충 학습을 위한 것이며, 창의적 재량활동은 학교의 독특한 교육적 필요, 학생의 요구 등에 따른 범교과 학습과 자기 주도적 학습을 위한 것이다. 재량활동의 영역별 이수 시간(단위) 수는 학교가 시 · 도 교육청의 지침에 따라 편성한다.

(가) 초등학교의 재량활동은 창의적 재량활동으로 운영한다.

(나) 중학교의 교과 재량활동은 한문, 정보, 환경, 생활 외국어(독일어, 프랑스어, 스페인어, 중국어, 일본어, 러시아어, 아랍어), 기타의 선택 과목 학습 시간에 중점을 두어 운영한다.

(다) 고등학교 1학년의 교과 재량활동은 선택 중심 교육과정의 선택 과목 학습 또는 국민공통기본 교과의 심화 · 보충 학습으로 운영한다. 다만, 전문 교육을 주로 하는 고등학교에서는 전문 교과로 대체하여 이수할 수 있다.

(4) 특별활동은 다음과 같이 편성, 운영한다.

(가) 특별활동의 영역별 시간(단위) 수는 학생의 요구와 지역 및 학교의 특성을 고려하여 학교 재량으로 배정하되, 봉사활동과 행사활동은 학교의 실정에 따라 별도의 시간을 확보하여 운영할 수 있다.

(나) 〈삭제〉

(다) 특별활동은 학교의 필요에 따라 시간(단위) 배당 기준보다 더 많은 시간을 확보하여 운영할 수 있으며, 다양한 방식으로 시간 운영을 통합하거나 분할하여 융통성 있게 할 수 있다.

2) 고등학교 선택 중심 교육과정

11, 12학년의 2년 동안에는 선택 중심 교육과정을 편성, 운영한다.

(1) 선택 중심 교육과정의 총 이수 단위는 140단위로, 선택 과목에 132단위, 특별 활동에 8단위로 나누어 편성한다.

(2) 일반계 고등학교의 교과 편성 · 운영

(가) 〈삭제〉

(나) 〈삭제〉

(다) 선택 과목은 학생들의 균형적인 이수를 위하여 ① 인문 · 사회 과목군(국어, 도덕, 사회), ② 과학 · 기술 과목군(수학, 과학, 기술 · 가정), ③ 체육 과목군(체육), ④ 예술 과목군(음악, 미술), ⑤ 외국어 과목군(외국어), ⑥ 교양 과목군(한문, 교양)으로 나눈다. 모든 학생은 ①~④ 과목군에서는 각각 1과목 이상, 외국어 과목군에서는 영어를 제외한 외국어 중에서 1과목 이상, 교양 과목군에서는 2과목 이상을 이수한다.

(라) 선택 과목 중에서 과목명에 Ⅱ가 있는 과목을 선택하기 위해서는 Ⅰ을 먼저 이수해야 하나, 학교의 실정, 학생의 요구, 과목의 성격에 따라 이수를 면제하거나 대체할 수 있다.

(마) 선택 과목에 배당된 132단위 중에서 시 · 도 교육청, 단위 학교는 각각 28단위 이상 지정할 수 있다. 학생의 선택은 최소 28단위 이상으로 하되, 이에 대한 구체적인 사항은 시 · 도 교육청이 정한 지침에 따른다.

(바) 보통 교과의 선택 과목은 기준 단위를 2~4단위까지 증감 운영할 수 있다. 다만, 이수 단위가 4단위인 과목은 증배 운영만 가능하다.

(사) 〈삭제〉

(3) 전문 교육을 주로 하는 고등학교의 교과 편성 · 운영

(가) 국민공통기본 교과에 배당된 60단위는 필수적으로 이수하도록 하고, 이를 포함하여 보통 교과를 80단위 이상 이수하도록 한다.

(나) 선택 과목 중에서 전문 교과의 기초가 되는 과목을 선택하여 이수할 경우, 이를 해당 국민공통기본 교과의 이수로 간주할 수 있다.

(다) 교원 및 시설 여건과 학생들의 요구를 반영하여 11학년에서도 국민공통기본 교과의 일부를 편성할 수 있다.

(라) 보통 교과의 선택 과목은 기준 단위를 2~4단위까지 증감 운영할 수 있다.

(마) 내용이 유사하거나 관련되는 보통 교과의 선택 과목과 전문 교과는 교체하여 편성, 운영할 수 있다.

㈓ 전문 교과는 필요한 경우 다른 계열의 전문 과목을 선택하여 편성, 운영할 수 있다.

㈔ 〈삭제〉

㈕ 2개 이상의 계열을 운영하는 실업계 고등학교의 경우 해당 학과가 속한 계열의 필수 과목을 이수한다.

㈖ 학교는 필요에 따라 시 · 도 교육감의 승인을 받아 총 교과 이수 단위를 10% 범위 내에서 증배 운영할 수 있다. 다만, 특수 목적 고등학교는 전문 교과에 한하여 증배 운영할 수 있다. (2004. 11. 26. 교육인적자원부 고시 제2004—85호)

(4) 11, 12학년의 특별활동에 배당된 8단위는 지역 및 학교 실정에 따라, 각 영역별 이수 단위를 학교에서 재량으로 편성한다.

나. 지역 및 학교에서의 편성 · 운영

1) 시 · 도 교육청

(1) 편성

㈎ 시 · 도 교육청은 이 교육과정에 의거하여 다음 사항이 포함된 각급 학교 교육과정 편성 · 운영 지침을 작성하고, 이를 관내의 지역 교육청과 각급 학교에 제시한다.

① 국민공통기본 교육과정과 교과, 재량활동, 특별활동의 시간 확보와 운영에 관한 사항

② 국민공통기본 교육과정의 교과, 재량활동, 특별활동의 교육 중점에 관한 사항

③ 〈삭제〉 (2006. 8. 29. 교육인적자원부 고시 제2006—75호)

④ 중학교 재량활동의 선택 과목 시간 확보와 운영에 관한 사항

⑤ 고등학교 선택 중심 교육과정의 편성과 운영에 관한 사항

⑥ 교육과정에 표시되지 않은 교과목의 신설과 운영에 관한 사항

⑦ 고등학교의 계열, 학과의 신설과 운영에 관한 사항

⑧ 일반계 고등학교의 과정 설치와 운영에 관한 사항

⑨ 실업계 및 기타계 고등학교의 전문 교과 이수 단위에 관한 사항

⑩ 실업계 및 기타계 고등학교의 전문 교과 실험 · 실습에 관한 사항

⑪ 실업계 고등학교의 현장 실습에 관한 사항

⑫ 고등학교 총 이수 단위 수의 증배 운영에 관한 사항

⑬ 교과, 재량활동, 특별활동의 교육 평가에 관한 사항

⑭ 교과용 도서의 인정, 개발, 보급에 관한 사항
⑮ 조기 입학, 조기 진급 및 졸업에 관한 사항
⑯ 특수아, 귀국자 및 다문화 가정 자녀의 교육에 관한 사항
⑰ 학교 교육과정의 작성 절차 및 체제에 관한 사항
⑱ 독서 목록 작성 · 활용에 관한 사항
⑲ 교육과정 편성 · 운영에 관한 평가와 질 관리에 관한 사항
⑳ 재량활동 및 특별활동 운영의 지원에 관한 사항
㉑ 특성화 학교, 자율 학교 등의 교육과정 운영에 관한 사항
㉒ 기타 필요한 사항

㈏ 시 · 도 교육청은 교육과정의 편성 · 운영에 관한 조사 연구와 자문 기능을 담당할 교육과정위원회를 구성하여 운영한다. 이 위원회에는 교원, 교육행정가, 교육과정전문가, 교과교육전문가, 학부모, 지역사회 인사, 산업체 인사 등이 참여할 수 있다.

㈐ 시 · 도 교육청은 지역의 특수성, 교육의 실태, 학생 · 교원 · 주민의 요구와 필요 등을 반영하여 시 · 도의 교육 중점을 설정하고, 교육과정 편성 · 운영 지침을 작성한다.

㈑ 시 · 도 교육청은 학교, 연구기관, 대학, 산업체 등과 연계하여 교육과정 편성 · 운영에 관한 연구를 추진하고, 그 결과를 편성 · 운영 지침의 작성 및 개선에 반영한다.

㈒ 시 · 도 교육청은 각급 학교가 새 학년도 시작에 앞서 교육과정 편성 · 운영에 관한 계획을 세울 수 있도록 교육과정 편성 · 운영 자료를 개발, 보급하고, 교원의 전보를 적기에 시행한다.

(2) 운영

㈎ 시 · 도 교육청은 관내의 지역 교육청에서 교육과정 운영 지원 실태와 각급 학교의 교육과정 편성과 운영 실태를 정기적으로 파악하고, 효과적인 교육과정의 운영과 개선 및 질 관리에 필요한 적절한 지원, 지도, 조언을 한다.

㈏ 교원의 교과, 재량활동, 특별활동에 대한 지도 능력 향상을 위하여 각급 학교 교원에 대한 연수 계획을 수립, 시행한다.

㈐ 중학교 선택 과목, 고등학교의 선택 중심 교육과정이 정상적으로 운영될 수 있도록 장기적인 교원 수급 계획을 수립, 시행한다.

㈑ 〈삭제〉

㈒ 교과, 재량활동, 특별활동 운영을 위한 각종 교수-학습 자료를 연구, 개발하여 보급하고, 교육 시설, 설비, 자료 등의 정비 확충에 필요한 행정적 · 재정적인 지원을 한다.

㈓ 각 학교가 수준별 수업을 효율적으로 운영하는 데 필요한 행정적 · 재정적인 지원을 한다. (2006. 8. 29. 교육인적자원부 고시 제2006—75호)

(사) 소규모 학교의 정상적인 교육과정 운영을 지원하기 위해서 교원의 배치, 학생의 교육받을 기회의 확충에 필요한 행정적 · 재정적인 지원을 한다.

(아) 교육과정 편성 · 운영의 개선을 위한 연구 · 시범학교를 운영하고, 수업 개선을 위한 연구 교사를 두어 적극적으로 지원한다.

(자) 특정 분야에서 탁월한 재능을 보이는 학생과 학습 장애가 있는 학생들을 위한 교육 기회를 마련하고 지원한다.

(차) 귀국자 자녀의 교육 경험의 특성과 배경을 고려하고, 이 교육과정을 이수하는 데 어려움이 없도록 지원한다.

(카) 중등학교에서 이 교육과정에 제시된 선택 과목 이외의 과목을 설치, 운영하는 경우에 대비하여, 이를 위한 지침을 학교에 제시해 주고, 학교로 하여금 필요한 사전 절차를 밟도록 지원한다.

(타) 전 · 편입학, 귀국 등에 따라 국민공통기본 교과를 이수하지 못한 학생이나, 각 고등학교가 개설하지 못하는 과목을 선택하고자 하는 학생들이 해당 과목을 이수할 수 있도록 다양한 기회를 마련해 주고, 학생들이 지역사회의 공공성 있는 사회 교육 시설을 통해 이수한 과정을 인정해 주는 방안을 마련한다.

(파) 교과, 재량활동, 특별활동의 '목표—내용—방법—평가'의 일관성 있는 실천 과정을 확인하고, 실증적인 자료를 수집하여 교육의 질 관리에 활용한다.

2) 지역 교육청

(1) 편성

(가) 지역 교육청은 시 · 도 교육청의 학교 급별 교육과정 편성 · 운영 지침을 기초로 하여 다음 사항이 포함된 학교 교육과정 편성 · 운영에 관한 실천 중심의 장학 자료를 작성하여 이를 관내의 초 · 중학교에 제시한다.

① 지역의 특수성에 바탕을 둔 중점 교육 활동에 관한 사항
② 학교 교육과정의 편성 · 운영에 필요한 교육 자료 및 지원에 관한 사항
③ 학교 간 교육과정 편성 · 운영의 협조에 관한 사항
④ 학교 간 교원의 순회 및 수급 협조에 관한 사항
⑤ 학교 간 교육 시설과 설비의 공동 활용에 관한 사항
⑥ 복식 학급 운영 등 소규모 학교의 교육과정 편성 · 운영에 관한 사항
⑦ 학교 교육과정의 평가와 질 관리에 관한 사항
⑧ 기타 필요한 사항

(나) 지역 특성에 적합한 학교 교육과정 편성 · 운영을 지도하고, 이를 지원하기 위하여 교원, 교육행정가, 교육과정(교과) 전문가, 학부모, 지역인사 등이 참여한 교육과정위원회를 구성하여 운영한다.

(다) 학교 간에 공동으로 협의하여 학교 교육과정을 편성, 운영할 수 있도록 지원한다.

(2) 운영

(가) 지역 교육청은 각 학교의 교육과정 운영이 충실히 이루어질 수 있도록 장학 활동 계획을 수립하고, 정기적으로 시행한다.

(나) 학교 교육과정 편성 · 운영 방법에 관한 지역별 교원 연수를 실시한다.

(다) 각 학교의 교육과정 편성 · 운영을 지원하기 위한 각종 자료를 개발, 보급한다.

(라) 특수아, 귀국자 및 다문화 가정의 자녀를 위한 교육 기회를 마련하여 운영한다.

(마) 학교 교육과정의 효과적 운영을 위하여 학생의 배정, 교원의 원활한 교류, 학교 간 시설과 설비의 공동 활용, 자료의 공동 개발 활용에 관하여 학교 간 및 인접 교육청 간의 협조 체제를 구축한다.

(바) 관내 학교의 교육과정 편성 · 운영의 개선을 위한 연구 · 시범학교를 운영, 지원하고, 수업 연구 교사 및 교과별 연구회 활동을 지원한다.

(사) 교과, 재량활동, 특별활동의 실천 과정을 확인, 평가하여 교육의 질 관리에 활용한다.

3) 학교

(1) 편성

<공통 지침>

(가) 학교는 이 교육과정과 시 · 도 교육청의 교육과정 편성 · 운영 지침, 지역 교육청의 학교 교육과정 편성 · 운영에 관한 장학 자료를 바탕으로, 학교 실정에 알맞은 학교 교육과정을 편성, 운영한다.

① 교과와 재량활동 및 특별활동에 배당된 시간은 연간 34주를 기준으로 한 최소한의 시간이므로, 이 기준에 미달되지 않도록 편성한다.

② 학교에서는 연간 수업 시간 수를 계절, 학교 실정, 학생 실태, 교육 여건 등에 알맞게 월별, 주별로 적절히 배정하여 편성한다.

③ 주간 및 1일의 시간 배정은 요일 및 교과 간의 균형이 유지되도록 하며, 교과의

특성과 재량활동, 특별활동의 내용에 따라서는 시간을 통합하여 연속적으로 운영할 수 있다.

④ 중학교와 고등학교에서는 교과에 배당된 수업 시간 수를 학기 또는 학년 단위로 집중 편성하여 이수하도록 할 수 있다.

(나) 교육과정의 합리적 편성과 효율적 운영을 위하여 교원, 교육과정(교과 교육) 전문가, 학부모 등이 참여하는 학교 교육과정위원회를 구성하여 운영하며, 이 위원회는 학교장의 교육과정 운영 및 의사 결정에 관한 자문의 역할을 담당한다.

(다) 학교는 학교 교육과정 편성 · 운영 계획을 바탕으로 학년, 학급, 교과목별 교육과정을 편성할 수 있다.

(라) 학교 교육과정을 편성, 운영함에 있어서는 교원의 조직, 학생의 실태, 학부모의 요구, 지역사회의 실정 및 교육 시설 · 설비 등 교육 여건과 환경이 충분히 반영되도록 노력한다.

(마) 수준별 수업은 다음 사항에 유의하여 편성, 운영한다. (2006. 8. 29. 교육인적자원부 고시 제2006—75호)

① 수준별 수업을 적용하는 교과는 심화 · 보충 학습을 위한 추가 시간이 필요할 경우, 재량 활동에 배당된 시간 등 별도의 시간을 활용할 수 있다.

② 수준별 수업 운영을 위한 학습 집단은 학교의 여건이나 학생의 특성에 따라 다양하게 편성할 수 있다.

(바) 이 교육과정에 제시된 과목 이외의 과목을 설치, 운영하고자 할 때에는, 시 · 도 교육청의 교육과정 편성 · 운영 지침에 의거하여 사전에 필요한 절차를 거쳐야 한다.

〈학교 급별 지침〉

(가) 초등학교

① 초등학교의 교과 중에서 주당 평균 3시간 이상의 수업 시간 수가 배당된 교과는 주당 평균 1시간 이내에서 시수를 감축하여 학생의 요구와 학교의 필요에 따라 감축된 교과의 학습 활동과 관련되는 체험활동 등으로 통합, 운영할 수 있다.

② 〈삭제〉 (2006. 8. 29. 교육인적자원부 고시 제2006—75호)

③ 복식 학급을 편성, 운영하는 경우에는, 교육 내용의 학년별 순서를 조정하거나 공통 주제를 중심으로 교재를 재구성하여 활용할 수 있다.

④ 초등학교 재량활동에서는 주제 탐구, 소집단 공동 연구, 학습하는 방법의 학습, 통합적인 범교과 학습 등 다양한 교육 프로그램을 학교와 교사, 학생의 요구와 필요에 따라 편성하여 선택적으로 운영할 수 있다.

⑤ 초등학교에서는 모든 교육 활동을 통해 학생의 기본 생활 습관을 형성할 수 있도록 편성하고, 정확한 국어 사용 능력을 신장할 수 있도록 특별히 배려한다.

(나) 중학교

① 〈삭제〉(2006. 8. 29. 교육인적자원부 고시 제2006-75호)

② 중학교 재량활동은 다음 사항에 유의하여 편성, 운영한다.

㉮ 학교는 재량활동에 배당된 시간 수를 학생의 요구와 학교의 실정을 기초로 융통성 있게 배정한다.

㉯ 〈삭제〉(2006. 8. 29. 교육인적자원부 고시 제2006-75호)

㉰ 선택 과목을 개설할 경우, 학교는 2개 이상의 과목을 동시에 개설함으로써 학생들의 선택권이 보장되도록 유의한다.

(다) 고등학교

① 일반계 고등학교는 10학년까지 국민공통기본 교육과정을 이수할 수 있도록 교과를 편성한다.

② 〈삭제〉(2006. 8. 29. 교육인적자원부 고시 제2006-75호)

③ 〈삭제〉(2006. 8. 29. 교육인적자원부 고시 제2006-75호)

④ 일반계 고등학교의 교육과정에는 학생의 진로와 관련한 엄격한 과정을 따로 두지 아니하며, 개별 학생은 자신이 선택하여 이수한 과목들을 모아 자신의 과정을 만들어 가는 것을 원칙으로 한다. 초·중등교육법 시행령 제90조 제1항의 제5호 내지 제9호에 해당하지 아니하는 학교는 학생의 진로 선택을 돕고, 계열성 있는 선택 과목의 이수를 위하여 필요한 과정을 설치하여 운영할 수 있으며, 이와 관련한 구체적인 사항은 시·도 교육청이 정한 지침에 따른다.(2004. 11. 26. 교육인적자원부 고시 제2004-85호)

⑤ 창의적 재량활동을 포함한 고등학교의 재량활동에서는 학생의 적성과 진로 등을 고려하여 11, 12학년의 선택 중심 교육과정과 연계하여 운영할 수 있도록 노력한다.

⑥ 선택 과목은 학교의 실정과 학생들의 요구를 반영해서 편성한다. 특히, 시·도가 정한 일정 규모 이상의 학생이 이 교육과정의 편제에 있는 특정 선택 과목의 개설을 요청할 경우, 학교는 이를 개설하여야 한다.

⑦ 학기당 이수 과목 수는 시·도 교육감이 정한 범위 이내로 편성하되, 가능한 10과목 이내로 하도록 한다.

⑧ 학교가 종교 과목을 개설할 때에는 종교 이외의 과목을 포함, 복수로 과목을 편성하여 학생에게 선택의 기회를 주어야 한다.

⑨ 〈삭제〉

⑩ 학교장은 자신의 학교에서 개설하지 않은 선택 과목 이수를 희망하는 학생이 있을 경우, 그 과목을 개설한 다른 학교에서의 이수도 인정하도록 한다. 특정 과목의 경우, 공공성 있는 지역사회의 학습장에서 하는 학습이 해당 학교에서보다 효과적이라고 판단할 경우, 학교장은 이를 허용하여야 하며, 이와 관련한 구체적인 사항은 시·도 교육청이 정한 지침에 따른다.

⑪ 실업계 및 기타계 고등학교의 학과별 필수 과목은 필요한 경우 학교장이 정할 수 있으며, 선택 과목은 학교장이 정하는 비율의 범위 내에서 학생이 선택하여 이수할 수 있도록 한다.

⑫ 실업계 고등학교에서는 교육과정 내용과 관련이 있는 현장 실습을 운영하여야 한다. 이 경우, 다양한 형태로 운영할 수 있으며, 이와 관련된 구체적인 사항은 시 · 도 교육청이 정한 지침에 따른다.

⑬ 외국어 계열 고등학교에서는 전문 교과 총 이수 단위의 50% 이상의 전공 외국어와 전공 외국어 이외의 2개 외국어를 포함하여 전문 교과를 편성해야 한다. (2004. 11. 26. 교육인적자원부 고시 제2004—85호)

⑭ 이 교육과정에 명시되지 아니한 계열의 교육과정은 유사 계열의 교육과정에 준한다. 부득이 새로운 계열의 설치 및 그에 따른 교육과정을 편성할 경우와 학교의 실정에 따라 새로운 과목을 설정하여 운영하고자 할 경우에는, 시 · 도 교육청의 교육과정 편성 · 운영 지침에 의거하여 사전에 필요한 절차를 거쳐야 한다.

(2) 운영

㈎ 학교 교육과정은 모든 교원이 전문성을 발휘하여 참여하는 민주적인 절차와 과정을 거쳐 편성, 운영한다.

㈏ 학교 교육 활동 전반을 통하여 인성 교육이 통합적이고 체계적으로 이루어지도록 하여야 한다.

㈐ 단위 학교에서 수준별 수업을 운영할 경우, 다음 사항을 고려한다.

① 교과용 도서 이외의 수준별 교수-학습 자료는 교육청이나 학교에서 개발한 것을 사용할 수 있다.

② 수준별 수업을 적용할 경우, 학습 결손을 보충할 수 있도록 '특별 보충 수업'을 운영할 수 있다. 특별 보충 수업의 편성 · 운영에 관한 제반 사항은 학교가 자율적으로 결정한다. (2006. 8. 29. 교육인적자원부 고시 제2006—75호)

㈑ 학교는 다음과 같은 사항에 유의하여 학교 교육과정을 편성, 운영한다.

① 각 교과의 기초적, 기본적 요소들이 체계적으로 학습되도록 계획하고, 이를 일관성 있고 지속성 있게 지도한다.

② 각 교과목별 학습 목표를 모든 학생이 성취하도록 지도하고, 능력에 알맞은 성취가 가능하도록 다양한 학습의 기회와 방법을 제공하며, 이를 위한 계획적인 배려와 지도를 하여 학습 결손이 누적되거나 학습 의욕이 저하되지 않도록 노력한다.

③ 교과 수업은 탐구적인 활동을 통하여 개념 및 원리를 이해하고, 이를 새로운 사태에 적용하는 기회를 많이 가지게 한다. 특히 여러 가지 자료를 활용한 정보 처리 능력을

가지도록 하는 데 힘쓴다.

④ 개별적인 학습 활동과 더불어 소집단 공동 학습 활동을 중시하여 공동으로 문제를 해결하는 경험을 많이 가지게 한다.

⑤ 각 교과 활동에서는 학습의 개별화가 이루어지도록 하고, 발표 · 토의 활동과 실험, 관찰, 조사, 실측, 수집, 노작, 견학 등의 직접 체험활동이 충분히 이루어지도록 유의한다.

⑥ 교과와 특별활동의 내용 배열은 반드시 학습의 순서를 의미하는 것이 아닌 예시적인 성격을 지니고 있으므로, 필요한 경우에 지역의 특수성, 계절 및 학교의 실정과 학생의 요구, 교사의 필요에 따라 각 교과목의 학년별 목표에 대한 지도 내용의 순서와 비중, 방법 등을 조정하여 운영할 수 있다.

⑦ 교과와 재량활동, 특별활동의 효율적인 운영을 위하여 지역사회의 인적, 물적 자원을 계획적으로 활용한다.

⑧ 실험 · 실습이나 실기 지도에 있어서는 실습 시설 및 기계 · 기구 사용 시 안전에 특히 유의하도록 한다.

⑨ 교육 활동 전반을 통하여 남녀의 역할에 관한 편견을 가지지 않도록 지도한다.

㈒ 특별활동의 각 영역이 균형 있게 운영되도록 노력하여야 하며, 각 학교별로 특색 있는 중점 영역을 설정하여 육성함으로써 학교의 전통을 가꾸어 나가도록 한다.

① 지역사회의 인적 자원과 물적 자원을 계획적으로 활용하고, 학생의 개성, 취미, 흥미, 특기 등이 충분히 신장될 수 있도록 배려한다.

② 공동체 의식과 민주 시민의 자질이 형성될 수 있는 자율적인 집단 활동이 되도록 한다.

③ 지역 및 학교 실정과 활동 내용의 특성에 따라 집중 연속적인 이수를 할 수 있으며, 다양한 방법으로 융통성 있게 운영하도록 한다.

④ 학생의 적성과 능력에 적합한 진로를 결정할 수 있도록 상담의 기회를 마련한다.

㈓ 학습 효과를 높이기 위하여 교과용 도서 이외에 교육 방송, 시청각 기 · 교재, 각종 학습 자료 등을 활용한다.

㈔ 교과용 도서 중심의 교육에서 탈피하여 교육 정보망, 멀티미디어 등 컴퓨터를 활용한 교육이 활성화되도록 한다.

㈕ 민주 시민 교육, 인성 교육, 환경 교육, 경제 교육, 에너지 교육, 근로정신 함양 교육, 보건 교육, 안전 교육, 성 교육, 소비자 교육, 진로 교육, 통일 교육, 한국 문화 정체성 교육, 국제 이해 교육, 해양 교육, 정보화 및 정보 윤리 교육, 청렴 · 반부패 교육, 물 보호 교육, 지속 가능 발전 교육, 양성 평등 교육, 장애인 이해 교육, 인권 교육, 안전 · 재해 대비 교육, 저출산 · 고령 사회 대비 교육, 여가 활용 교육, 호국 · 보훈 교육, 효도 · 경로 · 전통 윤리 교육, 아동 · 청소년 보호 교육, 다문화 교육, 문화 예술 교육, 농업 · 농촌 이해 교육, 지적 재산권 교육, 미디어 교육, 의사소통 · 토론 중심 교육, 논술 교육 등

범교과적 학습 주제는 관련되는 교과, 재량활동, 특별활동 등 학교 교육 활동 전반에 걸쳐 통합적으로 다루어지도록 하고, 지역사회 및 가정과의 연계 지도에도 힘쓴다.

(자) 학교에서는 교육과정에 제시되지 않은 사회 현안에 대해 학생들의 올바른 이해를 돕기 위하여 계기 교육을 실시할 수 있으며, 이 경우 계기 교육 지침에 따른다.

(차) 학교에서는 독서 교육 계획을 수립하고, 국어과를 비롯한 각 교과 교육과 재량활동 및 특별활동에 활용할 수 있도록 한다.

(카) 심신 장애 학생을 위한 특수 학급을 설치, 운영하는 경우, 학생의 장애 정도와 능력을 고려하여 이 교육과정을 조정, 운영하거나, 특수학교 교육과정 및 교수 · 학습 자료를 활용할 수 있다.

(타) 학교는 학생과 학부모의 요구를 바탕으로 방과 후 학교 또는 방학 중 프로그램을 개설할 수 있으며, 학생들의 자발적인 참여를 원칙으로 한다.

(파) 학교는 동 학년 모임, 교과별 모임, 현장 연구, 자체 연수 등을 통해서 교사들의 교육 활동 개선이 이루어지도록 한다.

(하) 학교는 학교 교육과정 편성과 운영의 적합성, 타당성, 효과성을 자체 평가하여 문제점과 개선점을 추출하고, 다음 학년도의 교육과정 편성 · 운영에 그 결과를 반영한다.

다. 교육과정의 평가와 질 관리

가) 이 교육과정 질 관리를 위하여 국가 수준에서는 주기적으로 학생 학력 평가, 학교와 교육기관 평가, 교육과정 편성 · 운영에 관한 평가를 실시한다.

(1) 학업 성취도를 평가하기 위하여 교과별, 학년별 학생 평가를 실시하고, 평가 결과는 교육과정의 적절성 확보와 그 개선에 활용한다.

(2) 학교의 교육과정 편성 · 운영과 교육청의 교육과정 지원 상황을 파악하기 위하여 학교와 관련 교육청에 대한 평가를 주기적으로 실시한다.

(3) 교육과정 편성 · 운영과 지원 체제의 적절성과 실효성을 평가하기 위한 연구를 수행한다. 이 교육과정이 적용되는 첫해부터 다양한 절차를 거쳐 해당 학교, 학년, 학생에게 적절한지를 조사하여 평가하되, 교육과정 평가 연구는 교육과정의 편제, 시간(단위) 배당, 편성 · 운영 지침의 적절성과 그 적용 효과에 중점을 둔다.

나) 국가 수준에서는 학교에서 교육과정의 정신을 구현한 평가 활동이 원활히 이루어질 수 있도록 다양한 방안을 강구해서 학교 현장에 제공해 주어야 한다.

(1) 교과별로 '절대 평가 기준'을 개발, 보급하여 학교가 교과 교육과정의 목표에 부합되는 평가를 실시할 수 있도록 한다.

(2) 국가 수준의 평가 문항 은행을 구축하여 에듀넷 등 통신망을 통해 학교가 평가에 이용할 수 있도록 한다.

(3) 교과별 평가 활동에 활용할 수 있는 다양한 평가 방법, 절차, 도구 등을 개발하여 학교에 제공한다.

다) 시 · 도 교육청에서는 관내 학교의 교육과정 편성 · 운영에 대한 질 관리 및 지역 교육청의 교육과정 편성 · 운영 체제의 적절성과 실효성을 높이기 위하여 학업 성취도 평가, 교육과정 편성 · 운영 평가 등을 실시할 수 있다.

라) 학교에서 실시하는 평가 활동은 다음과 같은 사항을 고려해서 이루어져야 한다.

(1) 평가는 모든 학생들이 교육 목표를 성공적으로 달성하기 위한 교육의 과정으로 실시한다.

(2) 학교는 다양한 평가 도구와 방법으로 성취도를 평가하여 학생의 목표 도달도를 확인하고, 수업의 질 개선을 위한 자료로 활용한다.

(3) 교과의 평가는 선다형 일변도의 지필 검사를 지양하고, 서술형 주관식 평가와 표현 및 태도의 관찰 평가가 조화롭게 이루어지도록 한다.

(4) 실험 · 실습의 평가는 교과목의 성격을 고려하여 합리적인 세부 평가 기준을 마련하여 실시한다.

(5) 정의적, 기능적, 창의적인 면이 특히 중시되는 교과의 평가는 타당한 평정 기준과 척도에 의거하여 실시한다.

(6) 학교와 교사는 학교에서 가르친 내용과 기능을 평가하도록 유의한다. 학생이 학교에서 배울 기회를 마련해 주지 않고, 학교 밖의 교육 수단을 통해서 익힐 수밖에 없는 내용과 기능은 평가하지 않도록 유의한다.

(7) 초등학교의 교과 활동 평가는 학생의 활동 상황과 특징, 진보의 정도 등을 파악하여, 그 결과를 서술적으로 기록하는 것을 원칙으로 한다.

(8) 재량활동에 대한 평가는 교과 재량활동과 창의적 재량활동의 특성과 학생의 특성을 감안하여 평가의 주안점을 학교에서 작성, 활용한다. 다만, 창의적 재량활동의 평가는 그 결과를 문장으로 기록하도록 한다.

라. 특수한 학교에서의 교육과정의 편성과 운영

가) 초 · 중 · 고등학교에 준하는 학교의 교육과정은 이 교육과정에 따라서 편성한다.

나) 교육인적자원부 직할 학교의 교육과정은 해당 시 · 도 교육청의 편성 · 운영 지침을 참고하여 학교장이 편성한다.

다) 공민학교, 고등 공민학교, 고등 기술학교(3년제 과정), 근로 청소년을 위한 특별 학급 및 산업체 부설 학교, 기타 특수한 학교는 이 교육과정을 바탕으로 학교의 실정과 학생의 특성에 알맞은 학교 교육과정을 편성하고, 시 · 도 교육감의 승인을 얻어 운영한다.

라) 야간 수업을 하는 학교의 교육과정은 이 교육과정을 따르되, 다만 단위 수업 시간을 40분으로 단축하여 운영할 수 있다.

마) 방송통신고등학교는 이 교육과정에 제시된 고등학교 선택 중심 교육과정을 따르되, 시 · 도 교육감의 승인을 얻어 이 교육과정의 편제와 단위 배당 기준을 조정하여 운영할 수 있다.

(1) 편제와 단위 배당 기준은 고등학교 선택 중심 교육과정에 준하되, 170단위 이상 이수하도록 한다.

(2) 교육은 방송 통신에 의한 수업, 출석 수업 및 첨삭 지도의 방법에 의한 수업으로 한다.

(3) 학교 출석 수업 일수는 연간 20일 이상으로 한다.

바) 특성화 학교, 자율 학교 등 법령에 의거하여 교육과정 편성 · 운영의 자율성이 부여되는 학교의 경우에는 학교의 설립 목적 및 특성에 따른 교육이 가능하도록 교육과정 편성 · 운영의 자율권을 부여한다.

(1) 국민공통기본 교과에 배당된 총 이수 시간의 범위 내에서 교과별 수업 시간 수를 증감하여 학교 재량으로 편성, 운영할 수 있다. 단, 교과별 수업 시간 수를 연간 68시간 미만으로는 감축 운영할 수 없다.

(2) 고등학교의 경우 국민공통기본 교과 외의 선택 과목은 단위 학교별 특성에 따라 자율적으로 편성, 운영할 수 있다.

(3) 특성화 학교의 경우 보통 교과 및 전문 교과의 총 이수 단위 수를 조정, 운영할 수 있다.

(4) 이와 관련한 구체적인 사항은 시 · 도 교육청의 지침에 따른다.

사) 교육과정의 연구를 위해 새로운 방식으로 교육과정을 편성, 운영하고자 하는 학교는, 교육과학기술부 장관의 승인을 받아 이 교육과정의 기준과는 다르게 학교 교육과정을 편성, 운영할 수 있다.

부록 2

2009 개정 초 · 중등학교 교육과정 편성 및 운영

교육과학기술부 고시 제 2009-41 호

초 · 중등교육법 제23조 제2항에 의거하여 초 · 중등학교 교육과정을 다음과 같이 고시합니다.

2009년 12월 23일
교육과학기술부장관

1. 초 · 중등학교 교육과정은 [별책 1]과 같습니다.
2. 초등학교 교육과정은 [별책 2]와 같습니다.
3. 중학교 교육과정은 [별책 3]과 같습니다.
4. 고등학교 교육과정은 [별책 4]와 같습니다.
5. 국어과 교육과정은 [별책 5]와 같습니다.
6. 도덕과 교육과정은 [별책 6]과 같습니다.
7. 사회과 교육과정은 [별책 7]과 같습니다.
8. 수학과 교육과정은 [별책 8]과 같습니다.
9. 과학과 교육과정은 [별책 9]와 같습니다.
10. 실과(기술 · 가정) 교육과정은 [별책 10]과 같습니다.
11. 체육과 교육과정은 [별책 11]과 같습니다.
12. 음악과 교육과정은 [별책 12]와 같습니다.
13. 미술과 교육과정은 [별책 13]과 같습니다.
14. 외국어과 교육과정은 [별책 14]와 같습니다.

15. 중학교 선택 과목 교육과정은 [별책 16]과 같습니다.
16. 한문, 교양 선택 과목 교육과정은 [별책 17]과 같습니다.
17. 창의적 체험활동 교육과정은 [별책 18]과 같습니다.
18. 외국어 계열 전문 교과 교육과정은 [별책 27]과 같습니다.
19. 국제 계열 전문 교과 교육과정은 [별책 28]과 같습니다.

부 칙

이 교육과정은 학교 급별, 학년별로 다음과 같이 시행합니다.

가) 2011년 3월 1일 : 초등학교 1, 2학년, 중학교 1학년, 고등학교 1학년

나) 2012년 3월 1일 : 초등학교 3, 4학년, 중학교 2학년, 고등학교 2학년

다) 2013년 3월 1일 : 초등학교 5, 6학년, 중학교 3학년, 고등학교 3학년

라) 단, 고등학교 보통 교과 중 화법과 작문Ⅰ·Ⅱ, 독서와 문법Ⅰ·Ⅱ, 문학Ⅰ·Ⅱ, 한국지리, 세계지리, 동아시아사, 세계사, 법과 정치, 경제, 사회 · 문화, 생활과 윤리, 윤리와 사상, 물리Ⅰ·Ⅱ, 화학Ⅰ·Ⅱ, 생명과학Ⅰ·Ⅱ, 지구과학Ⅰ·Ⅱ, 운동과 건강 생활, 스포츠 문화, 스포츠 과학, 음악 실기, 음악과 사회, 음악의 이해, 미술과 삶, 미술 감상, 미술 창작, 농업 생명 과학, 공학 기술, 가정 과학, 창업과 경영, 해양 과학, 정보, 독일어Ⅰ·Ⅱ, 프랑스어Ⅰ·Ⅱ, 스페인어Ⅰ·Ⅱ, 중국어Ⅰ·Ⅱ, 일본어Ⅰ·Ⅱ, 러시아어Ⅰ·Ⅱ, 아랍어Ⅰ·Ⅱ, 한문Ⅰ·Ⅱ는 2012년부터 적용하며, 고등학교 보통 교과 중 '*'표가 된 과목의 경우는 2011년 3월 1일부터 2014년 2월 28일까지 적용합니다.

Ⅰ. 교육과정 구성의 방향

1. 추구하는 인간상

우리나라의 교육은 홍익인간의 이념 아래 모든 국민으로 하여금 인격을 도야하고, 자주적 생활 능력과 민주 시민으로서 필요한 자질을 갖추게 하여 인간다운 삶을 영위하게 하고, 민주 국가의 발전과 인류 공영의 이상을 실현하는 데 이바지하게 함을 목적으로 하고 있다.

이러한 교육 이념을 바탕으로, 이 교육과정이 추구하는 인간상은 다음과 같다.

가) 전인적 성장의 기반 위에 개성의 발달과 진로를 개척하는 사람

나) 기초 능력의 바탕 위에 새로운 발상과 도전으로 창의성을 발휘하는 사람

다) 문화적 소양과 다원적 가치에 대한 이해를 바탕으로 품격 있는 삶을 영위하는 사람

라) 세계와 소통하는 시민으로서 배려와 나눔의 정신으로 공동체 발전에 참여하는 사람

2. 교육과정 구성의 방침

추구하는 인간상을 구현하기 위한 이 교육과정 구성의 방침은 다음과 같다.

가) 배려와 나눔을 실천하는 창의적인 인재를 기를 수 있도록 교육과정을 구성한다.

나) 이 교육과정은 초등학교 1학년부터 중학교 3학년까지의 공통 교육과정과 고등학교 1학년부터 3학년까지의 선택 교육과정으로 편성한다.

다) 교육과정 편성 · 운영의 경직성을 탈피하고, 학년 간 상호 연계와 협력을 통한 학교 교육과정 편성 · 운영의 유연성을 부여하기 위하여 학년군을 설정한다.

라) 공통 교육과정의 교과는 교육 목적상의 근접성, 학문 탐구 대상 또는 방법상의 인접성, 생활양식에서의 연관성 등을 고려하여 교과군으로 재분류한다.

마) 선택 교육과정에서는 학생들의 기초영역 학습 강화와 진로 및 적성 등을 감안한 적정 학습이 가능하도록 4개의 교과 영역으로 구분하고, 필수이수단위를 제시한다.

바) 학기당 이수 교과목 수 축소를 통한 학습부담의 적정화와 의미 있는 학습활동이 전개될 수 있도록 집중이수를 확대한다.

사) 기존의 재량활동과 특별활동을 통합하여 배려와 나눔의 실천을 위한 '창의적 체험활동'을 신설한다.

아) 학교 교육과정 평가, 교과 평가의 개선, 국가 수준의 학업성취도 평가 실시 등을 통해 교육과정 질 관리 체제를 강화한다.

Ⅱ. 학교급별 교육과정 편성과 운영

1. 초등학교

가. 초등학교 교육목표

초등학교의 교육은 학생의 학습과 일상생활에 필요한 기초 능력 배양과 기본 생활

습관을 형성하는 데 중점을 둔다.

(1) 풍부한 학습 경험을 통해 몸과 마음이 건강하고 균형 있게 자랄 수 있도록 하며, 다양한 일의 세계에 대한 기초적인 이해를 한다.

(2) 학습과 생활에서 문제를 인식하고 해결하는 기초 능력을 기르고, 이를 새롭게 경험할 수 있는 상상력을 키운다.

(3) 우리 문화에 대해 이해하고, 문화를 향유하는 올바른 태도를 기른다.

(4) 자신의 경험과 생각을 다양하게 표현하며 타인과 공감하고 협동하는 태도를 기른다.

나. 편제와 시간 배당

1) 편제

초등학교 교육과정은 교과(군)와 창의적 체험활동으로 편성한다.

① 교과(군)는 국어, 사회/도덕, 수학, 과학/실과, 체육, 예술(음악/미술), 영어로 한다. 다만, 초등학교 1, 2학년의 교과는 국어, 수학, 바른 생활, 슬기로운 생활, 즐거운 생활로 한다.

② 창의적 체험활동은 자율활동, 동아리활동, 봉사활동, 진로활동으로 한다.

2) 시간 배당 기준

<table>
<tr><th colspan="2">구분</th><th>1~2학년</th><th>3~4학년</th><th>5~6학년</th></tr>
<tr><td rowspan="7">교
과
(군)</td><td>국어</td><td rowspan="7">국 어
448
수 학
256
바른 생활
128
슬기로운 생활
192
즐거운 생활
384</td><td>408</td><td>408</td></tr>
<tr><td>사회/도덕</td><td>272</td><td>272</td></tr>
<tr><td>수학</td><td>272</td><td>272</td></tr>
<tr><td>과학/실과</td><td>204</td><td>340</td></tr>
<tr><td>체육</td><td>204</td><td>204</td></tr>
<tr><td>예술(음악/미술)</td><td>272</td><td>272</td></tr>
<tr><td>영어</td><td>136</td><td>204</td></tr>
<tr><td colspan="2">창의적 체험활동</td><td>272</td><td>204</td><td>204</td></tr>
<tr><td colspan="2">학년군별 총 수업시간 수</td><td>1,680</td><td>1,972</td><td>2,176</td></tr>
</table>

① 이 표에서 1시간 수업은 40분을 원칙으로 하되, 기후 및 계절, 학생의 발달 정도, 학습 내용의 성격 등과 학교 실정을 고려하여 탄력적으로 편성·운영할 수 있다.

② 학년군 및 교과(군)별 시간 배당은 연간 34주를 기준으로 한 2년간의 기준수업시수를 나타낸 것이다.

③ 학년군별 총 수업시간 수는 최소 수업 시수를 나타낸 것이다.

④ 3~4학년의 국어과 기준수업시수는 주 5일 수업에 따라 감축된 시간 수이므로 학교에서는 442시간을 기준수업시수로 운영할 수 있다.

⑤ 실과의 수업 시간은 5~6학년 과학/실과의 수업시수에만 포함된 것이다.

다. 초등학교 교육과정 편성 · 운영의 중점

1) 학교는 1학년 학생들의 입학 초기 적응 교육을 위해 창의적 체험활동의 시수를 활용하여 자율적으로 입학 초기 적응 프로그램 등을 편성·운영할 수 있다.

2) 학교는 모든 교육 활동을 통해 학생의 인성과 기본 생활 습관을 형성할 수 있도록 교육과정을 편성·운영한다.

3) 각 교과의 기초적, 기본적 요소들이 체계적으로 학습되도록 계획하고, 정확한 국어 사용 능력을 신장할 수 있도록 배려한다. 특히, 기초적 국어사용 능력과 수리력이 부족한 학생들을 위해 별도의 프로그램을 편성·운영할 수 있다.

4) 학교의 특성, 학생 교사 학부모의 요구 및 필요에 따라 학교가 자율적으로 교과(군)별 20% 범위 내에서 시수를 증감하여 운영할 수 있다.

5) 초등학교에서는 학교의 여건과 교과(군)별 특성을 고려하여 학년, 학기별로 집중이수를 통해 학기당 이수 교과 수를 감축하여 편성·운영할 수 있다.

6) 정보통신활용교육, 보건교육, 한자교육 등은 관련 교과(군)와 창의적 체험활동 시간을 활용하여 체계적인 지도가 이루어질 수 있도록 한다.

7) 전입 학생이 특정 교과목을 이수하지 못할 경우, 교육청과 학교에서는 '보충 학습 과정' 등을 통해 학습 결손이 발생하지 않도록 한다.

8) 학년을 달리하는 학생을 병합하여 복식 학급을 편성·운영하는 경우에는 교육 내용의 학년별 순서를 조정하거나 공통 주제를 중심으로 교재를 재구성하여 활용할 수 있다.

9) 학교는 학생이 학년군별로 이수해야 할 학년별, 학기별 교과목을 편성하여 안내한다.

10) 예술(음악/미술)은 음악과 미술 교과를 중심으로 편성·운영한다.

2. 중학교

가. 중학교 교육목표

중학교의 교육은 초등학교 교육의 성과를 바탕으로, 학생의 학습과 일상생활에 필요한 기본 능력을 배양하며, 다원적인 가치를 수용하고 존중하는 민주시민의 자질 함양에 중점을 둔다.

1) 심신의 건강하고 조화로운 발달을 추구하며, 다양한 분야의 경험과 지식을 익혀 적극적으로 진로를 탐색한다.
2) 학습과 생활에 필요한 기초 능력과 문제해결력을 바탕으로 창의적 사고력을 기른다.
3) 자신을 둘러싼 세계에 대한 경험을 토대로 다양한 문화와 가치에 대한 이해를 넓힌다.
4) 다양한 소통능력을 기르고 민주 시민으로서의 자질과 태도를 갖춘다.

나. 편제와 시간 배당 기준

1) 편제

중학교 교육과정은 교과(군)와 창의적 체험활동으로 편성한다.

① 교과(군)는 국어, 사회(역사 포함)/도덕, 수학, 과학/기술 · 가정, 체육, 예술(음악/미술), 영어, 선택으로 한다. 선택은 한문, 정보, 환경, 생활 외국어(독일어, 프랑스어, 스페인어, 중국어, 일본어, 러시아어, 아랍어), 보건, 진로와 직업 등 선택 과목으로 한다.

② 창의적 체험활동은 자율활동, 동아리활동, 봉사활동, 진로활동으로 한다.

2) 시간 배당 기준

구 분		1~3학년
교과	국어	442
	사회(역사 포함)/도덕	510

(군)	수학	374
	과학/기술 · 가정	646
	체육	272
	예술(음악/미술)	272
	영어	340
	선택	204
창의적 체험활동		306
총 수업시간 수		3,366

① 이 표에서 1시간 수업은 45분을 원칙으로, 기후 및 계절, 학생의 발달 정도, 학습 내용의 성격 등과 학교 실정을 고려하여 탄력적으로 편성 · 운영할 수 있다.

② 학년군 및 교과(군)별 시간 배당은 연간 34주를 기준으로 한 3년간의 기준수업시수를 나타낸 것이다.

③ 총 수업시간 수는 3년간의 최소 수업 시수를 나타낸 것이다.

다. 중학교 교육과정 편성 · 운영의 중점

1) 학교는 학생들이 이수해야 할 3년간의 교과목을 학년별, 학기별로 편성하여 안내한다.

2) 교과(군)의 이수 시기와 수업 시수는 학교가 자율적으로 결정할 수 있다.

3) 학교의 특성, 학생 · 교사 · 학부모의 요구 및 필요에 따라 학교가 자율적으로 교과(군)별 수업 시수를 20% 범위 내에서 증감하여 운영할 수 있다.

4) 교육 효과를 높이기 위해 학생의 학기당 이수 교과목 수를 8개 이내로 편성하도록 한다.

5) 예술(음악/미술)은 음악과 미술 교과를 중심으로 편성 · 운영한다.

6) 선택과목을 개설할 경우, 학교는 2개 이상의 과목을 개설함으로써 학생들의 선택권이 보장되도록 한다.

7) 학교는 필요한 경우 새로운 선택 과목을 개설할 수 있다. 새로운 과목을 개설하여 운영하고자 할 경우에는 시·도 교육청의 교육과정 편성 · 운영 지침에 의거하여 사전에 필요한 절차를 거쳐야 한다.

8) 학교는 학생의 직업 및 진로에 대한 탐색과 선택을 돕기 위해 진로 교육을 강화한 교육과정을 편성 · 운영한다.

9) 전입 학생이 특정 교과목을 이수하지 못할 경우, 교육청과 학교에서는 '보충 학습 과정' 등을 통해 학습 결손이 발생하지 않도록 한다.

3. 고등학교

가. 고등학교 교육목표

고등학교 교육은 중학교 교육의 성과를 바탕으로, 학생의 적성과 소질에 맞는 진로 개척 능력과 세계 시민으로서의 자질을 함양하는데 중점을 둔다.

1) 성숙한 자아의식을 토대로 다양한 분야의 지식과 기능을 익혀 진로를 개척하며 평생학습의 기본 역량과 태도를 갖춘다.

2) 학습과 생활에서 새로운 이해와 가치를 창출할 수 있는 비판적, 창의적 사고력과 태도를 익힌다.

3) 우리의 문화를 향유하고 다양한 문화와 가치를 수용할 수 있는 자질과 태도를 갖춘다.

4) 국가 공동체의 발전을 위해 노력하며, 세계 시민으로서의 자질과 태도를 기른다.

나. 편제와 단위 배당 기준

1) 편제

㈎ 고등학교 교육과정은 교과(군)와 창의적 체험활동으로 편성한다.

㈏ 교과는 보통 교과와 전문 교과로 한다.

① 보통 교과 영역은 기초, 탐구, 체육 · 예술, 생활 · 교양으로 구성하며, 교과(군)는 국어, 수학, 영어, 사회(역사/도덕 포함), 과학, 체육, 예술(음악/미술), 기술 · 가정/제2외국어/한문/교양으로 한다.

② 전문 교과는 농생명 산업, 공업, 상업 정보, 수산 · 해운, 가사 · 실업, 과학, 체육, 예술, 외국어, 국제에 관한 교과로 한다.

㈐ 창의적 체험활동은 자율활동, 동아리활동, 봉사활동, 진로활동으로 한다.

2) 단위 배당 기준

<table>
<tr><th rowspan="2"></th><th rowspan="2">교과
영역</th><th rowspan="2">교과(군)</th><th colspan="2">필수이수단위</th><th rowspan="2">학교 자율과정</th></tr>
<tr><th>교과(군)</th><th>교과 영역</th></tr>
<tr><td rowspan="10">교
과
(군)</td><td rowspan="3">기초</td><td>국어</td><td>15
(10)</td><td rowspan="3">45
(30)</td><td rowspan="9">학생의 적성과
진로를 고려하여
편성</td></tr>
<tr><td>수학</td><td>15
(10)</td></tr>
<tr><td>영어</td><td>15
(10)</td></tr>
<tr><td rowspan="2">탐구</td><td>사회(역사/도덕 포함)</td><td>15
(10)</td><td rowspan="2">35
(20)</td></tr>
<tr><td>과학</td><td>15
(10)</td></tr>
<tr><td rowspan="2">체육·
예술</td><td>체육</td><td>10
(5)</td><td rowspan="2">20
(10)</td></tr>
<tr><td>예술(음악/미술)</td><td>10
(5)</td></tr>
<tr><td>생활·
교양</td><td>기술·가정/제2외국어/
한문/교양</td><td>16
(12)</td><td>16
(12)</td></tr>
<tr><td colspan="2">소 계</td><td colspan="2">116(72)</td></tr>
<tr><td colspan="3">창의적 체험활동</td><td colspan="3">24</td></tr>
<tr><td colspan="3">총 이수 단위</td><td colspan="3">204</td></tr>
</table>

① 1단위는 50분을 기준으로 하여 17회를 이수하는 수업량이다.

② 1시간의 수업은 50분을 원칙으로 하되, 기후 및 계절, 학생의 발달 정도, 학습 내용의 성격 등과 학교 실정을 고려하여 탄력적으로 편성·운영할 수 있다.

③ 필수이수단위의 교과(군) 및 교과 영역 단위 수는 해당 교과(군) 및 교과 영역의 '최소 이수 단위'를 가리킨다.

④ 필수이수단위의 ( ) 안의 숫자는 전문교육을 주로 하는 학교, 예체능 등 교육과정 편성·운영의 자율권을 인정받은 학교가 이수할 것을 권장한다.

⑤ 총 이수단위 수는 교과(군)과 창의적 체험활동의 이수단위를 합한 것으로, 고등학교

졸업에 필요한 '최소 이수단위'를 가리킨다.

3) 보통 교과

교과 영역	교과 (군)	과목
기초	국어	국어*, 화법과 작문Ⅰ, 화법과 작문Ⅱ, 독서와 문법Ⅰ, 독서와 문법Ⅱ, 문학Ⅰ, 문학Ⅱ
	수학	수학*, 수학의 활용, 수학Ⅰ, 미적분과 통계기본, 수학Ⅱ, 적분과 통계, 기하와 벡터
	영어	영어*, 영어Ⅰ, 영어Ⅱ, 실용 영어 회화, 심화 영어 회화, 영어 독해와 작문, 심화 영어 독해와 작문
탐구	사회 (역사/도덕 포함)	사회*, 한국 지리, 세계 지리, 동아시아사, 세계사, 법과 정치, 경제, 사회·문화, 한국사* 도덕*, 생활과 윤리, 윤리와 사상
	과학	과학*, 물리Ⅰ, 물리Ⅱ, 화학Ⅰ, 화학Ⅱ, 생명과학Ⅰ, 생명과학Ⅱ, 지구과학Ⅰ, 지구과학Ⅱ
체육·예술	체육	체육*, 운동과 건강 생활, 스포츠 문화, 스포츠 과학
	예술 (음악/미술)	음악*, 음악 실기, 음악과 사회, 음악의 이해 미술*, 미술과 삶, 미술 감상, 미술 창작
생활·교양	기술·가정/제2외국어/한문/교양	기술·가정*, 농업 생명 과학, 공학 기술, 가정 과학, 창업과 경영, 해양 과학, 정보 독일어Ⅰ, 독일어Ⅱ, 프랑스어Ⅰ, 프랑스어Ⅱ, 스페인어Ⅰ, 스페인어Ⅱ, 중국어Ⅰ, 중국어Ⅱ, 일본어Ⅰ, 일본어Ⅱ, 러시아어Ⅰ, 러시아어Ⅱ, 아랍어Ⅰ, 아랍어Ⅱ 한문Ⅰ, 한문Ⅱ 생활과 철학, 생활과 논리, 생활과 심리, 생활과 교육, 생활과 종교, 생활 경제, 안전과 건강, 진로와 직업, 보건, 환경과 녹색성장

① 각 과목의 기본 단위 수는 5단위이며, 각 과목별로 1단위 범위 내에서 증감 운영이 가능하며, 가능한 한 한 학기에 이수하도록 한다.

② *표 한 과목은 교과(군)별 학습의 위계를 고려하여 선택할 수 있도록 지도한다. 이 과목은 4단위 범위 내에서 증감하여 운영할 수 있다.

③ 위 표에 제시된 과목 이외에 전문교과의 과목을 편성 · 운영할 수 있다.

4) 전문 교과

교과	과 목				기준 학과
농생명 산업	· 농업 이해 · 생물 공학 기초 · 산림 자원 기술 · 원예 기술 Ⅰ · 사육 기술 Ⅱ · 조경 기술 Ⅱ · 농업 토목 기술 Ⅱ · 농업 기계 기술 Ⅱ · 식품 가공 기술 Ⅱ · 환경 보전	· 농업 기초 기술 · 재배 · 원예 · 원예 기술 Ⅱ · 누에와 비단 · 농업과 물 · 농업 기계 · 식품 과학 · 농산물 유통 · 환경 관리 Ⅰ	· 농업 정보 관리 · 작물 생산 기술 · 생활 원예 · 동물 자원 · 조경 · 농촌과 농지 개발 · 농업 기계 공작 · 식품 위생 · 농산물 유통 관리 Ⅰ · 환경 관리 Ⅱ	· 농업 경영 · 숲과 인간 · 생산 자재 · 사육 기술 Ⅰ · 조경 기술 Ⅰ · 농업 토목 기술 Ⅰ · 농업 기계 기술 Ⅰ · 식품 가공 기술 Ⅰ · 농산물 유통 관리 Ⅱ · 농업과 관광	· 식물 자원과 · 동물 자원과 · 농업 토목과 · 식품 가공과 · 농업 기계과 · 조경과 · 농산물유통 정보과 · 환경 · 관광 농업과 · 생물 공학과
공업	· 공업 입문 · 기계 일반 · 기계 공작법 · 기계 기초 공작 · 금형 제작 · 전자 기계 제어 · 금속 제조 · 전기 응용 · 전력 설비 Ⅱ · 전자 · 전산 응용 · 정보 통신 · 프로그래밍 · 토목 설계 · 지적 전산 · 건축 목공 · 색채 관리 · 시각 디자인 · 제조 화학 · 구조 세라믹 · 식품 분석 · 제포 · 봉제 · 평판 인쇄 · 자동차 · 건설 기계 · 건설 기계 구조 · 정비 · 선박 건조 · 항공기 장비 · 대기 · 소음 방지 · 컴퓨터 게임 그래픽 · 영화 · 방송 제작	· 기초 제도 · 전기 일반 · 원동기 · 공작 기계 Ⅰ · 전자 기계 이론 · 로봇 기초 · 재료 가공 · 전기 회로 · 전기 · 전자 측정 · 전자 회로 · 통신 시스템 · 디지털 논리 회로 · 토목 일반 · 지적 실무 · 건축 시공 Ⅰ · 조형 · 컴퓨터 그래픽 · 분석 화학 · 세라믹 디자인 · 식품 공업 기술 · 염색 · 가공 · 특수 인쇄 · 자동차 기관 · 자동차 차체 수리 · 항공기 일반 · 항공기 전자 장치 · 폐기물 처리 · 만화 · 애니메이션 기초 · 촬영 · 조명	· 정보 기술 기초 · 공업 영어 · 유체 기기 · 공작 기계 Ⅱ · 전자 기계 회로 · 로봇 제작 · 주조 · 전기 기기 · 자동화 설비 · 계측 제어 · 컴퓨터 구조 · 측량 · 토목 재료 · 시공 · 건축 구조 · 건축 시공 Ⅱ · 제품 디자인 · 공업 화학 · 기능성 세라믹 · 발효 공업 · 섬유 재료 · 인쇄 일반 · 사진 · 전자 제판 · 자동차 섀시 · 선박 이론 · 항공기 기체 · 환경 공업 일반 · 컴퓨터 게임 기획 · 애니메이션 제작 · 방송 시스템	· 전문 제도 · 기계 설계 · 공기 조화 설비 · 산업 설비 · 전자 기계 공작 · 재료 일반 · 금속 처리 · 전력 설비 Ⅰ · 전자 기기 · 통신 일반 · 시스템 프로그래밍 · 역학 · 수리 · 토질 · 건축 계획 일반 · 디자인 일반 · 공예 · 단위 조작 · 공정 제어 · 세라믹 원리 · 공정 · 식품 제조 기계 · 방적 · 방사 · 인쇄 · 사진 재료 · 사진 · 자동차 전기전자 제어 · 선박구조 · 항공기 기관 · 수질 관리 · 컴퓨터 게임 프로그램 · 만화 창작	· 기계과 · 전자 기계과 · 금속 재료과 · 전기과 · 전자과 · 통신과 · 컴퓨터 응용과 · 토목과 · 건축과 · 디자인과 · 화학 공업과 · 환경 공업과 · 세라믹과 · 식품 공업과 · 섬유과 · 인쇄과 · 자동차과 · 조선과 · 항공과 · 컴퓨터 게임과 · 만화 · 애니메이션과 · 영상 제작과
상업 정보	· 상업 경제 · 경영과 법 · 커뮤니케이션 실무 · 세무 회계 · 전자 무역과 국제 상무 · 프로그래밍 실무 · 멀티미디어 기획 · 인터넷 쇼핑몰 관리	· 컴퓨터 일반 · 마케팅과 광고 · 원가 회계 · 금융과 생활 · 유통 정보 관리 · 소프트웨어 개발 · 멀티미디어 실무 · 전자 상거래 실무	· 회계 원리 · 경영 정보 시스템 · 기업 회계 · 국제화와 기업 경영 · 물류 관리 · 사무 관리 실무 · 웹 프로그래밍 · 인터넷 마케팅	· 기업과 경영 · 기업 자원 관리 · 전산 회계 · 무역 영어 · 자료 처리 · 멀티미디어 일반 · 전자 상거래 일반 · 창업 일반	· 경영 정보과 · 회계 정보과 · 무역 정보과 · 유통 경영과 · 정보 처리과 · 멀티미디어과 · 전자 상거래과 · 응용디자인과 · 관광경영과

수산·해운	· 수산 일반	· 해사 일반	· 해양 일반	· 수산 · 해운 정보처리	· 해양 생산과
	· 수산 생물	· 수산 경영 일반	· 해양 생산 기술	· 수산 양식	· 수산 양식과
	· 양식 생물 질병	· 수산 가공	· 수산물 유통	· 해양 환경	· 자영 수산과
	· 해양 오염	· 냉동 일반	· 냉동 기계	· 냉동 공조 실무	· 수산 식품과
	· 열기관	· 선박 보조 기계	· 선박 전기 · 전자	· 기계 설계 · 공작	· 해양 환경과
	· 잠수 기술	· 항해	· 선박 운용	· 해사 법규	· 냉동 공조과
	· 해사 영어	· 선화 운송	· 전자 통신 공학	· 전자 통신 기기	· 동력 기계과
	· 전자 통신 운용	· 생선회 실무	· 해양 레저 · 관광	· 항만 물류 일반	· 항해과
	· 해양 정보 관리				· 전자 통신과
					· 해양 레저과
					· 항만 물류과
					· 해양 정보과
가사·실업	· 인간 발달	· 식품과 영양	· 급식 관리	· 한국 조리	· 조리과
	· 동양 조리	· 서양 조리	· 제과 제빵	· 의복 재료 · 관리	· 의상과
	· 패션 디자인	· 한국 의복 구성	· 서양 의복 구성	· 자수와 편물	· 실내 디자인과
	· 주거	· 실내 디자인	· 가구 디자인	· 디스플레이	· 유아교육과
	· 영 · 유아 교육 원리	· 영 · 유아 교육 프로그램	· 영 · 유아 놀이 교육	· 영 · 유아 생활 지도	· 관광과
	· 관광 일반 ·	· 관광 경영 실무	· 관광 서비스 실무	· 관광 외식 · 조리	· 간호과
	· 관광 영어	· 관광 일본어	· 관광 중국어	· 간호의 기초	· 복지 서비스과
	· 보건 간호	· 기초 간호 임상 실무	· 기초 복지 서비스	· 노인 생활 지원	· 미용과
	· 헤어 미용	· 피부 관리	· 메이크업	· 공중 보건	
과학	· 물리 실험	· 화학 실험	· 생명 과학 실험	· 지구 과학 실험	
	· 과학사	· 전자 과학	· 정보 과학 Ⅰ	· 정보 과학 Ⅱ	
	· 고급 수학	· 고급 물리	· 고급 화학	· 고급 생명 과학	
	· 고급 지구 과학	· 과제 연구 Ⅰ	· 과제 연구 Ⅱ	· 환경 과학	
	· 현대 과학과 기술	· 원서 강독	· 워크숍	· 과학 철학	
체육	· 스포츠 개론	· 스포츠 경기 과학	· 체육과 진로 탐구	· 육상 운동	· 스포츠경기과
	· 체조 운동	· 수상 운동	· 개인 · 대인 운동	· 단체 운동	· 체육지도과
	· 투기 운동	· 빙상 · 설상 운동	· 표현 · 창작 운동	· 체력 운동	
	· 전문 스포츠 경기 체력	· 전문 스포츠 경기 초급	· 전문 스포츠 경기 중급	· 전문 스포츠 경기 중급	
	· 전문 스포츠 경기 실습	· 스포츠 교육	· 코칭론	· 건강 관리	
	· 스포츠 경영 · 행정	· 전공 실기	· 전공 실습		
예술	· 음악 이론	· 음악사 · 감상	· 시창 · 청음	· 음악 전공 실기	· 음악과
	· 합창	· 합주	· 연주	· 컴퓨터와 음악	· 미술과
	· 교양 실기				· 무용과
	· 미술 이론	· 미술사	· 소묘	· 기초 회화	· 문예창작과
	· 기초 조소	· 기초 디자인 · 공예	· 미술 전공 실기	· 영상 매체와 미술	· 연극영화과
	· 미술 감상과 비평				· 사진과
	· 무용의 이해	· 기초 한국 무용	· 기초 발레	· 기초 현대 무용	
	· 무용 전공 실기	· 무용 음악	· 안무	· 무용 감상과 비평	
	· 문학의 이해	· 문장론	· 고전 문학의 감상과 비평	· 현대 문학의 감상과 비평	
	· 시 창작	· 소설 창작	· 희곡 창작	· 매체와 문학	
	· 연극의 이해	· 무대 기술	· 연기	· 연극 제작 실습	
	· 연극 감상과 비평	· 영화의 이해	· 영화 기술	· 영화 창작과 표현	
	· 영화 제작 실습	· 영화 감상과 비평			
	· 사진의 이해	· 기초 촬영	· 중급 촬영	· 암실 실기	
	· 사진 편집	· 디지털 사진 촬영	· 디지털 사진 표현 기법	· 사진 감상과 비평	
외국어	· 심화 영어	· 영어 청해	· 영어 회화 Ⅰ	· 영어 회화 Ⅱ	· 영어과
	· 영어 독해	· 영어 작문	· 영어권 문화 Ⅰ	· 영어권 문화 Ⅱ	· 독일어과
	· 영어 문법				· 프랑스어과
	· 기초 독일어	· 독일어 청해	· 독일어 회화 Ⅰ	· 독일어 회화 Ⅱ	· 스페인어과
	· 독일어 독해	· 독일어 작문	· 독일어권 문화 Ⅰ	· 독일어권 문화 Ⅱ	· 중국어과
	· 독일어 문법				· 일본어과
	· 기초 프랑스어	· 프랑스어 청해	· 프랑스어 회화 Ⅰ	· 프랑스어 회화 Ⅱ	· 러시아어과
	· 프랑스어 독해	· 프랑스어 작문	· 프랑스어권 문화 Ⅰ	· 프랑스어권 문화 Ⅱ	· 아랍어과
	· 프랑스어 문법				
	· 기초 스페인어	· 스페인어 청해	· 스페인어 회화 Ⅰ	· 스페인어 회화 Ⅱ	
	· 스페인어 독해	· 스페인어 작문	· 스페인어권 문화 Ⅰ	· 스페인어권 문화 Ⅱ	
	· 스페인어 문법				
	· 기초 중국어	· 중국어 청해	· 중국어 회화 Ⅰ	· 중국어 회화 Ⅱ	
	· 중국어 독해	· 중국어 작문	· 중국 문화 Ⅰ	· 중국 문화 Ⅱ	

	· 중국어 문법				
	· 기초 일본어	· 일본어 청해	· 일본어 회화 Ⅰ	· 일본어 회화 Ⅱ	
	· 일본어 독해	· 일본어 작문	· 일본 문화 Ⅰ	· 일본 문화 Ⅱ	
	· 일본어 문법				
	· 기초 러시아어	· 러시아어 청해	· 러시아어 회화 Ⅰ	· 러시아어 회화 Ⅱ	
	· 러시아어 독해	· 러시아어 작문	· 러시아 문화 Ⅰ	· 러시아 문화 Ⅱ	
	· 러시아어 문법				
	· 기초 아랍어	· 아랍어 청해	· 아랍어 회화 Ⅰ	· 아랍어 회화 Ⅱ	
	· 아랍어 독해	· 아랍어 작문	· 아랍 문화 Ⅰ	· 아랍 문화 Ⅱ	
	· 아랍어 문법				
국제	· 영어 강독	· 독일어 강독	· 프랑스어 강독	· 스페인어 강독	
	· 중국어 강독	· 일본어 강독	· 러시아어 강독	· 아랍어 강독	
	· 국제 정치 Ⅰ	· 국제 정치 Ⅱ	· 국제 경제 Ⅰ	· 국제 경제 Ⅱ	
	· 세계 문제	· 비교 문화 Ⅰ	· 비교 문화 Ⅱ	· 정보 과학	
	· 국제법	· 지역 이해	· 인류의 미래 사회	· 한국의 전통 문화	
	· 한국의 현대 사회	· 한국어	· 과제 연구 Ⅰ	· 과제 연구 Ⅱ	
	· 예능 실습				

① 전문 교육을 주로 하는 고등학교에서는 전문 과목을 80단위 이상 이수한다.

② 전문 교육을 주로 하는 고등학교에서는 다음 과목을 필수로 이수한다.

㉮ 농생명 산업 계열 : 농업 이해, 농업 기초 기술, 농업 정보 관리

㉯ 공업 계열 : 공업 입문, 기초 제도, 정보 기술 기초

㉰ 상업 정보 계열 : 상업 경제, 회계 원리, 컴퓨터 일반

㉱ 수산·해운 계열 : 해양 일반, 수산·해운 정보 처리, 수산 일반 (수산 계열), 해사 일반 (해운 계열)

㉲ 가사·실업 계열 : 인간 발달, 컴퓨터 일반

㉳ 체육, 외국어, 국제계열은 시·도교육감이 정한 지침에 따르되, 과학, 예술 계열은 필수 이수과목을 별도로 정하지 않는다.

다. 고등학교 교육과정 편성·운영의 중점

1) 공통 지침

㈎ 고등학교 교육과정의 총 이수단위는 204단위이며 교과(군) 180단위, 창의적 체험활동 24단위로 나누어 편성한다.

㈏ 교과의 이수 시기와 단위는 학교에서 자율적으로 편성·운영할 수 있다.

㈐ 교육 효과를 높이기 위해 학생의 학기당 이수 과목 수를 8개 이내로 편성하도록 한다.

㈑ 선택 과목 중에서 위계성을 갖는 과목의 경우 계열적 학습이 되도록 편성한다. 단, 학교의 실정 및 학생의 요구, 과목의 성격에 따라 탄력적으로 운영할 수 있다.

㈒ 선택 과목은 학교의 실정과 학생들의 요구를 반영하여 편성하되, 학교는 필요에

따라 이 교육과정에 제시되어 있는 과목 외에 새로운 과목을 개설할 수 있다. 새로운 과목을 개설하여 운영하고자 할 경우에는 시·도 교육청의 교육과정 편성 · 운영 지침에 의거하여 사전에 필요한 절차를 거쳐야 한다.

(바) 일정 규모 이상의 학생이 이 교육과정의 편제에 있는 특정 선택 과목의 개설을 요청할 경우, 학교는 이를 개설해야 한다.

(사) 학교에서 개설하지 않은 선택 과목 이수를 희망하는 학생이 있을 경우 그 과목을 개설한 다른 학교에서의 이수를 인정하도록 한다.

(아) 학교 및 학생의 필요에 따라 지역사회의 학습장에서 행하는 학습을 이수 과목으로 인정할 수 있다. 다만 이 경우 시 · 도 교육청이 정하는 지침에 따른다.

(자) 학교는 필요에 따라 대학과목 선이수제의 과목을 개설할 수 있고, 국제적으로 공인받은 교육과정과 과목을 선택 과목으로 인정할 수 있다. 다만, 이와 관련된 구체적인 사항은 시 · 도 교육청의 지침에 따른다.

(차) 학교는 필요에 따라 교과의 총 이수단위를 증배 운영할 수 있다. 단, 전문교육을 주로 하는 학교는 전문 교과에 한하여 증배 운영할 수 있다.

(카) 학교는 학생이 3년간 이수해야 할 학년별, 학기별 과목을 편성하여 안내해야 한다.

2) 일반계 고등학교

(가) 교과(군)의 이수단위 180단위 중 필수 이수단위는 116단위 이상으로 한다.

(나) 학생의 진로 과정을 고려하여 교과(군)별 최소 필수 이수단위 수로 편성할 수 있으나, 교과 영역별로 제시된 단위 수를 편성 · 운영하여야 한다.

(다) 일반계 고등학교에서 체육, 음악, 미술 등의 과정을 개설하거나 자율 학교로 지정된 학교의 경우 교과(군) 최소 이수단위인 72단위로 편성 · 운영할 수 있다.

(라) 학교는 학생의 요구 및 흥미, 적성 등을 고려하여 진로를 적절히 안내할 수 있는 진로 집중 과정을 편성 · 운영하도록 한다. 이를 위해 학교는 이 교육과정에 제시하는 '학교자율과정'에서 진로 집중 과정과 관련된 과목의 심화학습이 이루어질 수 있도록 편성 · 운영한다.

(마) 과학, 수학, 사회, 영어, 예술, 체육 등 교과를 중심으로 중점 학교를 운영할 수 있으며 이 경우, 학교자율과정의 50% 이상을 관련 교과목으로 편성할 수 있다.

(바) 체육, 음악, 미술 등의 과정을 개설하는 학교의 경우, 필요에 따라 지역 내 중점 학교 및 지역사회 학습장 등을 활용할 수 있다.

(사) 일반계 고등학교에서 직업에 관한 과정을 운영할 수 있으며, 이와 관련된 세부 지침은 시·도교육청에서 정한다.

(아) 학교에서 제2외국어 과목을 개설할 경우, 2개 이상의 과목을 동시에 개설하도록 노력해야 한다.

3) 전문교육을 주로 하는 고등학교

(가) 교과(군)의 이수단위 180단위 중 보통 교과 필수 이수 단위는 72단위 이상으로 편성 하며, 전문 교과의 과목은 80단위 이상 편성한다.

(나) 전문 교과의 각 과목에 대한 이수단위는 시 · 도 교육감이 정하되, 외국어와 국제에 관한 교과의 각 과목별 이수단위는 5단위를 기본으로 하되, 3단위 범위 내에서 증감 편성할 수 있다.

(다) 전문 교과의 기초가 되는 과목을 선택하여 이수할 경우, 이를 해당 보통 교과의 이수로 간주할 수 있다.

(라) 내용이 유사하거나 관련되는 보통 교과의 과목과 전문 교과의 과목은 교체하여 편성 · 운영할 수 있다.

(마) 농생명산업, 공업, 상업정보, 수산 · 해운, 가사 · 실업 계열의 고등학교는 다음과 같이 편성 · 운영할 수 있다.

① 전문 교과는 필요한 경우 다른 계열의 전문 과목을 선택하여 편성 · 운영할 수 있다.

② 학과별 필수 과목은 필요한 경우 학교장이 정할 수 있으며, 2개 이상의 계열을 운영하는 경우, 해당 학과가 속한 계열의 필수 과목을 이수한다.

③ 교육과정 내용과 관련이 있는 현장 실습을 운영하여야 한다. 이 경우 다양한 형태로 운영할 수 있으며, 이와 관련된 구체적인 사항은 시 · 도 교육청이 정한 지침에 따른다.

(바) 국제계열 고등학교는 전공 관련 교과군과 외국어에 관한 교과의 과목에서 80단위 이상 이수하되, 전공 관련 교과군에서 50% 이상 편성한다.

(사) 외국어 계열 고등학교에서는 전문 교과 총 이수단위의 60% 이상을 전공 외국어로 하고, 전공 외국어 포함 2개 외국어로 전문 교과를 편성해야 한다.

(아) 이 교육과정에 명시되지 아니한 계열의 교육과정은 유사 계열의 교육과정에 준한다. 부득이 새로운 계열의 설치 및 그에 따른 교육과정을 편성할 경우와 학교의 실정에 따라 새로운 과목을 설정하여 운영하고자 할 경우에는 시 · 도 교육청의 교육과정 편성 · 운영 지침에 의거하여 사전에 필요한 절차를 거쳐야 한다.

4. 학교 급별 공통 사항

가. 편성·운영

1) 학교는 이 교육과정을 바탕으로 학교 실정에 알맞은 학교 교육과정을 편성·운영한다.

2) 학교는 학교 교육과정 편성·운영 계획을 바탕으로 학년 및 교과목별 교육과정을 편성할 수 있다.

3) 학교 교육과정은 모든 교원이 전문성을 발휘하여 참여하는 민주적인 절차와 과정을 거쳐 편성·운영한다.

4) 교육과정의 합리적 편성과 효율적 운영을 위하여 교원, 교육과정(교과 교육) 전문가, 학부모 등이 참여하는 학교 교육과정 위원회를 구성하여 운영하며, 이 위원회는 학교장의 교육과정 운영 및 의사 결정에 관한 자문의 역할을 담당한다.

5) 학교 교육과정을 편성·운영함에 있어서는 교원의 조직, 학생의 실태, 학부모의 요구, 지역사회의 실정 및 교육 시설·설비 등 교육 여건과 환경이 충분히 반영되도록 노력한다.

6) 학교는 동학년 모임, 교과별 모임, 현장 연구, 자체 연수 등을 통해서 교사들의 교육 활동 개선이 이루어지도록 한다.

7) 학교가 종교 과목을 개설할 때에는 종교 이외의 과목을 포함, 복수로 과목을 편성하여 학생에게 선택의 기회를 주어야 한다.

8) 각 교과의 기초적, 기본적 요소들이 체계적으로 학습되도록 계획하고, 이를 일관성 있고 지속성 있게 지도한다.

9) 각 교과목별 학습 목표를 모든 학생이 성취하도록 지도하고, 능력에 알맞은 성취가 가능하도록 다양한 학습의 기회와 방법을 제공하며, 이를 위한 계획적인 배려와 지도를 하여 학습 결손이 누적되거나 학습 의욕이 저하되지 않도록 노력한다.

10) 공통 교육과정에서는 학생의 능력과 적성, 진로를 고려하여 교육 내용과 방법을 다양화한다. 특히 국어, 수학, 사회, 과학, 영어 교과에서는 수준별 수업을 권장한다.

11) 수준별 수업 운영을 위한 학습 집단은 학교의 여건이나 학생의 특성에 따라 다양하게 편성할 수 있으며, 학습 결손을 보충할 수 있도록 '특별 보충 수업'을 운영할 수 있다. 특별 보충 수업의 편성·운영에 관한 제반 사항은 학교가 자율적으로 결정한다.

12) 교과 수업은 탐구적인 활동을 통하여 개념 및 원리를 이해하고, 이를 새로운 사태에 적용하는 기회를 많이 가지게 한다. 특히 여러 가지 자료를 활용한 정보 처리 능력을

가지도록 하는 데 힘쓴다.

13) 개별적인 학습 활동과 더불어 소집단 공동 학습 활동을 중시하여 공동으로 문제를 해결하는 경험을 많이 가지게 한다.

14) 각 교과 활동에서는 학습의 개별화가 이루어지도록 하고, 발표·토의 활동과 실험, 관찰, 조사, 실측, 수집, 노작, 견학 등의 직접 체험 활동이 충분히 이루어지도록 유의한다.

15) 학교는 창의적 체험활동이 실질적 체험학습이 되도록 지역사회의 유관기관과 적극적으로 연계·협력해서 프로그램을 운영해야 한다.

16) 교과와 창의적 체험활동의 효율적인 운영을 위하여 지역사회의 인적, 물적 자원을 계획적으로 활용한다.

17) 창의적 체험활동에 배당된 시간 수는 학생의 요구와 학교의 실정에 기초하여 융통성 있게 배정하여 운영할 수 있다.

18) 교과와 창의적 체험활동의 내용 배열은 반드시 학습의 순서를 의미하는 것이 아닌 예시적인 성격을 지니고 있으므로, 필요한 경우에 지역의 특수성, 계절 및 학교의 실정과 학생의 요구, 교사의 필요에 따라 각 교과목의 학년별 목표에 대한 지도 내용의 순서와 비중, 방법 등을 조정하여 운영할 수 있다.

19) 심신장애 학생을 위한 특수 학급을 설치, 운영하는 경우, 학생의 장애 정도와 능력을 고려하여 이 교육과정을 조정·운영하거나, 특수학교 교육과정 및 교수-학습 자료를 활용할 수 있다.

20) 학습부진아, 장애를 가진 학생, 귀국 학생, 다문화 가정 자녀 등이 학교에서 충실한 학습 경험을 누릴 수 있도록 특별한 배려와 지원을 하도록 한다.

21) 교육 활동 전반을 통하여 남녀의 역할에 관한 편견을 가지지 않도록 지도한다.

22) 범교과 학습 주제는 관련되는 교과와 창의적 체험활동 등 교육 활동 전반에 걸쳐 통합적으로 다루어지도록 하고 지역사회 및 가정과의 연계 지도에도 힘쓴다.

민주 시민 교육, 인성 교육, 환경 교육, 경제 교육, 에너지 교육, 근로 정신 함양 교육, 보건 교육, 안전 교육, 성 교육, 소비자 교육, 진로 교육, 통일 교육, 한국 정체성 교육, 국제 이해 교육, 해양 교육, 정보화 및 정보 윤리 교육, 청렴·반부패 교육, 물 보호 교육, 지속 가능 발전 교육, 양성 평등 교육, 장애인 이해 교육, 인권 교육, 안전·재해 대비 교육, 저출산·고령 사회 대비 교육, 여가 활용 교육, 호국·보훈 교육, 효도·경로·전통 윤리 교육, 아동·청소년 보호 교육, 다문화 교육, 문화 예술 교육, 농업·농촌 이해 교육, 지적 재산권 교육, 미디어 교육, 의사소통·토론 중심 교육, 논술 교육, 한국 문화사 교육, 한자 교육, 녹색 교육 등

23) 학교에서는 교육과정에 제시되지 않은 사회 현안에 대해 학생들의 올바른 이해를

돕기 위하여 계기 교육을 실시할 수 있으며, 이 경우 계기 교육 지침에 따른다.

24) 교과용 도서 이외의 교수-학습 자료는 교육청이나 학교에서 개발한 것 등을 사용할 수 있다.

25) 각 교과의 특성에 맞는 다양한 학습이 이루어질 수 있도록 교과 교실제 운영을 활성화 한다.

26) 실험 · 실습이나 실기 지도에 있어서는 시설 및 기계 · 기구, 약품 사용의 안전에 유의하도록 한다.

27) 학교는 학생과 학부모의 요구를 바탕으로 방과 후 학교 또는 방학 중 프로그램을 개설할 수 있으며, 학생들의 자발적인 참여를 원칙으로 한다.

나. 평가 활동

1) 학교는 학교 교육과정 편성과 운영의 적합성, 타당성, 효과성을 자체 평가하여 문제점과 개선점을 추출하고, 다음 학년도의 교육과정 편성 · 운영에 그 결과를 반영한다.

2) 학교에서 실시하는 평가 활동은 다음과 같은 사항을 고려해서 이루어지도록 한다.

(가) 평가는 모든 학생들이 교육 목표를 성공적으로 달성하기 위한 교육의 과정으로 실시한다.

(나) 학교는 다양한 평가 도구와 방법으로 성취도를 평가하여 학생의 목표 도달도를 확인하고, 수업의 질 개선을 위한 자료로 활용한다.

(다) 교과의 평가는 선택형 평가보다는, 서술형이나 논술형 평가 그리고 수행 평가의 비중을 늘려서 교과별 특성에 적합한 평가를 실시하도록 한다.

(라) 실험 · 실습의 평가는 교과목의 성격을 고려하여 합리적인 세부 평가 기준을 마련하여 실시한다.

(마) 정의적, 기능적, 창의적인 면이 특히 중시되는 교과의 평가는 타당한 평정 기준과 척도에 의거하여 실시한다.

(바) 학교와 교사는 학교에서 가르친 내용과 기능을 평가하도록 한다. 학생이 학교에서 배울 기회를 마련해 주지 않고, 학교 밖의 교육 수단을 통해서 익힐 수밖에 없는 내용과 기능은 평가하지 않도록 유의한다.

(사) 창의적 체험활동에 대한 평가는 창의적 체험활동의 내용과 특성을 감안하여 평가의 주안점을 학교에서 작성, 활용한다.

Ⅲ. 학교 교육과정 지원

1. 학교 교육과정 편성·운영 지원

가. 국가 수준 지원 사항

이 교육과정의 원활한 편성 · 운영을 위하여 국가 수준에서는 다음과 같이 평가하고 지원한다.

1) 시·도 교육청의 교육과정 지원 활동과 단위학교의 교육과정 편성·운영 활동이 상호 유기적으로 이루어질 수 있도록 행·재정적 지원을 한다.
2) 이 교육과정의 질 관리를 위하여 국가 수준에서는 주기적으로 학업 성취도 평가, 학교와 교육기관 평가, 교육과정 편성 · 운영에 관한 평가를 실시한다.
(가) 학업 성취도를 평가하기 위하여 교과별, 학년(군)별 학생 평가를 실시하고, 평가 결과는 교육과정의 적절성 확보와 그 개선에 활용한다.
(나) 학교의 교육과정 편성·운영과 교육청의 교육과정 지원 상황을 파악하기 위하여 학교와 관련 교육청에 대한 평가를 주기적으로 실시한다.
(다) 교육과정 편성·운영과 지원 체제의 적절성과 실효성을 평가하기 위한 연구를 수행한다.
3) 국가 수준에서는 학교에서 교육과정의 정신을 구현한 평가 활동이 원활히 이루어질 수 있도록 다양한 방안을 강구해서 학교 현장에 제공해 주어야 한다.
(가) 교과별로 '평가 기준'을 개발, 보급하여 학교가 교과 교육과정의 목표에 부합되는 평가를 실시할 수 있도록 한다.
(나) 교과별 평가 활동에 활용할 수 있는 다양한 평가 방법, 절차, 도구 등을 개발하여 학교에 제공한다.

나. 교육청 수준 지원 사항

이 교육과정의 원활한 편성·운영을 위하여 교육청은 다음과 같은 사항을 지원한다.

1) 교육과정의 편성·운영에 관한 조사 연구와 자문 기능을 담당할 위원회를 구성하여 운영한다. 이 위원회에는 교원, 교육행정가, 교육학전문가, 교과 교육전문가, 학부모,

지역사회 인사, 산업체 인사 등이 참여할 수 있다.

2) 지역의 특수성, 교육의 실태, 학생·교원·주민의 요구와 필요 등을 반영하여 교육 중점을 설정하고, 교육과정 편성·운영 지침을 작성한다.

3) 교육과정 편성·운영의 개선을 위한 연구학교를 운영하고, 수업 개선을 위한 연구 교사를 두어 교과별 연구회 활동을 적극적으로 지원한다.

4) 학년군, 교과군 도입을 통한 단위학교 교육과정 자율 편성과 창의적 체험활동의 효율적인 운영을 위한 교육과정 컨설팅 등 지원 기구를 조직하여 교육과정 편성·운영을 위한 각종 자료를 연구, 개발하여 보급한다.

5) 교원의 학교 교육과정 편성·운영 능력 향상과 교과와 창의적 체험활동에 대한 지도 능력 제고를 위하여 각급 학교 교원에 대한 연수 계획을 수립, 시행한다.

6) 각급 학교가 새 학년도 시작에 앞서 교육과정 편성·운영에 관한 계획을 세울 수 있도록 교육과정 편성·운영 자료를 개발·보급하고, 교원의 전보를 적기에 시행한다.

7) 학교 교육과정 편성과 운영을 위한 교육 시설, 설비, 자료 등의 정비 확충에 필요한 행·재정적인 지원을 한다.

8) 학교가 지역사회의 유관기관과 적극적으로 연계·협력해서 교과, 창의적 체험활동을 내실 있게 운영할 수 있도록 지원하며, 관내 학교가 활용 가능한 '지역 자원목록'을 작성하여 제공하는 등 구체적인 지원 방안을 마련한다.

9) 수준별 수업을 효율적으로 운영하도록 지원하며, 학습 결손을 보충할 수 있도록 '특별 보충 수업'을 운영하는 데 필요한 행·재정적인 지원을 한다.

10) 개별학교의 희망과 여건을 반영하여 지역 내 학교간 개설할 집중과정을 조정하고, 그 편성·운영을 지원한다. 특히, 소수 학생이 지망하는 집중과정을 개설할 학교를 지정하고, 원활한 교육과정 편성·운영을 위한 행·재정적 지원을 한다.

11) 특정 분야에서 탁월한 재능을 보이는 학생과 학습 장애가 있는 학생들을 위한 교육 기회를 마련하고 지원한다.

12) 귀국자 및 다문화 가정 자녀의 교육 경험의 특성과 배경을 고려하여 이 교육과정을 이수하는 데 어려움이 없도록 지원한다.

13) 전·입학, 귀국 등에 따라 공통 교과를 이수하지 못한 학생들이 해당 교과를 이수할 수 있도록 다양한 기회를 마련해 주고, 학생들이 지역사회의 공공성 있는 사회 교육 시설을 통해 이수한 과정을 인정해 주는 방안을 마련한다.

14) 지역 사회와 학교의 여건에 따라 초등학교 저학년 학생을 학교에서 돌볼 수 있는 기능을 강화하고, 이에 대해 교육청은 특별한 배려와 지원을 하도록 한다.

15) 교육과정에 제시되지 않은 교과목을 설치, 운영하는 경우에 대비하여, 교육청은 관련 지침을 학교에 제시해 주고, 학교로 하여금 필요한 사전 절차를 밟도록 지원한다.

16) 복식 학급 운영 등 소규모 학교의 정상적인 교육과정 운영을 지원하기 위해서

교원의 배치, 학생의 교육받을 기회의 확충 등에 필요한 행·재정적인 지원을 한다.

17) 학교 교육과정의 효과적 운영을 위하여 학생의 배정, 교원의 순회 및 수급, 학교 간 시설과 설비의 공동 활용, 자료의 공동 개발 활용에 관하여 학교 간 및 인접 교육청 간의 협조 체제를 구축한다.

18) 학생의 교육활동에 필요한 교과용 도서의 인정, 개발, 보급을 위해 노력한다.

19) 전문교육을 주로 하는 고등학교는 개설 전공과 유사한 산업체와 협력하여 특성화된 교육과정과 실습과목을 편성·운영할 수 있으며, 학생의 현장 실습이 내실 있게 운영될 수 있도록 행·재정적 지원을 한다.

20) 학교에 대한 교육과정 운영 지원 실태와 각급 학교의 교육과정 편성·운영 실태를 정기적으로 파악하고, 효과적인 교육과정의 운영과 개선 및 질 관리에 필요한 적절한 지원을 한다.

21) 학교의 교육과정 편성·운영에 대한 질 관리 및 교육과정 편성·운영 체제의 적절성과 실효성을 높이기 위하여 학업 성취도 평가, 교육과정 편성·운영 평가 등을 실시할 수 있다.

2. 특수한 학교에서의 교육과정 편성과 운영

가) 초·중·고등학교에 준하는 학교의 교육과정은 이 교육과정에 따라서 편성·운영한다.

나) 국가가 설립 운영하는 학교의 교육과정은 해당 시·도 교육청의 편성·운영 지침을 참고하여 학교장이 편성한다.

다) 공민학교, 고등 공민학교, 고등기술학교, 근로 청소년을 위한 특별 학급 및 산업체 부설 학교, 기타 특수한 학교는 이 교육과정을 바탕으로 학교의 실정과 학생의 특성에 알맞은 학교 교육과정을 편성하고, 시·도 교육감의 승인을 얻어 운영한다.

라) 야간 수업을 하는 학교의 교육과정은 이 교육과정을 따르되, 다만 단위 수업 시간을 40분으로 단축하여 운영할 수 있다.

마) 방송 통신 고등학교는 이 교육과정에 제시된 고등학교 교육과정을 따르되, 시·도 교육감의 승인을 얻어 이 교육과정의 편제와 단위 배당 기준을 다음과 같이 조정하여 운영할 수 있다.

(1) 편제와 단위 배당 기준은 고등학교 교육과정에 준하되, 162단위 이상 이수하도록 한다.

(2) 교육은 방송 통신에 의한 수업, 출석 수업 및 첨삭 지도의 방법에 의한 수업으로 한다.

(3) 학교 출석 수업 일수는 연간 20일 이상으로 한다.

바) 특성화학교, 자율학교 등 법령에 의거하여 교육과정 편성·운영의 자율성이 부여되는 학교의 경우에는 학교의 설립 목적 및 특성에 따른 교육이 가능하도록 교육과정 편성 · 운영의 자율권을 부여하고, 이와 관련한 구체적인 사항은 시·도교육청의 지침에 따른다.

사) 교육과정의 연구를 위해 새로운 방식으로 교육과정을 편성, 운영하고자 하는 학교는, 교육과학기술부 장관의 승인을 받아 이 교육과정의 기준과는 다르게 학교 교육과정을 편성·운영할 수 있다.

부록 3

2009 개정 창의적 체험활동 교육과정

1. 성 격

창의적 체험활동은 교과 이외의 활동으로서 교과와 상호보완적 관계에 있으며, 앎을 적극적으로 실천하고 나눔과 배려를 할 줄 아는 창의성과 인성을 겸비한 미래지향적 인재 양성을 목적으로 한다. 창의적 체험활동은 기본적으로 자율성에 바탕을 둔 집단 활동의 성격을 지니고 있으며, 집단에 소속된 개인의 개성과 창의성도 아울러 고양하려는 교육적 노력을 포함한다.

창의적 체험활동 교육과정은 자율활동, 동아리활동, 봉사활동, 진로활동의 4개 영역으로 구성된다. 각 영역별 구체적인 활동 내용은 학생, 학급, 학년, 학교 및 지역사회의 특성에 맞게 학교에서 선택하여 융통성 있게 운영할 수 있다. 여기에 제시되는 영역과 활동 내용은 권고적인 성격을 띠고 있으며, 학교에서는 이보다 더 창의적이고 풍성한 교육과정을 선택과 집중하여 운영할 수 있다.

초등학교의 창의적 체험활동에서는 학생의 기초생활습관의 형성, 공동체 의식의 함양, 개성과 소질의 발현에 중점을 둔다. 중학교의 창의적 체험활동에서는 남과 더불어 살아가는 태도의 확립, 자신의 진로에 대한 탐구, 자아의 발견과 확립에 중점을 둔다. 고등학교의 창의적 체험활동에서는 학습자의 다양한 욕구를 건전한 방향으로 유도하고, 원만한 인간관계를 형성하며 진로를 선택하여 자아실현에 힘쓰도록 하는데 중점을 둔다.

창의적 체험활동에서는 학생의 자주적인 실천 활동을 중시하여 학생과 교사가 공동으로 협의하거나 학생들의 힘으로 활동 계획을 수립하고 역할을 분담하여 실천하게 한다. 아울러, 지역과 학교의 독특한 문화 풍토를 고려하여 특색 있고, 인적 · 물적 자원과 시간을 폭넓게 활용하여 융통성 있게 운영하는 것이 중요하다.

2. 목 표

학생들은 창의적 체험활동에 자발적으로 참여하여 개개인의 소질과 잠재력을 계발 ·

신장하고, 자율적인 생활 자세를 기르며, 타인에 대한 이해를 바탕으로 나눔과 배려를 실천함으로써 공동체 의식과 세계 시민으로서 갖추어야 할 다양하고 수준 높은 자질 함양을 지향한다.

가. 각종 행사, 창의적 특색 활동에 자발적으로 참여하여, 변화하는 환경에 적극적으로 대처하는 능력을 기르고, 공동체 구성원으로서의 역할을 수행한다.
나. 동아리활동에 자율적이고 지속적으로 참여하여 각자의 취미와 특기를 창의적으로 계발하고, 협동적 학습능력과 창의적 태도를 기른다.
다. 이웃과 지역사회를 위한 나눔과 배려의 활동을 실천하고, 자연환경을 보존하는 생활습관을 형성하여 더불어 사는 삶의 가치를 깨닫는다.
라. 흥미와 소질, 적성을 파악하여 자기 정체성을 확립하고, 학업과 직업에 대한 다양한 정보를 탐색하여 자신의 진로를 설계하고 준비한다.

3. 내용 및 교수-학습 방법

가. 내용 체계

영 역	성 격	활 동
자율 활동	학교는 학생 중심의 자율적 활동을 추진하고, 학생은 다양한 교육 활동에 능동적으로 참여한다.	- 적응활동 - 자치활동 - 행사활동 - 창의적 특색 활동 등
동아리 활동	학생은 자발적으로 집단 활동에 참여하여 협동하는 태도를 기르고 각자의 취미와 특기를 신장한다.	- 학술활동 - 문화 예술활동 - 스포츠활동 - 실습 노작활동 - 청소년 단체활동 등
봉사 활동	학생은 이웃과 지역사회를 위한 나눔과 배려의 활동을 실천하고, 자연환경을 보존한다.	- 교내 봉사활동 - 지역사회 봉사활동 - 자연환경 보호활동 - 캠페인활동 등
진로 활동	학생은 자신의 흥미, 특기, 적성에 적합한 자기 계발활동을 통하여 진로를 탐색하고 설계한다.	- 자기 이해활동 - 진로 정보 탐색활동 - 진로 계획활동 - 진로 체험활동 등

나. 영역별 내용 및 교수-학습 방법

이 교육과정에서 제시한 각 영역별 활동 내용은 예시적 기준이므로, 학생의 발달 단계, 학교 실정 및 지역 특성 등을 고려하여 목표 달성에 적합한 내용을 선정, 운영할 수 있다.

1) 자율활동

가) 목표

(1) 전입학과 진급 등에 따른 생활변화에 적응하고 이를 주도하는 능력을 길러 원만하고 즐거운 학교생활을 한다.
(2) 다양한 협의 및 실천 경험을 통해 문제를 합리적으로 해결할 수 있으며, 민주적인 의사결정의 기본 원리를 익힌다.
(3) 학급과 학교에서 일어나는 제 문제에 대해 적극적으로 참여하여 협의하고 실천함으로써 협동심과 유대감을 기른다.
(4) 교내외에서 실시되는 여러 행사의 의의와 중요성을 이해하고, 행사에 자발적으로 참여하여 학교와 지역사회의 발전을 위해 노력하는 태도를 가진다.
(5) 학급, 학년, 학교의 특성 및 학습자의 발달 단계에 맞는 다양한 특색활동을 계획하고, 이에 참여함으로써 자신감과 창의성을 기른다.
(6) 학교의 전통을 계승하고 이를 창의적으로 발전시키려는 노력을 통해 소속감과 애교심을 기른다.

나) 활동별 내용

(1) 적응활동
· 입학, 진급, 전학 등에 따른 적응활동 등
· 예절, 질서 등의 기본생활습관 형성활동, 축하, 친목, 사제동행 등
· 학습, 건강, 성격, 교우 등의 상담활동 등
(2) 자치활동
· 1인 1역, 학급회 및 학급 부서활동 등
· 학생회 협의활동, 운영위원 활동, 모의 의회, 토론회 등
(3) 행사활동
· 시업식, 입학식, 졸업식, 종업식, 기념식, 경축일 등
· 전시회, 발표회, 학예회, 경연대회, 실기대회 등

· 학생건강체력평가, 체격 및 체질 검사, 체육대회, 친선경기대회, 안전생활 훈련 등
· 수련활동, 현장학습, 수학여행, 학술조사, 문화재 답사, 국토순례, 해외문화체험 등
(4) 창의적 특색활동
· 학생 특색활동, 학급 특색활동, 학년 특색활동, 학교 특색활동, 지역 특색활동 등
· 학교 전통 수립활동, 학교 전통 계승활동 등

다) 교수-학습 방법

(1) 학생들의 자발적이고 자율적인 활동이 되도록 해야 하며, 그 활동이 바람직하고 창의적인 방향으로 이루어지도록 지도한다.

(2) 모든 구성원들이 골고루 참여할 수 있는 기회를 제공하고, 다양한 의견을 존중하여 참여 의식을 높이며 소속감을 가지게 한다.

(3) 학생 전원이 학급 생활에 필요한 한 가지 이상의 일을 분담하여 자율적으로 실천하게 하되, 필요할 경우 역할을 교체하여 다양한 경험을 가지도록 한다.

(4) 행사활동의 계획 수립, 준비, 시행, 반성 등에 있어서 학생들이 적극적으로 참여하도록 지도하고, 적절한 역할 분담을 통하여 자치적인 운영이 되도록 한다.

(5) 행사 계획을 수립할 때에는 행사명, 목적, 시기, 장소, 대상, 행사 과정, 역할 분담, 유의점, 배치도, 상황 변동시의 대책 등을 충분히 고려하고, 필요에 따라 사전 답사 및 사전 교육을 실시한다.

(6) 학교 행사의 실시에서 필요한 경우 지역사회와의 연계성을 고려하되, 지역 사회의 요청에 의한 학교 행사는 그 교육적 가치를 충분히 검토하여 선택적으로 운영할 수 있다.

(7) 학생들이 교실과 교내를 벗어나 다양한 실생활과 자연을 접하여 호연지기를 기를 수 있는 기회를 적극 마련한다.

2) 동아리활동

가) 목표

(1) 흥미, 취미, 소질, 적성, 특기가 비슷한 학생들로 구성된 활동 부서에 자발적으로 참여하여, 창의성과 협동심을 기르고, 원만한 인간관계를 형성한다.

(2) 다양한 활동에 참여하여 자신의 잠재 능력을 창의적으로 계발 · 신장하고, 자아실현의 기초를 닦는다.

(3) 여가를 선용하는 생활 습관을 형성한다.

(4) 지역 내 학교간 각종 동아리 경연대회를 통해 우의를 다지는 협력과 공정한 경쟁을 익히도록 한다.

나) 활동별 내용

(1) 학술활동

· 외국어 회화, 과학 탐구, 사회 조사, 탐사, 다문화 탐구 등

· 컴퓨터, 인터넷, 신문 활용, 발명 등

(2) 문화 · 예술활동

· 문예, 창작, 회화, 조각, 서예, 전통예술, 현대예술 등

· 성악, 기악, 뮤지컬, 오페라 등

· 연극, 영화, 방송, 사진 등

(3) 스포츠활동

· 구기운동, 육상, 수영, 체조, 배드민턴, 인라인스케이트, 하이킹, 야영 등

· 민속놀이, 씨름, 태권도, 택견, 무술 등

(4) 실습 노작활동

· 요리, 수예, 재봉, 꽃꽂이 등

· 사육, 재배, 조경 등

· 설계, 목공, 로봇제작 등

(5) 청소년 단체활동

· 스카우트연맹, 걸스카우트연맹, 청소년연맹, 청소년적십자, 우주소년단, 해양소년단 등

다) 교수-학습 방법

(1) 학생의 취미, 흥미, 적성, 요구, 학교 실정 및 지역 특성 등에 알맞은 활동 부서를 조직하고, 모든 학생에게 자세히 안내한다.

(2) 학교는 학생의 희망을 존중하여 활동 부서를 조직한다.

(3) 교사가 주도적인 역할을 하지 않도록 유의하여 학생 중심의 흥미롭고 창의적인 운영을 도모한다.

(4) 학생의 개성과 소질을 최대한 신장시키기 위하여 방과후 및 휴업일, 방학 중에도 활동을 지속적 · 집중적으로 운영할 수 있다.

(5) 동아리활동의 각종 프로그램을 활성화시키기 위하여 교내외의 인적 자원, 물적 자원을 적극 활용한다. 특히 지역사회 인사와 학부모의 자발적 봉사 협력을 통해 동아리 활동이 이루어질 수 있도록 이를 장려한다.

(6) 동아리활동을 활성화시키기 위해 교내 및 학교간 경연대회, 전시회, 발표회, 봉사활동과 연계 등을 적극 추진한다.

3) 봉사활동

가) 목표

(1) 타인을 배려하는 너그러운 마음과 더불어 사는 공동체 의식을 가진다.

(2) 나눔과 배려의 봉사활동 실천으로 이웃과 서로 협력하는 마음을 기르고, 호혜 정신을 기른다.

(3) 지역사회의 일들에 관심을 가지고 참여함으로써 사회적 역할과 책임을 분담하고, 지역사회 발전에 이바지하는 태도를 가진다.

나) 활동별 내용

(1) 교내 봉사활동

· 학습부진 친구, 장애인, 병약자, 다문화 가정 학생 돕기 등

(2) 지역사회 봉사활동

· 복지시설, 공공시설, 병원, 농 · 어촌 등에서의 일손 돕기 등

· 불우이웃돕기, 고아원, 양로원, 병원, 군부대에서의 위문 활동 등

· 재해 구호, 국제 협력과 난민 구호 등

(3) 자연환경 보호활동

· 깨끗한 환경 만들기, 자연 보호, 식목 활동, 저탄소 생활 습관화 등

· 공공시설물, 문화재 보호 등

(4) 캠페인활동

· 공공질서, 교통안전, 학교 주변 정화, 환경 보전, 헌혈, 각종 편견극복 등에 대한 캠페인 활동 등

다) 교수-학습 방법

(1) 봉사활동의 참된 의미와 가치를 인식시키고 미래 생활과도 연계되도록 지도한다. 효율적이며 진정한 봉사활동이 될 수 있도록 사전 교육을 실시하며, 관련 정보를 충분히 수집하고 면밀한 계획을 세워 추진한다.

(2) 봉사활동의 내용은 학교나 지역사회의 여건을 고려, 학교 재량으로 선정하여 융통성 있게 운영할 수 있다.

(3) 학생들의 처지와 능력 수준에서도 봉사가 가능하며, 보람을 느낄 수 있도록 하기 위해서, 서로 협력하는 기회를 만들고, 특히 동아리활동의 성과를 봉사활동에 적극 활용한다.

(4) 활동의 전 과정이 교육적 의미를 가질 수 있도록 활동의 계획과 과정 및 결과에 대한 사후 평가를 실시하고, 이를 향후의 활동 계획 수립에 반영한다.

(5) 지역사회 유관기관 및 봉사 단체와 협조 체제를 유지하여 효율적인 봉사활동이 이루어지도록 한다.

4) 진로활동

가) 목표

(1) 자신의 특성, 소질과 적성, 능력 등을 이해하고, 이를 바탕으로 자신의 정체성을 확립하고 자신만의 독특한 진로를 탐색한다.

(2) 각종 검사, 상담을 통해 진로 정보를 탐색하고 자신의 진로를 계획한다.

(3) 진로와 직업 선택의 중요성을 인식하고, 자신의 적성과 소질에 맞는 진로를 탐색·설계한다.

(4) 학업과 직업 세계를 이해하는 직업 체험활동 기회를 통해 진로를 결정하고 준비한다.

나) 활동별 내용

(1) 자기 이해활동

· 자기 이해 및 심성 계발, 자기 정체성 탐구, 가치관 확립 활동, 각종 진로 검사 등

(2) 진로 정보 탐색활동

· 학업 정보 탐색, 입시정보 탐색, 학교 정보 탐색, 학교 방문 등

· 직업 정보 탐색, 자격 및 면허 제도 탐색, 직장 방문, 직업 훈련, 취업 등

(3) 진로 계획활동

· 학업 및 직업에 대한 진로 설계, 진로 지도 및 상담 활동 등

(4) 진로 체험활동

· 학업 및 직업 세계의 이해, 직업 체험활동 등

다) 교수-학습 방법

(1) 학생이 자신에 대한 충분한 이해를 바탕으로 자신의 진로를 개척하려는 태도를 갖게 한다.

(2) 학생의 인성, 적성, 진로 성숙도 등 다양한 측면을 파악할 수 있는 각종 검사를 실시하고 그 결과에 대해 필요한 상담을 실시한다.

(3) 진로 관련 상담활동은 담임교사가 하는 것을 원칙으로 하되, 특히 중등학교에서는

학생의 진로와 가장 밀접한 교과교사를 진로지도교사로 하여 학생 개인별 혹은 집단별 진로상담에 도움을 주도록 한다. 진로활동 내용에 따라서는 상담교사나 전문적 소양을 가진 학부모 또는 지역사회 인사의 협조를 받는다.

(4) 학생의 학업 진로, 직업 진로에 대한 진로 계획서를 작성하고 꾸준히 수정하는 활동을 실시한다.

(5) 진로 선택에 중요한 시기를 맞고 있는 중등학생의 경우 '직업과 진로' 과목과 연계하여 지도한다. 특히 중학교 3학년에서 고교 진학과 고교 1학년에서 진로에 따른 교과목 이수 및 고교 3학년에서 학업 혹은 직업 선택을 지도하는데 중점을 둔다.

(6) 학교 및 지역사회 인사, 지역사회 시설 등을 활용하여 장래에 학생들이 선택하게 될 학업과 직업에 대해 탐구하고, 직접 체험할 수 있는 기회를 제공한다.

4. 운영 및 지원

가) 창의적 체험활동에 배당된 시간(단위) 수는 영역별로 학생의 요구, 학교 및 지역의 특성을 고려하여 학교의 재량으로 배정하되, 학생의 발달 단계를 고려하여 학교 급별, 학년별로 활동 영역 및 내용을 선택하여 집중적으로 운영할 수 있다.

나) 창의적 체험활동의 운영의 효율성을 높이기 위해 관련 교과 및 창의적 체험활동의 하위 영역간에 통합하여 편성 · 운영할 수 있다.

다) 창의적 체험활동 운영 계획은 학생들의 흥미와 소질, 학교와 지역사회의 실정을 고려하여 작성하되, 계획을 수립하고 운영하는 과정에서 학생들의 의사를 적극적으로 표현되어 반영되도록 한다.

라) 창의적 체험활동은 학교의 필요에 따라 기준 시간(단위)보다 더 많은 시간을 확보하여 운영할 수 있으며, 시간 운영은 통합, 집중 등 다양한 방식으로 융통성 있게 할 수 있다.

마) 활동의 내용, 조직 단위, 장소, 시설 등 규모와 여건을 고려하여 정일제, 격주제, 전일제, 집중제 등과 같이 융통성있게 운영할 수 있다.

바) 자율활동의 국토 순례활동, 봉사활동, 진로 체험활동 등은 활동의 특성에 따라 방학 기간을 이용하여 집중 운영할 수 있다.

사) 입학 초기 적응활동은 창의적 체험활동의 자율활동 중 '적응활동'의 일부로 편성하여 지도한다. 특히 초등학교 1학년과 사춘기 학생들의 적응활동을 위한 적절한 교육 프로그램을 개발하여 적용한다.

아) 학교와 교사, 학생의 요구와 필요에 따른 범교과 학습과 자기주도적 학습을 창의적 체험활동의 영역과 연계하여 운영할 수 있다.

자) 지역사회의 인적, 물적 자원을 최대한 활용하기 위하여 창의적 체험활동 영역별로 활용 가능한 인사, 시설, 기관, 자료 등의 자원 실태를 파악하고, 다양한 활동 프로그램을 개발하여 창의적으로 운영한다.

차) 시 · 도 교육청 및 지역 교육청은 창의적 체험활동을 운영하는 데 필요한 지도자, 보조자 등의 인적 자원과 제반 시설, 설비, 자료 등의 물적 자원 및 프로그램을 지원한다.

카) 시 · 도 교육청 및 지역 교육청은 창의적 체험활동 지도 자료 및 프로그램의 개발 및 보급, 연수 과정의 개설, 연구학교의 운영 등을 통하여 각급 학교의 창의적 체험활동 운영과 개선을 지원한다.

5. 평가

가) 학교와 지역사회의 실정 및 교육 목표에 비추어 적합하게 이루어지도록 평가한다.

나) 교육 목표의 설정, 평가 장면의 선정, 평가 도구의 제작, 평가의 실시 및 결과 처리, 평가 결과의 해석 및 활용의 절차를 고려하여 평가한다.

다) 각 영역별로 평가 관점을 마련하고 참여도, 협력도, 열성도 및 그 이외의 활동 실적 등이 골고루 반영되도록 평정척도를 작성, 활용한다.

라) 학생의 자기 평가, 상호 평가, 활동 및 관찰 기록, 질문지, 작품 분석, 포트폴리오 등 다양한 방법으로 평가한다.

마) 평가 결과는 평소의 활동 상황을 누가 기록한 자료를 토대로 학생의 활동 실적, 진보의 정도, 행동의 변화, 특기 사항 등을 담임 또는 담당 교사가 수시로 평가한다.

바) 학생이 창의적 체험활동에 참여한 정도와 성과를 지속적으로 기록하고, 학교가 제공한 창의적 체험활동 프로그램의 특성을 상세히 기록하여 상급학교 진학 자료로 활용되도록 한다.

사) 학생 개개인의 성장, 발달, 변화를 평가하여 그 결과를 학생의 계속적 진보와 계발을 돕는 자료로 활용함은 물론, 학급 또는 학교 차원에서 전체 집단의 성장, 발달, 변화 등을 평가하여 지도 방법 개선 자료로 활용한다.

아) 프로그램 평가에는 운영 계획, 운영 과정, 운영 결과 등이 포함되도록 하며, 평가 결과는 차후 창의적 체험활동 계획 수립 및 운영의 개선 자료로 활용한다.

부록 4

2007 개정 유치원 교육과정 편성 및 운영

1. 5세 누리 교육과정

가. 구성 방향

1) 만 5세아의 기본생활습관과 질서, 배려, 협력 등 바른 인성을 기르는데 중점을 둔다.
2) 사람과 자연을 존중하고, 우리 문화를 이해하는 데 중점을 둔다.
3) 전인발달이 고루 이루어진 창의적 인재를 기르는 데 중점을 둔다.
4) 초등학교 교육과정과의 연계성을 고려한다.
5) 5개 영역을 중심으로 주도적인 경험을 강조하고, 놀이중심의 통합과정으로 구성한다.
6) 1일 3~5시간의 운영을 기준으로 한다.

나. 목적

5세 누리과정은 만 5세아에게 필요한 기본 능력과 바른 인성을 기르고, 민주 시민의 기초를 형성하는 것을 목적으로 한다.

다. 목표

1). 기본운동 능력과 건강하고 안전한 생활습관을 기른다.
2) 일상생활에 필요한 의사소통 능력과 바른 언어사용 습관을 기른다.
3) 자신을 존중하고 다른 사람과 더불어 생활하는 태도를 기른다.
4) 아름다움에 관심을 가지고 예술 경험을 즐기며, 창의적으로 표현하는 능력을 기른다.

5) 호기심을 가지고 주변세계를 탐구하며, 일상생활에서 수학적 · 과학적 문제해결 능력을 기른다.

라. 영역

Ⅰ. 신체운동 · 건강

1. 내용 체계

영역	내용 범주	내용
신체운동 · 건강	신체 인식하기	감각 능력 기르기
		감각기관 활용하기
		신체를 인식하고 움직이기
	신체 조절과 기본 운동하기	신체 조절하기
		이동하며 운동하기
		제자리에서 운동하기
	신체 활동에 참여하기	자발적으로 신체활동에 참여하기
		바깥에서 신체활동하기
		기구를 이용하여 신체활동하기
	건강하게 생활하기	몸과 주변을 깨끗이 하기
		바른 식생활하기
		건강한 일상생활하기
		질병 예방하기
	안전하게 생활하기	안전하게 놀이하기
		교통안전 규칙지키기
		비상 시 적절히 대처하기

2. 세부 내용

내용 범주	내용	세부 내용
신체 인식	감각능력 기르기	미세한 감각적 차이를 구분한다.

하기	감각기관 활용하기	여러 감각기관을 협응하여 활용한다.
		감각으로 대상이나 사물의 특성과 차이를 인식한다.
	신체를 인식하고 움직이기	신체 각 부분의 특성을 이해하고 활용하여 움직인다.
		자신의 신체를 긍정적으로 인식하고 움직인다.
신체 조절과 기본 운동하기	신체 조절하기	신체균형을 유지하면서 다양한 자세를 취한다.
		신체 각 부분의 움직임을 조절한다.
		공간, 힘, 시간 등의 움직임 요소를 활용하여 운동한다.
		도구를 활용하여 여러 가지 조작운동을 한다.
	이동하며 운동하기	걷기, 달리기, 뛰기 등 다양한 이동운동을 한다.
	제자리에서 운동하기	제자리에서 다양한 운동을 한다.
신체활동에 참여하기	자발적으로 신체활동에 참여하기	신체활동에 자발적이고 지속적으로 참여한다.
		자신과 다른 사람의 운동능력의 차이를 존중한다.
	바깥에서 신체활동하기	규칙적으로 바깥에서 신체활동을 한다.
	기구를 이용하여 신체활동하기	여러 가지 기구를 이용하여 신체활동을 한다.
건강하게 생활하기	몸과 주변을 깨끗이 하기	손과 몸과 이를 깨끗이 하는 습관을 갖는다.
		주변을 깨끗이 하는 습관을 갖는다.
	바른 식생활 하기	적당량의 음식을 골고루 먹는다.
		몸에 좋은 음식을 선택할 수 있다.
		감사하는 마음으로 음식을 소중히 여긴다.
		식사예절을 지킨다.
	건강한 일상생활하기	규칙적으로 잠을 자고, 적당한 휴식을 취한다.
		하루 일과에 즐겁게 참여한다.
		바른 배변습관을 가진다.
	질병 예방하기	건강의 중요성을 알고 실천한다.
		질병을 예방하는 방법을 알고 실천한다.
		날씨와 상황에 알맞게 옷을 입는다.
안전하게 생활	안전하게 놀이하기	놀이기구나 놀잇감을 안전하게 사용한다.
		안전한 장소에서 놀이한다.
	교통안전	교통규칙을 지켜서 안전하게 다닌다.

하기	규칙지키기	교통수단을 안전하게 이용한다.
	비상 시 적절히 대처하기	재난 및 사고 등 비상 시 적절하게 대처하는 방법을 안다.
		학대, 성폭력, 유괴 상황을 알고 도움을 요청하는 방법을 안다.

Ⅱ. 의사소통

1. 내용 체계

영역	내용 범주	내용
의사소통	듣기	낱말과 문장 듣고 이해하기
		이야기 듣고 이해하기
		동요, 동시, 동화 듣고 이해하기
		바른 태도로 듣기
	말하기	낱말과 문장으로 말하기
		느낌, 생각, 경험 말하기
		상황에 맞게 바른 태도로 말하기
	읽기	읽기에 흥미 가지기
		책읽기에 관심 가지기
	쓰기	쓰기에 관심 가지기
		쓰기 도구 사용하기

2. 세부 내용

내용 범주	내용	세부 내용
듣기	낱말과 문장 듣고 이해하기	낱말의 발음에 관심을 가지고 비슷한 발음을 듣고 구별한다.
		일상생활과 관련된 낱말과 문장을 듣고 뜻을 이해한다.
	이야기 듣고 이해하기	다른 사람의 이야기를 듣고 이해한다.
		이야기를 듣고 궁금한 것에 대해 질문한다.

	동요, 동시, 동화 듣고 이해하기	동요, 동시, 동화를 다양한 방법으로 듣고 즐긴다.
		전래 동요, 동시, 동화를 듣고 우리말의 재미를 느낀다.
	바른 태도로 듣기	다른 사람의 이야기를 끝까지 주의 깊게 듣는다.
말하기	낱말과 문장으로 말하기	정확한 발음으로 말한다.
		다양한 단어를 사용하여 상황에 맞게 말한다.
		일상생활에서 일어나는 일들을 다양한 형태의 문장으로 말한다.
	느낌, 생각, 경험 말하기	자신의 느낌, 생각, 경험을 적절한 단어와 문장으로 말한다.
		주제를 정하여 함께 이야기를 나눈다.
		이야기 지어 말하기를 즐긴다.
	상황에 맞게 바른 태도로 말하기	듣는 사람의 생각과 느낌을 고려하여 말한다.
		때와 장소, 대상에 알맞게 말한다.
		바르고 고운 말을 사용한다.
읽기	읽기에 흥미 가지기	읽어 주는 글의 내용에 관심을 가진다.
		주변에서 친숙한 글자를 찾아 읽어 본다.
	책읽기에 관심 가지기	책 보는 것을 즐기고 소중하게 다룬다.
		궁금한 것을 책에서 찾아본다.
쓰기	쓰기에 관심 가지기	말이나 생각을 글로 옮길 수 있음을 안다.
		자신의 이름과 주변의 친숙한 글자를 써 본다.
		자신의 느낌, 생각, 경험을 글자와 비슷한 형태나 글자로 표현한다.
	쓰기 도구 사용하기	여러 가지 쓰기 도구에 관심을 가진다.
		쓰기 도구의 바른 사용법을 알고 사용한다.

Ⅲ. 사회관계

1. 내용 체계

영역	내용 범주	내용
사회관계	나를 알고 존중하기	나를 알기
		나를 소중히 여기기
		나의 일 스스로 하기
	나와 다른사람의 감정 알고 조절하기	나와 다른 사람의 감정 알고 표현하기
		나의 감정 조절하기
	가족을 소중히 여기기	가족과 화목하게 지내기
		가족과 협력하기
	다른 사람과 더불어 생활하기	친구와 사이좋게 지내기
		공동체에서 화목하게 지내기
	사회에 관심 갖기	지역사회에 관심 갖고 이해하기
		우리나라에 관심 갖고 이해하기
		세계와 여러 문화에 관심 가지기
		사회적 가치를 알고 지키기

2. 세부 내용

내용범주	내용	세부 내용
나를 알고 존중하기	나를 알기	나에 대해 알아본다.
		나와 다른 사람의 신체적, 사회적, 문화적 차이를 인정한다.
	나를 소중히 여기기	나에 대해 긍정적으로 생각하고 나를 소중하게 여긴다.
	나의 일 스스로 하기	내가 할 수 있는 일을 스스로 한다.
		하고 싶은 일을 계획하고 해 본다.
나와 다른사람의 감정	나와 다른 사람의 감정 알고	자신의 감정을 알고 표현한다.
		다른 사람의 감정을 알고 공감한다.

알고 조절하기	표현하기	
	나의 감정 조절하기	자신의 감정을 긍정적으로 조절한다.
가족을 소중히 여기기	가족과 화목하게 지내기	가족의 의미와 소중함을 안다.
		가족과 사이좋게 지낸다.
	가족과 협력하기	다양한 가족구조에 대해 알아본다.
		가족은 서로 도우며 살아야 하는 것을 알고 실천한다.
다른 사람과 더불어 생활하기	친구와 사이좋게 지내기	친구와 협동하며 놀이한다.
		친구와의 갈등을 긍정적인 방법으로 해결한다.
	공동체에서 화목하게 지내기	다른 사람과 도움을 주고받고, 서로 협력한다.
		교사 및 주변 사람과 화목하게 지낸다.
사회에 관심 갖기	지역사회에 관심 갖고 이해하기	우리 동네에 대해 알아본다.
		다양한 직업에 관심을 갖는다.
		일상생활에서 돈의 쓰임에 대해 안다.
	우리나라에 관심 갖고 이해하기	우리나라를 상징하는 것을 알고 예절을 지킨다.
		우리나라의 전통, 역사, 문화에 관심을 갖는다.
		우리나라에 대해 자부심을 갖는다.
	세계와 여러 문화에 관심 가지기	세계 여러 나라에 대해 관심을 갖고, 서로 협력해야 함을 안다.
		다양한 인종과 문화를 알아보고 존중한다.
	사회적 가치을 알고 지키기	정직하게 말하고 행동한다.
		다른 사람을 배려하여 행동한다.
		옳고 그름을 이해한다.
		친구와 어른께 예절 바르게 행동한다.
		다른 사람과 한 약속이나 공공규칙을 지킨다.

Ⅳ. 예술경험

1. 내용 체계

영역	내용 범주	내용
예술경험	아름다움 찾아보기	음악적 요소 탐색하기
		움직임과 춤 탐색하기
		미술적 요소 탐색하기
	예술적 표현하기	음악으로 표현하기
		움직임과 춤으로 표현하기
		미술활동으로 표현하기
		극놀이로 표현하기
		통합적으로 표현하기
	예술 감상하기	다양한 예술 감상하기
		전통예술 감상하기

2. 세부 내용

내용범주	내용	세부 내용
아름다움 찾아보기	음악적 요소 탐색하기	다양한 소리, 악기 등으로 강약, 속도, 리듬 등을 탐색한다.
	움직임과 춤 탐색하기	움직임과 춤의 모양, 힘, 세기, 빠르기, 흐름 등을 탐색한다.
	미술적 요소 탐색하기	자연과 사물에서 색, 질감, 모양, 공간 등을 탐색한다.
		여러 가지 재료와 도구를 자유롭게 탐색한다.
예술적 표현하기	음악으로 표현하기	노래로 자신의 생각과 느낌을 표현한다.
		전래동요를 즐겨 부른다.
		리듬악기를 연주해 본다.
		리듬과 노래 등을 즉흥적으로 만들어 본다.

예술적 표현하기	움직임과 춤으로 표현하기	신체를 이용하여 주변의 움직임을 다양하게 표현한다.
		춤으로 자신의 생각과 느낌을 표현한다.
		다양한 도구를 활용하여 창의적으로 움직인다.
	미술 활동으로 표현하기	다양한 미술활동으로 자신의 생각과 느낌을 표현한다.
		협동적인 미술활동에 참여하여 즐긴다.
		미술활동에 필요한 재료와 도구를 다양하게 사용한다.
	극놀이로 표현하기	경험이나 이야기를 극놀이로 표현한다.
		소품, 배경, 의상 등을 사용하여 협동적으로 극놀이를 한다.
	통합적으로 표현하기	음악, 움직임, 미술, 극놀이를 통합하여 표현한다.
		예술활동에 참여하여 창의적인 표현과정을 즐긴다.
예술 감상하기	다양한 예술 감상하기	다양한 음악, 춤, 미술작품, 극놀이 등을 듣거나 보고 즐긴다.
		나와 다른 사람의 예술 표현을 소중히 여긴다.
		다른 문화의 예술작품에 관심을 가진다.
	전통예술 감상하기	우리나라의 전통예술에 관심을 갖고 친숙해진다.

V. 자연탐구

1. 내용 체계

영역	내용 범주	내용
자연탐구	탐구하는 태도 기르기	호기심을 유지하고 확장하기
		탐구과정 즐기기
		탐구기술 활용하기
	수학적 탐구하기	수와 연산의 기초개념 형성하기
		공간과 도형의 기초개념 형성하기
		기초적인 측정하기
		규칙성 이해하기
		기초적인 자료 수집과 결과 나타내기

	과학적 탐구하기	물체와 물질 알아보기
		생명체와 자연환경 알아보기
		자연현상 알아보기
		간단한 도구와 기계 활용하기

2. 세부 내용

내용범주	내용	세부 내용
탐구하는 태도 기르기	호기심을 유지하고 확장하기	주변 사물과 자연세계에 대해 지속적으로 관심을 갖고 궁금해한다.
	탐구과정 즐기기	궁금한 점을 알기 위해 비교하기, 예측하기 등 다양한 방법을 활용한다.
	탐구기술 활용하기	나타난 결과에 기초하여 예측하고 적용한다.
수학적 탐구하기	수와 연산의 기초 개념 형성하기	생활 속에서 사용되는 수의 여러 가지 의미를 안다.
		수량의 부분과 전체 관계를 안다.
		스무 개 가량의 구체물을 세고 수량을 안다.
		구체물을 가지고 더하고 빼는 경험을 해 본다.
	공간과 도형의 기초개념 형성하기	위치와 방향을 여러 가지 방법으로 나타내 본다.
		다양한 기본 도형의 공통점과 차이점을 인식한다.
		기본 도형을 사용하여 여러 가지 모양을 구성해 본다.
	기초적인 측정하기	일상생활에서 길이, 크기, 무게, 들이, 시간 등의 속성에 따라 비교하고, 순서를 지어 본다.
		임의 측정단위를 사용하여 길이, 면적, 들이, 무게 등을 재 본다.
	규칙성 이해하기	생활 주변에서 반복되는 규칙성을 알고 다음에 올 것을 예측해 본다.
		스스로 규칙성을 만들어 본다.
	기초적인 자료 수집과	필요한 정보나 자료를 수집한다.
		한 가지 기준으로 분류한 자료를 다른 기준으로 재분류해 본다.

	결과 나타내기	그림, 사진, 기호나 숫자를 사용해 그래프로 나타내 본다.
과학적 탐구하기	물체와 물질 알아보기	주변의 여러 가지 물체와 물질의 기본 특성을 알아본다.
		물체와 물질을 여러 가지 방법으로 변화시켜 본다.
	생명체와 자연환경 알아보기	관심 있는 동식물의 특성과 성장 과정을 알아본다.
		나와 다른 사람의 출생과 성장에 대해 알아본다.
		생명체의 소중함을 알고, 생명체가 살아가기에 좋은 환경에 대해 알아본다.
	자연현상 알아보기	돌, 물, 흙 등 자연물의 특성과 변화를 알아본다.
		낮과 밤, 계절의 변화와 규칙성을 알아본다.
	간단한 도구와 기계 활용하기	생활 속에서 간단한 도구와 기계를 활용한다.
		변화하는 새로운 도구와 기계에 관심을 가진다.
		편리한 물건이 때로는 해가 될 수 있음을 안다.

2. 만 3~4세 교육과정

가. 교육과정 구성의 방향

우리나라의 교육은 홍익인간의 이념 아래 모든 국민으로 하여금 인격을 도야하고, 자주적 생활 능력과 민주 시민으로서 필요한 자질을 갖추게 하여 인간다운 삶을 영위하게 하고, 민주 국가의 발전과 인류 공영의 이상을 실현하는 데 이바지하게 함을 목적으로 하고 있다.

이러한 교육 이념을 바탕으로, 유치원 교육과정이 추구하는 인간상은 다음과 같다.

1) 전인적 성장의 기반 위에 개성을 추구하는 사람
2) 기초 능력을 토대로 창의적인 능력을 발휘하는 사람
3) 폭넓은 교양을 바탕으로 진로를 개척하는 사람
4) 우리 문화에 대한 이해의 토대 위에 새로운 가치를 창조하는 사람
5) 민주 시민 의식을 기초로 공동체의 발전에 공헌하는 사람

나. 교육과정의 구성 방침

이 교육과정은 21세기 지식 정보화 시대를 주도할 '사람과 자연을 존중하고 사랑하는 한국인 육성'을 기본 방향으로 한다. 이에 따른 구성 방침은 다음과 같다.

1) 사람과 자연을 존중하고 사랑하는 세계관을 바탕으로 구성한다.
2) 유아의 기본생활습관과 전통문화, 창의성을 강조하여 구성한다.
3) 지역과 유치원의 자율성을 확대하도록 구성한다.
4) 유치원 교육의 정체성을 살리며 초·중등학교와 연계하여 구성한다.
5) 유아의 발달 특성을 고려하여 수준별 교육과정을 구성한다.
6) 교육과정 평가 체제를 통하여 교육에 대한 질 관리를 강화하도록 구성한다.

다. 유치원 교육 목적과 목표

유치원 교육은 유아에게 알맞은 교육 환경을 제공하여 유아를 교육하고 심신의 조화로운 발달을 돕는 것을 목적으로 한다. 이를 실현하기 위하여 다음과 같은 교육목표를 둔다.

1) 몸과 마음을 건강하게 하며 기본생활습관을 기른다.
2) 더불어 사는 태도와 우리 전통문화를 사랑하는 마음을 가진다.
3) 자신의 생각과 느낌을 자유롭고 창의적으로 표현하는 경험을 가진다.
4) 의사소통을 위한 언어 능력을 기르며, 바른 언어 사용 습관을 기른다.
5) 호기심을 가지고 주변 세계를 탐구하며 자연을 존중하는 태도를 가진다.

라. 교육과정의 영역과 시간

1) 교육과정은 건강 생활, 사회 생활, 표현 생활, 언어 생활, 탐구 생활의 5개 영역으로 구성한다.

2) 연간 교육 일수는 180일, 하루 교육 시간은 180분을 최소 기준으로 하되, 연간 교육 일수 및 하루 교육 시간은 시·도 교육청의 지침과 유치원 실정에 따라 유치원에서 자율적으로 결정한다.

마. 교육과정 편성 · 운영 지침

1) 지역 및 유치원에서의 편성 · 운영

가) 시 · 도 교육청

(1) 편성

(가) 시 · 도 교육청은 유아, 교원, 유치원의 실정, 학부모 및 지역 주민의 요구, 지역의 특수성 등에 대한 조사 결과를 기초로 하여 시 · 도의 교육 중점을 설정하며, 다음 사항이 포함된 유치원 교육과정 편성 · 운영 지침을 작성하고, 이를 관내 지역 교육청과 유치원에 제시한다.

① 교육 일수에 관한 사항
② 교육 시간에 관한 사항
③ 학급 편성에 관한 사항
④ 교육 활동 계획 및 운영에 관한 사항
⑤ 환경 구성에 관한 사항
⑥ 교육과정 편성 · 운영에 관한 평가와 질 관리에 관한 사항
⑦ 부모교육 및 참여에 관한 사항
⑧ 특수아, 귀국자 및 다문화 가정의 자녀 교육에 관한 사항
⑨ 초등학교 교육과의 연계에 관한 사항
⑩ 기타 필요한 사항

(나) 시 · 도 교육청은 교육과정 편성 · 운영에 관한 조사 · 연구와 자문 기능을 담당할 교육과정 위원회를 구성하여 운영한다. 이 위원회에는 교원, 교육 행정가, 교육과정 전문가, 학부모, 지역사회 인사, 산업체 인사 등이 참여할 수 있다.

(다) 시 · 도 교육청은 유치원이 새 학년도 시작에 앞서 교육과정 편성 · 운영에 관한 계획을 세울 수 있도록 교육과정 편성 · 운영 자료를 개발, 보급한다.

(2) 운영

(가) 시 · 도 교육청은 교원 연수 및 수급과 전보계획을 수립하여 단위 유치원의 교육과정이 원활하게 운영될 수 있도록 한다.

(나) 시 · 도 교육청은 관내 지역 교육청의 교육과정 운영 지원 실태 및 유치원의 교육과정 편성과 운영 실태를 정기적으로 파악하고, 교육과정의 효과적인 운영과 질 관리에 필요한 행 · 재정적 지원, 지도, 조언을 한다.

① 유치원 교육과정에 제시된 각 영역이 통합적으로 운영되도록 지도와 조언을 한다.

② 교육과정 운영에 필요한 각종 교육 활동 자료를 연구, 개발하여 보급한다.

③ 교육과정 편성 · 운영의 개선을 위한 연구 · 시범 유치원을 운영하고, 수업 개선을 위한 연구 교사를 두어 적극적으로 지원한다.

④ 학부모의 요구와 지역의 실정에 알맞게 하루의 교육 시간을 조정할 수 있도록 지원한다.

⑤ 특정 분야에서 탁월한 재능을 보이는 유아와 학습 장애가 있는 유아를 위한 교육 기회를 마련하고 지원한다.

⑥ 귀국자 자녀와 다문화 가정의 자녀가 가진 교육 경험의 특성과 배경을 고려하여, 이 교육과정을 이수하는 데 어려움이 없도록 지원한다.

나) 지역 교육청

(1) 편성

(가) 지역 교육청은 시 · 도 교육청의 유치원 교육과정 편성 · 운영 지침을 기초로 하여 다음 사항이 포함된 유치원 교육과정 편성 · 운영에 관한 장학 자료를 작성하여 유치원에 제시한다.

① 지역의 특수성에 바탕을 둔 중점 교육 활동에 관한 사항

② 유치원 교육과정의 편성 · 운영에 필요한 교육 자료 및 지원에 관한 사항

③ 유치원 간 교육과정 편성 · 운영의 협조에 관한 사항

④ 유치원 간 교원의 순회 및 수급 협조에 관한 사항

⑤ 유치원 간 교육시설과 설비의 공동 활용에 관한 사항

⑥ 유치원 교육과정의 평가와 질 관리에 관한 사항

⑦ 기타 필요한 사항

(나) 지역 교육청은 지역 특성에 적합한 유치원 교육과정 편성 · 운영을 지원하기 위하여 교원, 교육행정가, 교육과정 전문가, 학부모 등이 참여한 교육과정위원회를 구성하여 운영한다.

(다) 유치원 간에 공동으로 협의하여 유치원 교육과정을 편성, 운영할 수 있도록 지원한다.

(2) 운영

(가) 지역 교육청은 각 유치원의 교육과정 운영이 충실히 이루어질 수 있도록 장학 활동 계획을 수립하고, 정기적으로 시행한다.

(나) 지역 교육청은 관내 유치원의 교육과정 편성과 운영 실태를 정기적으로 파악하고, 효과적인 교육과정의 운영과 개선 및 질 관리에 필요한 적절한 행 · 재정적 지원, 지도, 조언을 한다.

① 유치원 교육과정 편성 · 운영 방법에 관한 지역별 교원 연수를 다양하게 실시한다.

② 관내 유치원의 교육과정 편성 · 운영을 지원하기 위한 각종 자료를 개발, 보급한다.

③ 특수아, 귀국자 및 다문화 가정의 자녀를 위한 교육 기회를 마련하여 운영한다.

④ 유치원 교육과정의 효과적인 운영을 위하여 유치원 교원의 원활한 교류, 유치원 간 시설과 설비의 공동 활용, 자료의 공동 개발 활용에 관하여 유치원 간, 인접 교육청 간, 유치원과 교육청 간의 협조 체제를 구축한다.

⑤ 관내 유치원의 교육과정 편성 · 운영의 개선을 위한 연구 · 시범 유치원을 운영하고, 수업 개선을 위한 연구 교사를 두어 적극적으로 지원한다.

다) 유치원

(1) 편성

(가) 유치원은 이 교육과정과 시 · 도 교육청의 유치원 교육과정 편성 · 운영 지침, 지역 교육청의 유치원 교육과정 편성 · 운영에 관한 장학 자료를 바탕으로, 모든 교원이 전문성을 발휘하여 참여하는 민주적인 절차와 과정을 거쳐 유치원 실정에 알맞은 유치원 교육과정을 편성, 운영한다.

(나) 교육과정을 합리적으로 편성하고 효율적으로 운영함으로써 교육의 질 관리를 위하여 노력한다.

(다) 교육 활동 전반을 통하여 기본생활습관 교육, 사람과 자연을 존중하는 인성 교육, 전통문화 교육, 창의성 교육을 강조하고, 교육과정에 적극 반영한다.

(라) 이 교육과정의 5개 영역의 내용은 지도의 순서를 의미하는 것이 아니므로, 각 영역의 내용을 시기와 상황, 필요에 따라 선정하여 통합적으로 편성한다.

(마) 이 교육과정의 각 영역의 수준별 내용은 연령별 내용을 의미하는 것이 아니므로, 유아의 발달 및 흥미의 연속성을 고려하여 수준별 교육과정을 편성 · 운영한다.

(바) 연간 교육 일수와 하루의 교육 시간은 시 · 도 교육청의 지침 및 유치원과 유아,

학부모의 요구와 필요 등을 고려하여 결정한다.

(2) 운영

(가) 유치원은 다음과 같은 사항에 유의하여 유치원 교육과정을 운영한다.

① 유아의 일상생활과 놀이를 중심으로 교육과정을 통합적으로 운영한다.

② 유치원의 실내외 교육 환경은 다양한 흥미 영역으로 구성하여 운영한다.

③ 유아의 성별, 종교, 가족 배경, 신체적 조건, 민족 배경으로 인한 편견을 가지지 않도록 편성, 운영한다.

(나) 유치원 교육과정을 편성 · 운영함에 있어서는 교원 조직, 유아의 실태, 학부모의 요구, 지역사회의 실정, 교육 시설 · 설비 및 교육 여건과 환경이 충분히 반영되도록 한다.

① 지역사회의 실정과 특수성을 반영하고 학부모 자원을 활용하여 운영한다.

② 부모교육은 부모와 유치원의 실정에 따라 다양하게 실시한다.

(다) 유치원은 장애아를 위한 특수 학급을 설치하는 경우, 유아의 장애 정도와 능력에 따라 이 교육과정을 조정하여 운영하거나 특수학교 교육과정 및 교수-학습 자료를 활용할 수 있다.

(라) 유치원은 특수 교육 대상 유아가 부모와 관계 전문가의 도움을 받아 적절한 교육을 받도록 안내한다.

(마) 유치원은 교사 모임, 현장 연구, 지역 연수 등을 통해서 교사들의 교육 활동 개선이 이루어지도록 한다.

(바) 유치원은 유치원 교육과정 편성과 운영의 적합성, 타당성, 효과성을 자체 평가하여 문제점과 개선점을 추출하고, 다음 학년도의 교육과정 편성 · 운영에 그 결과를 반영한다.

(사) 민주 시민 교육, 인성 교육, 환경 교육, 경제 교육, 에너지 교육, 근로정신 함양 교육, 보건 교육, 안전 교육, 성 교육, 소비자 교육, 진로 교육, 통일 교육, 한국 문화 정체성 교육, 국제 이해 교육, 해양 교육, 정보화 및 정보 윤리 교육, 청렴 교육, 물 보호 교육, 양성 평등 교육, 장애인 이해 교육, 인권 교육, 안전 · 재해 대비 교육, 저출산 · 고령 사회 대비 교육, 여가 활용 교육, 호국 · 보훈 교육, 효도 · 경로 · 전통 윤리 교육, 아동 · 청소년 보호 교육, 다문화 교육, 문화 예술 교육, 농업 · 농촌 이해 교육, 지적 재산권 교육, 미디어 교육, 의사소통 · 토론 중심 교육 등 범교육과정적 주제는 유치원에서 필요할 경우에 교육과정의 편성 · 운영에 융통성 있게 반영하고, 지역사회 및 가정과의 연계 지도에도 힘쓴다.

2) 교육과정 평가와 질 관리

가) 국가 수준에서는 교육과정의 질 관리를 위하여 주기적으로 교육과정 편성 · 운영에 관한 평가를 실시한다.

① 유치원의 교육과정 편성 · 운영에 대한 교육청의 지원 상황을 파악하기 위하여 주기적으로 교육청에 대한 평가를 실시한다.

② 교육과정 편성 · 운영과 지원 체제의 적절성과 실효성을 평가하기 위한 연구를 수행한다. 교육과정 평가 연구는 교육과정의 편성 · 운영 지침의 적절성과 그 적용 효과에 중점을 둔다.

나) 국가 수준에서는 유치원이 교육과정 평가를 원활히 할 수 있도록 다양한 평가 방법과 절차, 도구 등을 개발하여 유치원에 제공한다.

다) 교육과정 운영 평가는 다음과 같은 사항을 고려하여 이루어져야 한다.

① 교육 내용이 일상생활과 놀이 속에서 통합적으로 편성 · 운영되는지를 평가한다.

② 교수-학습 방법이 유아의 흥미와 활동의 특성에 적합한지를 평가한다.

③ 교육 환경 및 교육 활동 자료가 활동 주제, 활동 내용, 유아들의 발달 특성, 교육 활동의 효율성 등을 고려하여 구성되는지를 평가한다.

④ 평가 결과는 다음 학년도의 교육과정 편성 · 운영에 반영한다.

바. 교수-학습 방법 및 평가

유치원의 교육 활동에서 교사는 다음 사항에 유의하여 교수-학습 및 교육 평가를 하도록 한다.

1) 교수-학습 방법

가) 유아의 발달과 흥미를 고려하여 놀이중심의 통합적인 교육 활동을 전개한다.

나) 하루의 교육 활동 운영은 동적인 활동과 정적인 활동, 실내 활동과 실외 활동, 개별 활동과 소집단 · 대집단 활동, 유아 주도 활동과 교사 주도 활동 등이 균형 있게 이루어지도록 한다.

다) 유아가 또래와 교사 및 주변 환경과 다양한 상호작용을 할 수 있도록 한다.

라) 긍정적이고 수용적이며 사랑과 정성이 담긴 언어와 태도로 유아를 대한다.

마) 교육 활동별 특성에 따라 다양한 질문을 하여 창의적 사고를 유도한다.

바) 개별 유아의 잠재력이 최대한 발현될 수 있도록 유아를 지속적으로 관찰하고 적절한 지원을 한다.

사) 주변의 다양한 자료와 자연물을 적극 활용하여 유아들이 직접적이고 구체적인 경험을 할 수 있도록 한다.

아) 흥미 영역은 계절, 주제, 행사 및 유아의 요구 등에 따라 재구성한다.

자) 시간 연장제 및 종일제의 오후 일과는 오전의 교육 활동을 그대로 반복하거나 지식 및 기능 위주 교육을 하기보다는, 편안한 휴식과 함께 바깥 놀이와 개별 유아의 특성을 충분히 고려한 놀이중심의 활동으로 구성한다.

2) 교육 평가

가) 교육과정 목표와 내용을 준거로 유아의 특성과 변화 정도를 평가한다.

나) 유아의 태도, 지식, 기능 등이 종합적으로 포함되도록 평가한다.

다) 유치원 일과 속에서 생활과 교육 활동 전반에 걸쳐 포괄적으로 평가가 이루어지도록 한다.

라) 관찰, 활동 결과물 분석, 면담 등 다양한 방법을 사용하여 종합적으로 평가하고, 그 결과를 기록한다.

마) 평가 결과는 유아에 대한 이해와 유아 지원을 위한 의사결정, 교수-학습 방법 개선, 교육과정의 편성과 운영, 부모 면담, 생활기록부 작성 등을 위한 기초 자료로 활용한다.

사. 영역

Ⅰ. 건강 생활

1. 성 격

건강 생활은 긍정적 자아 개념과 일상생활에 필요한 기초 체력을 기르며, 유아의 심신을 조화롭게 발달시키기 위한 영역이다.

이 영역은 '나의 몸 인식하기', '나의 몸 움직이기', '건강하게 생활하기', '안전하게 생활하기'의 네 가지 내용으로 구성한다.

'나의 몸 인식하기'는 기본적인 감각 기능을 기르고 자신의 신체를 긍정적으로 인식하도록 하는 데 중점을 둔다.

'나의 몸 움직이기'는 유아기에 해야 할 운동을 체계적이고 규칙적으로 실시하여 기본적인 운동 능력을 기르고 기초 체력을 증진하는 데 중점을 둔다.

'건강하게 생활하기'는 청결, 영양, 질병 예방, 휴식을 통한 신체 건강뿐 아니라 정신 건강을 유지하고 건강한 생활 습관을 형성하는 데 중점을 둔다.

'안전하게 생활하기'는 자신과 타인의 몸을 소중히 여기고, 우리 주변에서 발생할 수 있는 위험을 예방하며, 재난에 대비하는 데 필요한 지식과 기능 및 태도를 기르는 데 중점을 준다.

건강 생활 영역의 교육 활동에서는 다양한 감각 및 신체 활동을 통하여 생활 교육으로 이루어지게 하며 다른 영역의 내용과 통합해 다루도록 한다. 특히 감각기관을 적극적으로 활용하고 다양한 방법으로 몸을 활발하게 움직일 수 있는 기회를 규칙적으로 제공한다. 또한 실내 · 외 신체 활동을 통해 긴장감을 해소하고 즐거움을 느끼게 하며, 안전하고 쾌적한 환경을 제공하여 건강한 생활을 할 수 있게 한다.

2. 목 표

자신의 신체를 긍정적으로 인식하고 생활에 필요한 기초 체력을 기르며, 건강하고 안전한 생활 습관을 가진다.

가. 자신의 몸과 주변 세계를 긍정적으로 인식한다.
나. 기본 운동 능력과 기초 체력을 기른다.
다. 건강한 몸과 마음을 기른다.
라. 안전한 생활 습관을 가진다.

3. 내 용

가. 내용 체계

내용	하위 내용
나의 몸 인식하기	감각기관을 활용하기 나의 몸을 인식하고 움직이기

<table>
<tr><td>나의 몸 움직이기</td><td>이동하며 움직이기
제자리에서 움직이기
도구 및 놀이시설을 활용하기
바깥에서 신체 활동하기</td></tr>
<tr><td>건강하게 생활하기</td><td>몸과 주변을 깨끗이 하기
바른 식생활하기
질병 예방하기
즐겁게 생활하기</td></tr>
<tr><td>안전하게 생활하기</td><td>나와 다른 사람의 몸을 소중히 하기
안전하게 놀이하기
교통안전 규칙지키기
위험한 상황을 알고 대처하기
환경오염이나 재난에 대비하기</td></tr>
</table>

나. 수준별 내용

<table>
<tr><th rowspan="2">내용</th><th rowspan="2">하위 내용</th><th colspan="2">수준별 내용</th></tr>
<tr><th>I</th><th>II</th></tr>
<tr><td rowspan="3">나의 몸 인식하기</td><td>감각기관을 활용하기</td><td>· 감각기관을 활용해 본다.</td><td>· 감각기관을 협응하여 활동한다.</td></tr>
<tr><td rowspan="2">나의 몸을 인식하고 움직이기</td><td>· 몸의 각 부분에 관심을 가지고 움직인다.</td><td>· 몸의 각 부분의 특성을 활용하여 움직인다.</td></tr>
<tr><td colspan="2">· 자신의 신체 능력을 긍정적으로 인식하고 움직인다.</td></tr>
<tr><td rowspan="4">나의 몸 움직이기</td><td>이동하며 움직이기</td><td>· 걷기, 달리기, 뛰기 등을 하면서 몸을 움직인다.</td><td>· 걷기, 달리기, 뛰기 등을 하면서 제시된 조건에 따라 몸을 움직인다.</td></tr>
<tr><td>제자리에서 움직이기</td><td>· 제자리에서 몸을 다양하게 움직인다.</td><td>· 제자리에서 제시된 조건에 따라 몸을 균형감 있게 움직인다.</td></tr>
<tr><td>도구 및 놀이 시설을 활용하기</td><td colspan="2">· 공, 리본, 후프, 평균대, 매트 등 도구와 놀이시설을 활용하여 신체활동을 한다.</td></tr>
<tr><td>바깥에서 신체 활동하기</td><td colspan="2">· 규칙적으로 바깥에서 신체 활동을 한다.</td></tr>
</table>

<table>
<tr><td rowspan="10">건강하게 생활하기</td><td rowspan="3">몸과 주변을 깨끗이 하기</td><td>· 이를 깨끗이 한다.</td><td>· 스스로 이를 깨끗이 하는 습관을 기른다.</td></tr>
<tr><td>· 손과 몸을 깨끗이 한다.</td><td>· 스스로 손과 몸을 깨끗이 하는 습관을 기른다.</td></tr>
<tr><td>· 자기 주변을 깨끗이 한다.</td><td>· 스스로 자기 주변을 깨끗이 하는 습관을 기른다.</td></tr>
<tr><td rowspan="3">바른 식생활 하기</td><td>· 음식물의 필요성을 알고 골고루 먹는다.</td><td>· 몸에 필요한 음식을 적당한 양으로 골고루 먹는다.</td></tr>
<tr><td colspan="2">· 음식을 소중히 여긴다.</td></tr>
<tr><td colspan="2">· 음식을 바른 자세로 즐겁게 먹는다.</td></tr>
<tr><td rowspan="3">질병 예방하기</td><td>· 질병의 위험성을 알고 주의한다.</td><td>· 질병을 예방하는 방법을 알고 실천한다.</td></tr>
<tr><td colspan="2">· 날씨와 상황에 알맞게 옷을 입는다.</td></tr>
<tr><td colspan="2">· 놀이 후에는 적절한 휴식을 취한다.</td></tr>
<tr><td>즐겁게 생활하기</td><td colspan="2">· 다양한 신체활동을 통해 긴장감을 해소하고 즐거운 마음으로 생활한다.</td></tr>
<tr><td rowspan="12">안전하게 생활하기</td><td rowspan="2">나와 다른 사람의 몸을 소중히 하기</td><td colspan="2">· 나와 다른 사람의 몸이 소중함을 안다.</td></tr>
<tr><td colspan="2">· 다른 사람이 나의 몸을 함부로 만지지 않도록 한다.</td></tr>
<tr><td rowspan="3">안전하게 놀이하기</td><td colspan="2">· 놀잇감, 도구, 시설물의 사용법을 알고 안전하게 사용한다.</td></tr>
<tr><td colspan="2">· 안전한 장소에서 안전한 방법으로 놀이한다.</td></tr>
<tr><td></td><td>· 미디어에는 유익한 것과 유해한 것이 있음을 알고 바르게 사용한다.</td></tr>
<tr><td rowspan="2">교통안전 규칙 지키기</td><td colspan="2">· 보행 안전 규칙을 지킨다.</td></tr>
<tr><td colspan="2">· 교통수단을 안전하게 이용한다.</td></tr>
<tr><td rowspan="2">위험한 상황을 알고 대처하기</td><td colspan="2">· 위험한 물건과 상황에 대해 알고, 대처한다.</td></tr>
<tr><td colspan="2">· 위험한 상황에서 도움을 요청하여 자신을 보호한다.</td></tr>
<tr><td rowspan="3">환경오염이나 재난에 대비하기</td><td colspan="2">· 환경오염의 위험성을 알고 안전하게 생활하는 방법을 실천한다.</td></tr>
<tr><td colspan="2">· 환경오염을 예방하는 방법을 알고 실천한다.</td></tr>
<tr><td colspan="2">· 인적 재난이나 자연 재난에 대해 알아보고 정기적으로 대피 훈련에 참여한다.</td></tr>
</table>

4. 지도상의 유의점

교사는 다음 사항에 유의하여 지도하도록 한다.

첫째, 감각을 통해 자신의 몸과 주변 세계를 바르게 인식하도록 유아의 발달 수준을 고려한다. 이를 위해 다양한 수준의 도구와 활동을 마련하여 제공한다.

둘째, 넓은 공간이나 바깥에서 규칙적으로 활동함으로써 유아기에 필요한 기본 운동 기능과 기초 체력을 기르도록 한다. 교사는 유아의 흥미와 관심이 자연을 향하도록 바깥 놀이 활동 범위를 점차 확대하여 계획하고, 안전한 장소에서 유아가 충분히 뛰어놀 수 있도록 한다.

셋째, 대근육 활동 시 교사는 체계적 활동을 통해 유아가 몸을 움직임으로써 신체를 조절하고 성취감을 맛볼 수 있도록 지도한다. 이를 위해 교사는 발달에 적합한 활동을 구성하여 유아의 흥미와 관심을 높여 적극적으로 활동에 참여할 수 있도록 한다.

넷째, 유아의 건강 생활은 일과 중 활동을 통해 생활 교육으로 이루어지게 해야 한다. 무엇보다 유아의 건강 상태와 신체 리듬을 고려하여 규칙적인 생활을 할 수 있도록 지도하며, 스스로 이 닦기와 손 씻기, 주변을 깨끗이 하기, 바른 식생활과 옷 입기 등을 실천함으로써 건강하고 안전한 생활 습관과 태도를 갖도록 한다.

다섯째, 교사는 유아가 안전하게 놀이할 수 있도록 유의해야 한다. 활동 공간에 따른 적절한 인원 수, 기구의 견고성, 공간 바닥 등에 대해 정기적으로 안전 점검을 실시하고, 기구나 도구의 안전한 사용법을 지도하여 유아 스스로 자신의 안전을 지킬 수 있는 능력과 태도를 갖도록 한다.

여섯째, 유아기는 신체를 조절하거나 환경을 지각하는 능력이 부족한 시기이므로 안전사고를 예방해야 한다. 이를 위해 위험한 장소, 위험한 놀이, 여러 가지 재난에 대해 유아가 자신을 보호할 수 있는 지식, 기능, 태도를 기르도록 지속적으로 지도한다.

Ⅱ. 사회 생활

1. 성격

사회 생활은 유아가 자신을 알고 소중하게 여기며, 다른 사람과 함께 살아가는 방법을 익히고, 주변 세계에 관심을 갖고 적응해 나갈 수 있는 기초 능력을 기르기 위한 영역이다.

이 영역은 '나를 알고 사랑하기', '가족과 함께 생활하기', '이웃과 더불어 생활하기', '사회 현상에 관심 가지기'의 네 가지 내용으로 구성한다.

'나를 알고 사랑하기'는 유아가 자신을 소중하게 여기며 이를 바탕으로 자신의 일을 스스로 하고, 자기감정을 알고 조절하는 데 중점을 둔다.

'가족과 함께 생활하기'는 유아가 가족과 화목하게 지내고, 협력하며 생활하는 태도를 기르는 데 중점을 둔다.

'이웃과 더불어 생활하기'는 유아가 다른 사람들과 함께 살아가는 데 기본적으로 필요한 예절 바른 생활 태도를 가지며 다른 사람을 이해하고 존중하며 협력하는 능력을 기르는 데 중점을 둔다. 특히 친구와 사이좋게 지내고 공공장소에서 지켜야 할 질서와 규칙을 실천하도록 하는 데 중점을 둔다.

'사회 현상에 관심가지기'는 유아를 둘러싼 문화와 생활양식에 바탕을 두어 유아가 생활하는 주변 지역, 경제생활, 우리나라와 세계 여러 나라의 문화에 관심을 갖는 데 중점을 둔다.

사회 생활 영역의 교육 활동에서는 유아의 생활을 중심으로 토의, 역할놀이, 공동 작업, 협동 게임 등의 다양한 방법을 통하여 다루도록 한다. 교사의 설명이나 지시보다는 유아가 적극적으로 참여하게 하여 사회적 기능, 태도 및 사회 과학적 지식을 형성하도록 한다. 특히, 기본생활습관은 생활 전반에 걸쳐 꾸준히 지도하여 유아가 바른 습관을 자연스럽게 형성하도록 하며, 가정과 긴밀한 협조가 이루어지도록 한다.

2. 목표

자신과 다른 사람을 존중하고, 더불어 살아가는 능력을 기른다.
가. 자신을 소중하게 여기고 스스로 생각하여 행동하며 감정을 조절한다.
나. 가족과 화목하게 지내며 서로 협력한다.
다. 예절 바르게 행동하고 질서를 지키며 이웃과 더불어 생활한다.
라. 우리가 살고 있는 사회 현상에 대하여 관심을 가진다.

3. 내용

가. 내용 체계

내 용	하위 내용
나를 알고 사랑하기	나를 소중하게 여기기 나의 일 스스로 하기 나의 감정 알고 조절하기

가족과 함께 생활하기	가족과 화목하게 지내기 가족과 협력하기
이웃과 더불어 생활하기	예절 바르게 생활하기 다른 사람을 이해하고 존중하기 질서와 규칙지키기 두레의 소중함을 알고 협력하기
사회 현상에 관심 가지기	주변 지역에 관심 가지기 경제생활에 관심 가지기 우리나라와 우리 전통문화에 관심 가지기 다양한 문화에 관심 가지기

나. 수준별 내용

<table>
<tr><th rowspan="2">내 용</th><th rowspan="2">하위 내용</th><th colspan="2">수준별 내용</th></tr>
<tr><th>I</th><th>II</th></tr>
<tr><td rowspan="9">나를 알고 사랑하기</td><td rowspan="2">나를 소중하게 여기기</td><td colspan="2">· 나에 대해 알아보고 소중하게 생각한다.</td></tr>
<tr><td colspan="2">· 내가 하는 일에 자신감을 가진다.</td></tr>
<tr><td rowspan="4">나의 일 스스로 하기</td><td colspan="2">· 내가 할 수 있는 일을 스스로 한다.</td></tr>
<tr><td colspan="2">· 해야 할 일을 책임 있게 한다.</td></tr>
<tr><td>· 하고 싶은 일을 스스로 선택하고 해 본다.</td><td>· 하고 싶은 일을 계획하고 실천한다.</td></tr>
<tr><td>· 하루 일과에 적응한다.</td><td>· 하루 일과를 알고 생활한다.
· 규칙적인 생활을 한다.</td></tr>
<tr><td rowspan="2">나의 감정 알고 조절하기</td><td>· 여러 가지 감정이 생길 수 있음을 안다.</td><td>· 상황에 따라 감정이 변할 수 있음을 안다.</td></tr>
<tr><td>· 나의 감정을 조절해야 할 필요성을 안다.</td><td>· 나의 감정을 조절하여 적절하게 표현한다.</td></tr>
<tr style="display:none"><td></td></tr>
<tr><td rowspan="4">가족과 함께 생활하기</td><td rowspan="2">가족과 화목하게 지내기</td><td colspan="2">· 가족의 소중함을 알고 화목하게 지낸다.</td></tr>
<tr><td colspan="2">· 부모, 형제 등 가족과 사이좋게 지낸다.</td></tr>
<tr><td rowspan="2">가족과 협력하기</td><td>· 가족 구성원을 안다.</td><td>· 다양한 가족 구조에 대해 알아본다.</td></tr>
<tr><td>· 가정에서 내가 할 수 있는 일을 찾아보고 해 본다.</td><td>· 가족을 위해 할 수 있는 일을 알아보고 실천한다.</td></tr>
<tr><td>이웃과</td><td>예절 바르게</td><td colspan="2">· 정직하게 말하고 행동한다 .</td></tr>
</table>

<table>
<tr><td rowspan="11">더불어 생활하기</td><td rowspan="3">생활하기</td><td colspan="2">· 친구와 어른께 바르게 인사한다.</td></tr>
<tr><td>· 도움을 받거나, 잘못했을 때 표현하는 말을 안다.</td><td>· 도움을 받거나, 잘못했을 때 적절한 말과 태도로 표현한다.</td></tr>
<tr><td colspan="2">· 옷차림을 바르게 한다.</td></tr>
<tr><td rowspan="2">다른 사람을 이해하고 존중하기</td><td colspan="2">· 친구와 사이좋게 지낸다.</td></tr>
<tr><td>· 사람은 서로 다르다는 것을 안다.</td><td>· 사람의 서로 다른 점을 존중하며 함께 지낸다.</td></tr>
<tr><td rowspan="3">질서와 규칙 지키기</td><td colspan="2">· 다른 사람과 한 약속을 지킨다.</td></tr>
<tr><td>· 질서를 지켜야 함을 안다.</td><td>· 질서를 지킨다.</td></tr>
<tr><td colspan="2">· 공공장소에서 지켜야 할 규칙을 알고 지킨다.</td></tr>
<tr><td rowspan="3">두레의 소중함을 알고 협력하기</td><td>· 친구와 함께 활동에 참여해 본다.</td><td>· 친구의 의견을 존중하며 집단 활동에 참여한다.</td></tr>
<tr><td>· 다른 사람을 도와주는 경험을 해 본다.</td><td>· 다른 사람과 협력한다.</td></tr>
<tr><td>· 물건을 함께 사용해 본다.</td><td>· 물건을 나누어 쓰고 양보한다.</td></tr>
<tr><td rowspan="10">사회 현상에 관심 가지기</td><td rowspan="2">주변 지역에 관심 가지기</td><td>· 우리 동네의 이름과 집의 위치를 알아본다.</td><td>· 우리 동네의 특징을 알아본다.</td></tr>
<tr><td>· 우리 동네에 있는 여러 기관을 알아본다.</td><td>· 우리 동네에 있는 여러 기관의 역할을 알아본다.</td></tr>
<tr><td rowspan="4">경제생활에 관심 가지기</td><td colspan="2">· 물건을 잘 간수하고 아껴 쓴다.</td></tr>
<tr><td colspan="2">· 다시 쓸 수 있는 물건을 재활용한다.</td></tr>
<tr><td>· 물건을 살 때 돈이 필요함을 안다.</td><td>· 필요한 물건을 계획해서 사 본다.</td></tr>
<tr><td>· 우리 가족의 직업에 대해 알아본다.</td><td>· 여러 가지 직업에 대해 알아보고 모든 직업이 소중함을 안다.</td></tr>
<tr><td rowspan="3">우리나라와 우리 전통문화에 관심 가지기</td><td>· 태극기, 애국가, 무궁화 등 우리나라 상징에 관심을 가진다.</td><td>· 태극기와 애국가에 대한 예절을 알고 지킨다.</td></tr>
<tr><td></td><td>· 통일에 관심을 가진다.</td></tr>
<tr><td>· 전통문화에 관심을 가진다.</td><td>· 전통문화를 존중하고 친밀감을 가진다.</td></tr>
<tr><td>다양한 문화에 관심 가지기</td><td>· 여러 나라 사람에 대해 관심을 가진다.</td><td>· 여러 나라의 사람에 대해 알아보고 존중한다.</td></tr>
</table>

		・여러 나라의 문화에 관심을 가진다.	・여러 나라의 문화를 알아보고 존중한다.

4. 지도상의 유의점

교사는 다음 사항에 유의하여 지도하도록 한다.

첫째, 사회 생활에 관한 교육 활동의 계획과 운영은 유아가 기초적인 사회적 태도와 기능, 지식 등을 포괄적으로 익히고 활용하는 데 중점을 둔다. 유아가 규범이나 사회적 지식을 아는 데 그치지 않고 그것을 행동에 옮겨 습관화하여 바람직한 사회 생활 태도를 가지도록 지도한다.

둘째, 현대사회에서 사회 생활 영역이 갖는 교육적 개념은 상호 존중과 상호 의존임을 명확히 인식하고 이러한 개념들이 유아의 생활 속에서 자연스럽게 형성되도록 교육 활동을 계획하고 운영한다. 인간과 인간 간의 관계가 더욱 중요시되는 현대사회에서 유아들이 자신과 다른 사람의 유사점, 차이점을 인식하고 존중하며 더불어 살아갈 수 있도록 하며, 특히 다문화 교육, 반편견 교육에 대한 교육 내용 요소를 교사가 먼저 바르게 인식하여 교육 활동을 계획하고 사회 생활 영역 전반에 걸쳐 지도한다.

셋째, 기본생활습관은 생활 전반에 걸쳐 반복적으로 꾸준히 지도하여 유아가 바른 생활 습관을 자연스럽게 형성하도록 한다. 교사는 좋은 모범을 보이도록 하며, 특히 가정에서 기본생활습관의 기초가 이루어지므로 유치원과 가정에서의 교육이 일관성 있는 교육이 되도록 학부모와 밀접한 관계를 갖고 협력하여 지도한다.

넷째, 유아가 다양한 사회적 관계를 경험할 수 있도록 교사의 언어적 설명이나 지시보다는 따뜻한 격려와 직접적인 문제 제기, 문제해결을 위한 유도, 확산적 질문 등을 사용하도록 한다. 그리고 공동 작업, 협동 게임, 소집단 토의활동, 극화활동 등을 통해 유아들 간의 갈등과 경쟁을 극복하여, 경험을 공유하고 협동하는 능력을 기르도록 한다. 또한 현장을 견학하거나 자원 인사를 초빙하여 일터의 소중함과 일하는 사람의 보람 등을 직접 공감하는 기회를 갖도록 한다.

다섯째, 각 지역의 특성과 문화적 자원을 충분히 활용하도록 한다. 유아가 생활하는 지역사회의 특성과 문화를 경험하게 함으로써 지역사회 문화에 대한 이해와 더불어 애향심, 공동체 의식, 지역에 대한 자긍심 등을 기를 수 있도록 지도한다.

Ⅲ. 표현 생활

1. 성격

표현 생활은 풍부한 감성과 심미적 태도 및 창의적 표현력을 기르며, 다양한 예술 표현 방식을 존중하고 즐기는 태도를 기르기 위한 영역이다.

이 영역은 '자연과 생활에서 아름다움 찾아보기', '예술적 표현 즐기기', '감상하기'의 세 가지 내용으로 구성한다.

'자연과 생활에서 아름다움 찾아보기'는 유아가 자연과 주변 환경에서 자연스럽게 접할 수 있는 소리나 음악, 움직임, 조형물에 관심을 기울이며, 예술 활동의 기본이 되는 다양한 요소를 찾아보는 경험에 중점을 둔다.

'예술적 표현 즐기기'는 유아가 다양한 예술 활동에 참여하여 생각과 느낌을 자유롭게 표현하는 데 중점을 둔다. 또한 음악, 움직임과 춤, 조형 활동, 극놀이를 통합적으로 경험하며 예술 활동 과정을 즐기는 데 중점을 둔다.

'감상하기'는 유아나 다른 사람이 표현한 예술 작품 및 자연과 생활 속의 아름다움, 우리 전통 예술에 유아가 관심을 가지고 즐기도록 하는 데 중점을 둔다.

표현 생활 영역의 교육 활동에서는 특정한 예술적 개념이나 기능 습득보다는 생각과 느낌을 자유롭고 창의적으로 표현해 보는 경험을 중심으로 한다. 직접 보고, 듣고, 만지고 느껴 보는 능동적인 활동 과정을 강조하고 유치원의 일과 중 자연스럽게 다양한 탐색 및 감상활동의 기회를 제공하며, 대 · 소집단 활동과 자유선택활동에서 골고루 경험하도록 통합적으로 다루도록 한다.

2. 목표

생각하고 느낀 것을 예술적으로 표현하고 감상함으로써 심미적 태도와 창의적 표현력을 기른다.

가. 자연과 생활 속에서 예술적 요소를 찾아본다.

나. 생각과 느낌을 음악, 움직임과 춤, 조형, 극놀이 및 통합적 활동으로 표현하는 과정을 즐긴다.

다. 자연과 사물, 다양한 예술 작품과 우리 전통 예술 등을 감상함으로써 풍부한 감성과 심미적 태도를 기른다.

3. 내 용

가. 내용 체계

내용	하위 내용
자연과 생활에서 아름다움 찾아보기	소리 · 움직임 · 조형물에 관심 가지기 예술적 요소 찾아보기
예술적 표현 즐기기	음악으로 표현하기 움직임과 춤으로 표현하기 조형 활동으로 표현하기 극놀이로 표현하기 통합적으로 표현하기 창의적인 표현 과정 즐기기
감상하기	아름다움 느끼기 예술적 표현 존중하기 우리 전통 예술 감상하기

나. 수준별 내용

<table>
<tr><th rowspan="2">내용</th><th rowspan="2">하위 내용</th><th colspan="2">수준별 내용</th></tr>
<tr><th>I</th><th>II</th></tr>
<tr><td rowspan="4">자연과 생활에서 아름다움 찾아보기</td><td>소리 · 움직임 · 조형물에 관심 가지기</td><td colspan="2">· 자연과 주변 환경의 소리, 음악, 움직임, 조형물에 관심을 가진다.</td></tr>
<tr><td rowspan="3">예술적 요소 찾아보기</td><td colspan="2">· 목소리, 신체, 사물, 악기로 소리의 빠르기 · 세기 · 리듬 등을 찾아본다.</td></tr>
<tr><td colspan="2">· 자연과 주변 환경에서 움직임의 모양 · 힘의 세기 · 빠르기 · 흐름 등을 찾아본다.</td></tr>
<tr><td colspan="2">· 자연과 주변 환경에서 색 · 형태 · 질감 등을 찾아본다.</td></tr>
<tr><td>예술적 표현 즐기기</td><td>음악으로 표현하기</td><td>· 노래를 즐겨 부른다.</td><td>· 노래로 자신의 생각과 느낌을 표현한다.</td></tr>
</table>

		· 전래 동요를 즐겨 부르며 관련된 놀이를 한다.	
		· 신체나 리듬 악기를 사용하여 간단한 리듬 패턴을 만들어 본다.	· 단순한 즉흥 연주를 해 본다.
	움직임과 춤으로 표현하기	· 신체를 이용하여 친숙한 대상의 움직임을 표현한다.	· 신체를 이용하여 주변의 움직임을 다양하게 표현한다.
		· 도구를 활용하여 창의적으로 움직인다.	
		· 움직임과 춤을 통해 생각과 느낌을 자유롭게 표현한다.	
예술적 표현 즐기기	조형 활동으로 표현하기	· 조형 활동을 통해 자신의 생각과 느낌을 창의적으로 표현한다.	
			· 협동적인 조형 활동을 통해 생각과 느낌을 표현한다.
		· 조형 활동에 필요한 재료와 도구에 관심을 가지고 사용한다.	· 조형 활동에 필요한 재료와 도구를 다양하게 사용한다.
	극놀이로 표현하기	· 경험이나 간단한 이야기를 극놀이로 표현한다.	· 소품, 배경, 의상 등을 계획하여 협동적으로 극놀이를 한다.
	통합적으로 표현하기	· 주제에 대한 자신의 생각과 느낌을 음악, 춤, 조형 활동, 극놀이 등을 통합하여 표현한다.	
	창의적인 표현 과정 즐기기	· 예술 활동에 참여하여 표현 과정을 즐긴다.	· 다양한 예술 활동을 스스로 선택하여 시도한다.
감상하기	아름다움 느끼기	· 자연과 다양한 음악, 춤, 조형물, 극놀이 등을 듣거나 보고 즐긴다.	
			· 자연과 다양한 음악, 춤, 조형물, 극놀이 등을 감상하고 생각과 느낌을 나눈다.
	예술적 표현 존중하기	· 나와 다른 사람의 예술 표현을 소중히 여긴다.	· 나와 다른 사람의 예술 표현의 차이를 느낀다.
	우리 전통 예술 감상하기	· 전통 예술에 관심을 갖고 친숙해진다.	· 전통 예술을 즐긴다.

4. 지도상의 유의점

교사는 다음 사항에 유의하여 지도하도록 한다.

첫째, 유아를 둘러싼 자연이나 주변 환경에서 친근하게 접할 수 있는 대상에서 예술적 요소를 자발적으로 찾아보도록 한다. 소리, 음악, 움직임 및 조형물에 대해 관심을 가지고 찾아보는 경험은 유치원의 일과 중에 자연스럽게 이루어지도록 지도한다.

둘째, 유아가 예술적 활동에 대해 개별적인 생각과 느낌을 표현하는 과정을 즐기도록 자유로운 분위기를 조성한다. 교사는 유아가 소리와 음악, 움직임과 춤, 만들기와 그리기, 극놀이 활동의 자유로운 표현 과정에서 자신의 생각이나 느낌을 좀 더 풍부하게 확장해 나가도록 지도한다. 교사가 미리 정해 놓은 활동을 유아가 그대로 따라하게 하거나, 한 가지 정답이나 모델만을 제시하고 언어적으로 표현하도록 하기, 만들어진 결과물에 대해서만 격려하고 전시하기 등은 유아의 창의적인 표현을 감소시킬 수 있으므로 유의한다.

셋째, 소집단 · 대집단 활동뿐 아니라 자유선택활동에서 예술적 표현활동을 수시로 제공하되 유아가 개별적으로 활동과정에 몰입하도록 적극 지원한다. 유아가 표현활동에 지속적으로 참여함으로써 점차 자신만의 독특한 표현 방식을 시도하고 즐기도록 지도한다.

넷째, 유아가 사전경험이나 흥미에 따라 활동을 스스로 선택하여 자기 나름의 의미를 갖도록 지도한다. 이를 위해 생활 속에서 친근하게 자주 접하는 자연, 음악, 조형작품 등을 자연스럽게 보고, 듣고, 만지는 경험을 통해 아름다움을 느끼고, 표현하며, 이를 즐겨 감상할 수 있도록 배려한다.

다섯째, 교사는 유아의 창의적인 표현을 존중하는 태도를 지닌다. 유아가 창의적이고 개별적으로 표현한 음악, 움직임, 춤, 조형작품, 극놀이에 대해 표정, 몸짓, 언어 등을 이용하여 긍정적으로 지지해 준다.

여섯째, 음악, 춤, 조형, 극놀이 활동 등은 가능한 통합적으로 이루어지도록 한다. 예를 들면 세찬 바람 소리를 그림으로 표현한 후에 이를 움직임이나 춤으로 나타낼 수 있다. 다양한 예술적 요소를 찾아보고 표현하며 감상하는 것은 정해진 순서 없이 한 활동에서 통합적으로 경험되도록 지도한다.

Ⅳ. 언어 생활

1. 성격

언어 생활은 유아가 일상생활에서 언어 사용을 즐기며, 의사소통 능력을 기르고, 바른 언어 사용 능력과 태도를 기르기 위한 영역이다.

이 영역은 '듣기', '말하기', '읽기', '쓰기'의 네 가지 내용으로 구성한다.

'듣기'는 일상적인 이야기와 문학 작품을 듣는 가운데, 바르게 듣고 이해하는 능력을 기르고, 문학적 흥미와 우리말의 재미를 느끼도록 하는 데 중점을 둔다.

'말하기'는 자신의 생각과 느낌을 바르게 말하는 능력을 기르며, 상대방을 배려하여 말하는 태도를 기르는 데 중점을 둔다.

'읽기'는 주변의 친숙한 글자나 책의 내용에 대해 궁금해 하며 글의 의미에 관심을 가지도록 하는 데 중점을 둔다.

'쓰기'는 자신의 생각과 느낌을 그림이나 긁적거리기 등 다양한 형태로 나타내기를 즐기며, 여러 가지 쓰기도구에 관심을 가지는 데 중점을 둔다.

언어 생활 영역의 교육 활동에서는 이야기 나누기, 동화 읽어 주기 등의 교사 주도적인 활동과 또래와의 역할놀이, 동극 등 유아 주도적인 활동 간의 균형을 고려한다. 특히 초등학교 단계의 글자 교육이 아닌 점에 유의하여 읽기, 쓰기에 관심을 가지고, 긁적거리기, 그림책 보고 이야기하기 등의 활동을 통하여 말과 글에 자연스럽게 친숙해지도록 한다.

2. 목표

말과 글을 즐겁고 바르게 사용하기 위한 기초 능력과 태도를 기른다.

가. 말하는 사람의 의도를 고려하여 주의 깊게 듣고 이해한다.

나. 자신의 생각과 느낌을 적절하게 말한다.

다. 주변의 글자와 책에 친숙해지는 경험을 통하여 읽기에 관심을 가진다.

라. 글자의 기능을 인식하고 자신의 생각과 느낌을 그림이나 글로 나타내는 데 관심을 가진다.

3. 내용

가. 내용 체계

하위 영역	내 용
듣기	낱말과 문장 듣고 이해하기 이야기 듣고 이해하기 문학 작품 즐겨 듣기 바른 태도로 듣기
말하기	낱말과 문장으로 말하기 생각과 느낌 말하기 이야기 지어 말하기

	바른 태도로 말하기
읽기	읽기에 관심 가지기 책에 관심 가지기
쓰기	쓰기에 관심 가지기 쓰기 도구 사용하기

나. 수준별 내용

<table>
<tr><th rowspan="2">하위 영역</th><th rowspan="2">내용</th><th colspan="2">수준별 내용</th></tr>
<tr><th>I</th><th>II</th></tr>
<tr><td rowspan="10">듣기</td><td>낱말과 문장 듣고 이해하기</td><td colspan="2">· 일상생활과 관련된 낱말과 문장을 듣고 이해한다.</td></tr>
<tr><td rowspan="3">이야기 듣고 이해하기</td><td colspan="2">· 다른 사람의 이야기를 주의 깊게 듣고 이해한다.</td></tr>
<tr><td colspan="2">· 지시를 주의 깊게 듣고 이해한다.</td></tr>
<tr><td></td><td>· 지시를 듣고 적절하게 행동한다.</td></tr>
<tr><td rowspan="3">문학 작품 즐겨 듣기</td><td colspan="2">· 다양한 문학 작품 듣기를 즐긴다.</td></tr>
<tr><td></td><td>· 다양한 문학 작품을 듣고 그 내용을 이해한다.</td></tr>
<tr><td colspan="2">· 전래 동화, 동요, 동시를 듣고 우리말의 재미를 느낀다.</td></tr>
<tr><td rowspan="3">바른 태도로 듣기</td><td colspan="2">· 말하는 사람을 바라보며 듣는다.</td></tr>
<tr><td></td><td>· 반응을 보이며 주의 깊게 듣는다.</td></tr>
<tr><td colspan="2">· 말하는 사람의 이야기를 끝까지 듣는다.</td></tr>
<tr><td rowspan="8">말하기</td><td rowspan="3">낱말과 문장으로 말하기</td><td colspan="2">· 정확하게 발음해 본다.</td></tr>
<tr><td>· 새로운 어휘에 관심을 가진다.</td><td>· 다양한 어휘를 사용하여 말한다.</td></tr>
<tr><td colspan="2">· 문장으로 구성하여 말한다.</td></tr>
<tr><td rowspan="4">생각과 느낌 말하기</td><td>· 사물이나 사건에 대해 말한다.</td><td>· 사물이나 사건에 대해 정확하게 말한다.</td></tr>
<tr><td>· 자신의 요구와 생각을 말한다.</td><td>· 자신의 요구와 생각을 정확하게 말한다.</td></tr>
<tr><td>· 자신의 느낌을 말한다.</td><td>· 자신의 느낌을 적절한 어휘를 사용하여 말한다.</td></tr>
<tr><td colspan="2">· 주제에 대하여 함께 이야기를 나눈다.</td></tr>
<tr><td>이야기</td><td colspan="2">· 이야기 지어 말하기를 즐긴다.</td></tr>
</table>

	지어 말하기		· 다양한 자료를 보고 창의적으로 꾸며 말한다.
			· 동화, 동시를 창의적으로 지어 본다.
	바른 태도로 말하기	· 듣는 사람의 생각과 느낌에 관심을 가진다.	· 듣는 사람의 생각과 느낌을 고려하여 말한다.
		· 말할 차례를 지켜 말한다.	· 말할 차례를 지키며 바른 태도로 이야기를 나눈다.
		· 어른께 존대말을 사용한다.	
		· 바르고 고운 말을 사용한다.	
			· 때와 장소, 대상을 고려하여 상황에 맞게 말한다.
읽기	읽기에 관심 가지기	· 주변에서 친숙한 글자를 찾아본다.	· 주변에서 친숙한 글자를 찾아 읽어 본다.
		· 여러 가지 맥락을 활용하여 글의 내용을 추측해 본다.	
	책에 관심 가지기	· 책의 그림을 단서로 내용을 추측해 본다.	· 책의 그림을 단서로 추측하여 읽는다.
		· 책 보는 것을 즐기고 책을 소중하게 다룬다.	
		· 궁금한 것을 책에서 찾아본다.	
쓰기	쓰기에 관심 가지기	· 말이나 생각을 글로 옮길 수 있음을 안다.	· 자신의 생각과 느낌을 그림으로 나타내거나 긁적거리기를 즐긴다.
		· 자기 이름의 글자에 관심을 가진다.	· 자기의 이름을 써본다.
	쓰기 도구 사용하기	· 여러 가지 쓰기 도구에 관심을 가진다.	
			· 쓰기 도구의 바른 사용법에 관심을 가진다.

4. 지도상의 유의점

교사는 다음 사항에 유의하여 지도하도록 한다.

첫째, 문자 언어 발달의 기초인 음성 언어 발달의 중요성을 인식하고 이를 위한 다양한 활동을 계획하고 실시한다. 유아에게 익숙한 음성 언어를 통하여, 언어의 다양한 기능을 익히고 즐기는 성향을 갖게 함으로써, 유아가 호기심과 흥미를 가지고 문자 언어를 익히고자 하는 동기를 갖도록 지도한다.

둘째, 유아의 문자 언어 발달에 있어, 환경 및 자료의 중요성을 인식하고 이를 언어활동에 적극적으로 반영하도록 한다. 특히 쓰기 영역뿐 아니라, 학급의 곳곳에 쓰기 도구를 비치하여 둠으로써, 유아들이 쓰기의 필요성을 느낄 때 언제라도 쉽게 그림이나 긁적거리기로 자신의 생각을 표현할 수 있도록 한다.

셋째, 교사는 유아가 적극적으로 언어 사용에 대한 원리를 구성해 나가도록 의미 있고 실제적인 활동을 제공한다. 이를 위해 기능적이고 실제적인 맥락 속에서 언어 사용의 효과를 경험할 수 있는 다양한 활동이 제시되도록 한다.

Ⅴ. 탐구 생활

1. 성격

탐구 생활은 자연을 존중하는 마음을 바탕으로 창의적으로 사고하고 탐구하며, 논리적이고 합리적으로 문제를 해결하는 능력과 태도를 기르기 위한 영역이다.

이 영역은 '탐구하는 태도 기르기', '과학적 기초 능력 기르기', '수학적 기초 능력 기르기'의 세 가지 내용으로 구성한다.

'탐구하는 태도 기르기'는 주변의 사물과 자연환경에 대해 지속적으로 호기심을 가지고 적극적으로 탐구하며, 창의적으로 사고하는 태도를 기르는 데 중점을 둔다.

'과학적 기초 능력 기르기'는 유아가 주변의 사물과 생명체 및 자연현상에 대하여 능동적으로 탐구하는 경험을 통하여 자연을 존중하는 마음과 과학적으로 사고하는 능력을 기르는 데 중점을 둔다.

'수학적 기초 능력 기르기'는 유아가 주변을 탐색하고 놀이하면서 부딪히는 문제를 논리 · 수학적으로 해결하는 경험을 통하여 기초적인 수, 공간 및 도형과 측정에 대한 통찰력을 기르며, 규칙성을 이해하고 자료 정리 및 결과 나타내기의 능력을 기르는 데 중점을 둔다.

탐구 생활 영역의 교육 활동에서는 다양한 실물 자료와 자연체험의 기회를 풍부하게 제공하여, 유아가 자발적으로 문제를 발견하고 탐구하는 과정에 적극적으로 참여하도록 한다. 유아가 일상생활 경험에서 구성한 지식을 바탕으로 다양한 시도를 해 보고 추론하는 활동을 통해 과학적 · 수학적 기초 능력을 의미 있게 확장해 갈 수 있도록 한다. 탐구 결과와 생각을 구체물, 그림, 표, 쓰기, 말하기 등의 다양한 매체를 사용하여 나타내고 다른 사람과 공유하도록 한다.

2. 목표

자연을 존중하고, 창의적으로 탐구하며, 논리적으로 문제를 해결하기 위한 기초 소양을 기른다.

가. 사물과 자연현상에 대해 호기심을 가지고 지속적으로 탐구하는 태도를 기른다.
나. 사물과 자연현상에 대한 기초 지식을 이해하고 탐구하는 능력을 기른다.
다. 생활 주변의 문제를 논리, 수학적으로 해결하기 위한 기초 능력을 기른다.

3. 내 용

가. 내용 체계

내용	하위 내용
탐구하는 태도 기르기	사물과 현상에 지속적인 관심 가지기
	탐구 과정 즐기기
과학적 기초 능력 기르기	물체와 물질에 대해 알아보기
	생명체와 자연환경 소중하게 여기기
	자연현상에 대해 알아보기
	간단한 도구와 기계 활용하기
수학적 기초 능력 기르기	수 감각 기르기
	공간 및 도형에 대해 알아보기
	기초적인 측정해 보기
	규칙성 이해하기
	자료 정리 및 결과 나타내기

나. 수준별 내용

내용	하위 내용	수준별 내용	
		I	II

탐구하는 태도 기르기	사물과 현상에 지속적인 관심 가지기	· 생활 주변의 사물과 현상에 대해 호기심을 가진다.	· 궁금한 점에 대해 지속적으로 관심을 가진다.
		· 과학이나 수학에 대한 탐구 이야기에 관심을 가진다.	
	탐구과정 즐기기	· 궁금한 점을 알 수 있는 방법을 궁리한다.	· 내가 궁리한 방법대로 해 본다.
		· 다른 사람과 함께 탐구과정에 참여한다.	· 나의 생각이 다른 사람과 다를 수 있음을 안다.
과학적 기초 능력 기르기	물체와 물질에 대해 알아보기	· 친숙한 물체의 특성을 다양한 방법으로 탐색한다.	
		· 물체와 물질을 변화시킬 수 있는 다양한 방법을 탐색한다.	
		· 물체와 물질의 변화에 관심을 가진다.	· 물체와 물질의 변화 과정을 알아본다.
	생명체와 자연환경 소중하게 여기기	· 나의 몸에 대해 관심을 가진다.	· 나의 출생과 성장에 대해 알아본다.
		· 주변의 동식물에 관심을 가진다.	· 관심 있는 동식물의 특성을 알아본다.
		· 주변의 모든 생명체를 존중하고 돌보는 마음을 가진다.	· 생명체는 서로 함께 살아가는 것임을 안다.
			· 생명체가 살아가기에 좋은 환경에 대해 알아본다.
	자연현상에 대해 알아보기	· 생활 주변의 자연물(돌, 물, 흙 등) 탐색을 즐긴다.	
		· 자연물의 상태와 변화에 관심을 가진다.	· 자연물의 상태와 변화를 관찰한다.
		· 낮과 밤, 계절의 변화에 관심을 가진다.	· 낮과 밤, 계절의 변화와 규칙성을 알아본다.
	간단한 도구와 기계 활용하기	· 관심 있는 도구나 놀잇감을 여러 가지 방법으로 만들고 즐긴다.	
		· 도구와 기계의 편리함에 관심을 가진다.	· 편리한 물건이 때로는 해가 될 수 있음을 안다.
		· 생활 속에서 간단한 도구와 기계를 활용한다.	
			· 우리 전통사회에서 발명된 도구와 기계에 관심을 가진다.
수학적 기초 능력	수 감각 기르기	· 생활 속에서 사용되는 수의 여러 가지 의미를 안다.	
		· 생활 속에서 수량의 많고 적음을 비교한다.	
		· 주변의 물체를 10까지 세고 숫자와 연결해 본다.	· 생활 속에서 익숙한 큰 수를 세는 경험을 한다.
			· 구체물을 가지고 더하고 빼는

			경험을 해 본다.
	공간 및 도형에 대해 알아보기	· 나를 중심으로 위, 아래, 앞, 뒤, 옆을 알아본다.	· 위치나 경로를 여러 가지 방법으로 나타내 본다.
		· 기본 입체(둥근기둥, 상자, 공 모양 등) 및 평면 도형(세모, 네모, 동그라미 등)의 생김새를 구별하고 이름을 알아본다.	· 기본 입체 및 평면 도형의 특징을 알아본다.
			· 기본 평면 도형을 합하거나 나누어서 여러 가지 모양을 구성해 본다.
			· 그림을 보고 구성물을 만들거나 만든 구성물을 그려 본다.
기르기	기초적인 측정해 보기	· 주변 물체의 여러 가지 측정 가능한 속성(길이, 크기, 무게, 들이, 시간)을 탐색한다.	
		· 두 물체의 길이와 크기를 비교하고 말한다.	· 길이, 크기, 무게, 들이를 비교하고 순서지어 본다.
		· 임의 측정(손 뼘, 블록 등) 단위에 관심을 가진다.	· 임의 측정 단위를 사용해서 길이, 들이 등의 측정 경험을 한다.
	규칙성 이해하기	· 여러 가지 물체나 무늬의 배열에서 단순하게 반복되는 규칙을 찾아본다.	· 생활 주변에서 반복되는 규칙을 알고 다음에 올 것을 예측해 본다.
	자료 정리 및 결과 나타내기	· 한 가지 기준에 따라 자료를 분류하고 설명한다.	· 처음에 분류한 기준과 다른 기준으로 다시 분류한다.
		· 여러 가지 자료를 모으고 비교해 본다.	· 모은 자료를 다양한 방법으로 나타내 본다.

4. 지도상의 유의점

교사는 다음 사항에 유의하여 지도하도록 한다.

첫째, 일상생활 속에서의 다양한 활동을 통하여 유아가 수학과 과학에 대해 탐구하는 태도를 갖고 그 과정을 즐기도록 지도한다. 이를 위해 유아가 생활 주변의 사물과 환경에 관심을 갖고 자연스럽게 생겨나는 궁금증을 해결하기 위해 스스로 다양한 시도를 해

보고 결론을 내려 보는 경험을 갖도록 격려한다.

둘째, 다른 사람과 함께 관심 있는 현상이나 주제 탐구에 지속적으로 참여하면서 발견한 사실을 나누도록 지도한다. 자신이 알아내고 발견한 사실을 발표하는 기회를 통해 유아의 탐구하는 태도가 길러지게 하며 동시에 다른 유아들에게도 탐구 동기를 유발하도록 한다.

셋째, 유아가 생명체와 자연환경을 소중하게 여기고 이를 보호해야 함을 알 수 있는 상황을 조성해 준다. 유치원에서 동식물을 길러 자연과 인간과의 관계를 일상생활에서 접할 수 있도록 기회를 제공하는 것도 한 방법이 된다. 동식물을 기르는 과정에서 자연스럽게 죽음을 직면하게 될 경우, 유아가 동식물의 입장을 생각해 보면서 작은 생명 하나라도 소중히 여겨야 함을 알아가도록 지도한다.

넷째, 유아가 자신에게 의미 있는 수학적 상황을 해결하기 위해 이미 알고 있는 지식을 적용하여 타당한 결론을 이끌어 내도록 지도한다. 이를 위해 생각할 수 있는 충분한 시간을 주어, 각자의 전략으로 문제를 해결할 수 있도록 한다. 또한 유아가 지닌 수학적 생각을 구체물, 그림, 표, 쓰기, 말하기 등으로 다양하게 나타내고, 또래들과 상호작용을 하도록 격려한다.

다섯째, 유아가 수학이나 과학적 현상에 흥미를 가지고 지속적으로 몰입할 수 있는 활동과 자료를 제시해 준다. 유아는 여러 가지 속성을 동시에 생각하기 어렵기 때문에, 지나치게 다양한 자료를 한꺼번에 제시해 주는 것은 오히려 탐구에 도움이 되지 못함을 유의해야 한다.

저자 소개

신재한

경북대학교 교육학 박사(교육과정 및 방법 전공)
대구대학교, 대구교육대학교, 한국사이버대학교, 한국방송통신대학교 등 외래 교수
대구교육대학교 대구부설초등학교 교사
한국교육개발원 연구위원
현) 교육과학기술부 교육연구사

교육과정의 이론과 실제

초판인쇄 2012년 2월 10일
초판발행 2012년 2월 15일

신재한 2012. 2. 3.

저 자 신 재 한
발행인 김 현 태
발행처 **태영출판사**

주 소 (152-705) 서울 구로구 구로동 104-10 동남오피스텔 201호
전 화 02 · 839-3757, 839-3752
팩 스 02 · 837-3754
등 록 2005년 5월 30일 제12-421호
http://www.taeyeongbook.co.kr
E-mail tys2005@paran.com
ISBN 978-89-6302-077-8 93370
정 가 16,000원

* 잘못 만들어진 책은 교환해 드립니다.